Christiane Lemke

Richtungswechsel

Christiane Lemke

Richtungswechsel

Reformpolitik der
Obama-Administration

VS VERLAG

Bibliografische Information der Deutschen Nationalbibliothek
Die Deutsche Nationalbibliothek verzeichnet diese Publikation in der
Deutschen Nationalbibliografie; detaillierte bibliografische Daten sind im Internet über
http://dnb.d-nb.de abrufbar.

1. Auflage 2011

Alle Rechte vorbehalten
© VS Verlag für Sozialwissenschaften | Springer Fachmedien Wiesbaden GmbH 2011

Lektorat: Frank Schindler / Verena Metzger

VS Verlag für Sozialwissenschaften ist eine Marke von Springer Fachmedien.
Springer Fachmedien ist Teil der Fachverlagsgruppe Springer Science+Business Media.
www.vs-verlag.de

Umschlaggestaltung: KünkelLopka Medienentwicklung, Heidelberg
Satz: Stefan Thomas
Gedruckt auf säurefreiem und chlorfrei gebleichtem Papier
Printed in Germany

ISBN 978-3-531-17721-2

Inhalt

1 Einleitung

Im Wahlkampf präsentierte sich Barack Obama als Präsidentschaftskandidat, der eine grundlegende Wende in der amerikanischen Politik einleiten wollte. Nach nur einem Jahr Amtszeit ist es dem US-amerikanischen Präsidenten Barack Obama gelungen, ein seit Jahrzehnten umstrittenes Reformprojekt zu verwirklichen. Die im März 2010 in Kraft getretene Gesundheitsreform stellt das bedeutendste Sozialreformwerk seit der Einführung der allgemeinen staatlichen Sozialversicherung im Jahr 1936 dar. Diese Reform hatte die Obama-Administration stets als den Kern ihrer Reformpolitik bezeichnet.[1] Im Juli 2010 konnte schließlich auch die Finanzreform durchgesetzt werden. Die kämpferische Rhetorik des Wandels hat damit einer konkreten Politik der Umgestaltung, in wesentlichen Politikfeldern Platz gemacht.

„Change we can believe in" – der Slogan im Präsidentschaftswahlkampf von Barack Obama – war zunächst als Abkehr von der Bush-Administration und dann als politischer Neuanfang konzipiert. Die Wahl selbst war ein deutliches Mandat für eine politische Neuorientierung. Ohne den tief greifenden Vertrauensverlust, den die Bush-Regierung zum Ende der Amtszeit erfuhr, wäre die Wahl Obamas im November 2008 kaum möglich gewesen. Wahlexperten aus allen Lagern hatten die schwindende Loyalität zur Regierung und die Skepsis gegenüber der republikanischen Administration schon seit geraumer Zeit beobachtet, und die dramatische Zuspitzung der Wirtschafts- und Finanzkrise im Herbst 2008 bereitete den Weg für einen Führungswechsel in der Politik.

Bereits die ersten politischen Entscheidungen nach der Amtsübernahme im Januar 2009 ließen dann die Entschlossenheit der Obama-Administration erkennen, einen politischen Richtungswechsel einzuleiten. In zentralen Politikbereichen, wie der Wirtschafts- und Finanzpolitik, der Gesundheitspolitik und der Außenpolitik wurde rasch deutlich, dass die Obama-Regierung einen grundlegenden politischen Wandel anstrebt. Etliche Maßnahmen und Entscheidungen der Vorgängerregierung von G. W. Bush wurden revidiert und durch neue Konzepte ersetzt, darunter die Wende in der Energie- und Umweltpolitik und der Neuanfang beim internationalen Klimaschutz, Ansätze zur Regulierung im Banken- und Finanzwesen, sowie eine neue Annäherung an die europäischen Ver-

---

[1] Vgl. Zur Gesundheitsreform: Health Reform www.healthreform.gov (aufgerufen am 24.03.2010); sowie "Health Care Overhaul Becomes Law of the Land", in: The New York Times, 24. 03. 2010, S. 1.

bündeten. Im Kampf gegen den Terrorismus verordnete der Präsident ein Verbot
der sogenannten verschärften Verhörmethoden. Eine neue Initiative im Nahost-
Verhandlungsprozess, die Öffnung zur islamischen Welt und verstärkte diplomatische Bemühungen im Atomkonflikt mit dem Iran setzten Zeichen für eine
neue amerikanische Außenpolitik.

Obama selbst hat die hohen Erwartungen an einen grundlegenden Neuanfang in seinen Reden und Stellungnahmen stets rhetorisch wirksam unterstützt.
Auch symbolisch stellte er sich in die Tradition großer Reformpräsidenten der
Vereinigten Staaten, wie z. B. Abraham Lincoln, Franklin D. Roosevelt und
John F. Kennedy, eine Positionierung die von den Medien gern beredt aufgegriffen wurde. Aber auch in der Substanz seiner Agenda wird ein *neues Politikverständnis* sichtbar, das sich auf verschiedene Politikbereiche, vor allem auch auf
die Rolle bundesstaatlicher Verantwortlichkeit bezieht. Aufgrund der in den
letzten Dekaden erfolgten Deregulierung und Rücknahme staatlicher Verantwortung, so die Diagnose Obamas und seines Teams, sei der Staat seinen gemeinschaftlichen Aufgaben nicht oder nur ungenügend nachgekommen. Das
neue Politikverständnis stellt die Staatsauffassung auf eine veränderte Grundlage. In seiner Rede zum Amtsantritt formuliert er den Grundgedanken des
Staatsverständnisses wie folgt: „There are some who question the scale of our
ambitions – who suggest that our system cannot tolerate too many big plans ...
What the cynics fail to understand is that the ground has shifted beneath them
...The question we ask today is not whether our government is too big or too
small but *whether it works* (Hervorhebung – C. L.)."[2] Dieses politische Konzept
grenzt sich zum einen von der minimalistischen Staatsauffassung in der republikanischen Tradition ab, wie sie seit der Amtszeit von Ronald Reagan vertreten
wurde, und in welcher der Staat als Ursache gesellschaftlicher Probleme angesehen und daher ein Rückbau staatlicher Verpflichtungen betrieben wurde. Auf
der anderen Seite wird mit dieser Aussage einer progressiven, linken Regulie-
rungslogik, die eine umfassende Staatsverantwortung fordert, eine Absage erteilt. Vielmehr soll Regierungshandeln, jenseits der ideologischen Richtungsstreitigkeiten, an seiner Funktionalität für die gesamte Gesellschaft und an
pragmatischen Zielen gemessen werden, ein Konzept, das auf einen überparteilichen, sachlichen Konsens ausgerichtet war.

Politische Beobachter waren sich rasch darin einig, dass der politischen
Rhetorik nun auch konkrete Maßnahmen folgen müssten. Die Reformpolitik
beruhte auf einem komplexen Ansatz; zentrale Reformprojekte wurden gleichzeitig und sehr rasch eingeleitet. Das Tempo, mit dem die unterschiedlichen
Maßnahmen vorgestellt und umgesetzt wurden, ergab sich daraus, dass der

---

[2] Barack Obama: Inauguration-Speech, 20. Januar 2009, www.cnn.com/2009/POLITICS
/01/20/obama.politics (aufgerufen am 20. Januar 2009).

Präsident die Position vertrat, die Krise zu nutzen, um die dringendsten Probleme gleichzeitig zu bearbeiten. Bereits in den ersten Tagen seiner Amtszeit packte Obama „heiße Eisen" an, die die amerikanische Öffentlichkeit in den vergangenen Monaten bewegten, wie den Rückzug der amerikanischen Truppen aus dem Irak und die Schließung des umstrittenen Gefangenenlagers in Guantánamo. Nicht minder entschlossen ging die neue Regierung die wirtschafts- und finanzpolitischen Probleme an.[3] Binnen eines Jahres konnte die Obama-Regierung mit der Verabschiedung des Gesundheitsreformgesetzes am 23. März 2010 so den wichtigsten Erfolg bei der Umsetzung eines zentralen innenpolitischen Reformprojekts erzielen.

Die aktive Rolle, die der Präsident der Bundesregierung für die Verwirklichung der Reformen zuwies, kann vor dem Hintergrund der bis dahin von der Bush-Administration vertretenen Staatsauffassung als konsequent, ja als radikal gelten. Während die Bush-Administration eine über unmittelbare, sofortige Hilfsmaßnahmen hinausgehende staatliche Regulierung von Wirtschaftsprozessen ablehnte, sah die Obama-Regierung vielmehr hier den Schlüssel für eine langfristige Wiederherstellung von Wirtschaftskraft und Wohlstand. Die angekündigten Reformen sollten die Wirtschaftshilfen flankieren und der arbeitenden Bevölkerung zugute kommen. Hierzu sah die Obama-Administration langfristig wirksame, strukturelle Veränderungen vor.

Vielfach ist in der amerikanischen Literatur hervorgehoben worden, dass das Reformprojekt Präsident Obamas einen politisch-philosophischen Ansatz erkennen lässt, der durch die Chicago School der Politischen Philosophie geprägt ist.[4] Der auf John Dewey zurückgehende Pragmatismus, der die Chicago School großer amerikanischer Sozialreformer geprägt hat, bildete für Obama während seiner Zeit als Professor offenbar ein intellektuelles Umfeld, das seine Vorstellungen von der Machbarkeit politischer Reformen und des *social engineering* beeinflusst haben.

Während die Sozialreformer der Chicago School sich allerdings auf einzelne Politikfelder oder soziale Organisationen stützten, sieht sich Obama im Präsidentenamt einem vielschichtigen politischen Macht- und Interessenfeld gegenüber, das die Umsetzung reformerischer Vorstellungen erheblich erschwert. So blieb die Gesundheitsreform bis zur Verabschiedung heftig umstritten und selbst danach besteht bei ihren Gegnern erbitterte Opposition.

Sinkende Umfragewerte für den Präsidenten und wachsender Widerstand gegen zentrale Reformprojekte, Wahlverluste der Demokraten bei wichtigen

---

[3] Vgl. Z. B. Chrystia Freeland: „The Audacity of Help", in: Financial Times, 12.03.2009, S. 7.
[4] Bart Schultz (2009) „Obama´s Political Philosophy: Pragmatism, Politics, and the University of Chicago", in: Philosophy of the Social Sciences 39/2009 (online Veröffentlichung unter http://pos.sagepub.com/cgi/content/abstract/39/2/127 aufgerufen am 06.05.2009).

Senats- und Gouverneurswahlen 2009/2010 sowie eine zunehmende Politikver-
drossenheit zeigen eine schwindende Unterstützung für die Obama-Administration. Ein Jahr nach dem Machtwechsel stellt sich daher die Frage, inwiefern die Obama-Administration ihr Ziel, einen grundlegenden politischen Wandel einzuleiten, verwirklichen kann, d. h. es stellt sich die Frage, wie der Richtungswechsel zu bewerten ist. Ist die Rhetorik des Wandels vor allem symbolischer Art und inwieweit beinhaltet sie substanzielle Politik? Wie viel hat diese
Administration bislang verändern können und wie erklären sich die Widerstände
gegen die zentralen Reformprojekte? Damit verbunden ist auch die Frage, ob
die Obama-Administration ihre ambitionierten Ziele überhaupt umsetzen kann.

Erste Analysen und Bilanzen kommen zu unterschiedlichen, ja konträren
Auffassungen. Auf der einen Seite steht die These, dass der angestrebte Wandel
einen tief greifenden und unumkehrbaren *Bruch* mit der neo-konservativen
republikanischen Regierungsführung darstellen und die Obama-Administration
in die Geschichte der großen Reformpräsidentschaften eingehen würde. Das
Tempo, mit dem die Reformprojekte angepackt würden, sowie ihre gesamtge-
sellschaftliche Bedeutung deckten sich nicht nur mit dem Willen der Bevölkerung, sondern würden neue institutionelle und gesellschaftliche Rahmenbedingungen schaffen. Mit ihrer konsequenten neuen Politik sei sogar, so einige
Kommentatoren in Europa, eine Wende zur sozialen und ökologischen Markt-
wirtschaft eingeleitet. Aber auch amerikanische Politikwissenschaftler, wie
beispielsweise Peter Hall, sprechen von einer neuen progressiven Ära amerikanischer Politik.

Auf der anderen Seite monieren Kritiker, dass die bisherige Politik keine
substantiell neuen Inhalte aufweisen würde. Die *Kontinuitätsthese* verweist auf
die institutionellen Rahmenbedingungen, die es auch von einer neuen Administration zu berücksichtigen gelte, sowie die Konstellation von Interessen- und
Lobbygruppen, die dem Präsidenten kaum politischen Spielraum belassen. Die
Rhetorik im Wahlkampf, so die Kritiker, finde im politischen Alltag keine Ent-
sprechung, vielmehr würden die Reformansätze durch die Realität in Washington abgeschwächt und eingeebnet. Kompromisse in der Gesetzgebung, Füh-
rungsschwäche sowie die von der anfänglichen programmatischen Rhetorik
abweichende Entscheidungen, wie etwa die Beibehaltung einer gesonderten
Gerichtsbarkeit für die unter Terrorismusverdacht festgehaltenen Gefangenen in
Guantánamo, der Verzicht auf die ursprünglich vorgesehene staatliche Versicherungspflicht bei der Gesundheitsreform sowie das Festhalten an einer konventi-
onellen Energiekonzeption werden als Belege für eine weitgehende Kontinuität
in der Politik zwischen Bush und Obama interpretiert. Auch die Truppenver-
stärkung im Afghanistan-Krieg wird von Kritikern, wie beispielsweise Noam

Chomsky, als Fortsetzung der in der Bush-Ära begonnenen verfehlten Machtpolitik gegeißelt.

Diese widerstreitenden Einschätzungen bilden den Ausgangspunkt für die hier folgende Analyse. Wie ist der angestrebte Wandel nach dem Amtsantritt von Obama zu bewerten? Welche Reformprojekte konnten durchgesetzt werden bzw. wo liegen die Stärken und Schwächen der neuen Politik? Kann der Präsident mit seinem Reformpaket eine neue Richtung einschlagen, oder bleibt er in Teilreformen und Kompromissen verhaftet? Oder zugespitzt: ist Obama einer der großen Reformpräsidenten, oder lediglich ein brillanter Rhetoriker mit geringer politischer Substanz und Durchsetzungsfähigkeit?

Gerade in Europa hatte die Wahl Obamas große Hoffnungen auf eine grundlegende politische Neuorientierung und ein stärkeres kooperatives Engagement der USA bei der Bearbeitung globaler Probleme geweckt. Die hohen Erwartungen beziehen sich sowohl auf die wirtschaftliche Kooperation, denn trotz bestehender Differenzen in der Bewältigung der Wirtschafts- und Finanzkrise bleiben Europa und die USA in der globalisierten Ökonomie aufeinander angewiesen. Auch im Bereich der Energie- und Klimapolitik, in der globalen Sicherheitspolitik und bei der Bewältigung von globalen Konflikten bestehen in den europäischen Ländern hohe Erwartungen an eine Erneuerung amerikanischer Politik.

Im Folgenden wird die Frage des Richtungswechsels zunächst auf Basis einer Analyse der Präsidentschaftswahlen 2008 und ihrer Ergebnisse behandelt. Im diesem Kontext sollen politische und gesellschaftliche Mentalitäten anhand von empirischen Daten analysiert werden, um daran anschließend den Reformprozess in seiner Substanz zu analysieren und zu bewerten. Zu fragen ist, inwiefern der rasante Vertrauensverlust während der Bush-Administration auch einen Mentalitätswandel in der Gesellschaft beinhaltet bzw. inwieweit die Wahl auf neue Loyalitätsbindungen schließen lässt. Findet die Reformpolitik mit der neuen aktiven Rolle des Staates breitere gesellschaftliche Akzeptanz? Oder ist das eindeutige Wahlergebnis für Barack Obama lediglich dem historischen Moment und der tiefen Verunsicherung durch die Wirtschafts- und Finanzkrise geschuldet?

Die Umfrageergebnisse ergeben hier ein widersprüchliches Bild. Während eine staatliche Verantwortlichkeit beispielsweise bei der bereits existierenden Sozialversicherung (*Social Security*) und der medizinischen Versorgung der älteren Menschen (*Medicare*) mehrheitlich befürwortet wird, zeigt sich gerade in den Kontroversen um die Gesundheitsreform, wie stark verwurzelt der Individualismus bzw. der Gedanke der Selbstverantwortlichkeit ist, welcher von den Republikanern traditionell betont wird. Die gesellschaftliche und politische Akzeptanz des neuen Politikansatzes hängt daher zum einen von den politischkulturellen Voraussetzungen und Mentalitäten ab. Gerade in diesem Feld spielen sich seit einigen Jahren heftige Richtungsauseinandersetzungen ab, die sich während der Bush-Administration noch weiter vertieft haben.

Wie viel Veränderung möglich ist, hängt zum zweiten auch von den institutionellen und politischen Bedingungen des amerikanischen politischen Systems ab. Die Demokraten sind trotz ihrer Mehrheit in beiden Häusern des Kongresses und ihrer Repräsentanz im Präsidentenamt durch widerstreitende Strömungen und Interessen geprägt. Eine Parteidisziplin existiert nicht; vielmehr muss bei jedem Reform- und Gesetzesvorhaben neu verhandelt werden. Die Republikaner sind zwar geschwächt und innerlich zerstritten, aber sie finden in verschiedenen gesellschaftlichen Schichten nach wie vor Rückhalt. Zugleich hat die Zahl der unabhängigen Wähler (*Independents*) stetig zugenommen, deren Loyalitäten schwer voraussehbar sind. Einflussreiche Lobbygruppen beeinflussen darüber hinaus den politischen Macht- und Entscheidungsprozess. Daher bleibt die Frage bestehen, wie sich die Obama-Administration im Kräftespiel widerstreitender Interessen im strukturell fragmentierten amerikanischen politischen System durchsetzen kann.

Basierend auf einer detaillierten Analyse der innenpolitischen Entwicklungen und wichtiger Richtungsentscheidungen soll die Reformpolitik der Obama-Administration im Folgenden näher untersucht werden. Konzeptionell wird dabei nach der Positionierung der amerikanischen Regierung gegenüber grundlegenden gesellschaftlichen Herausforderungen gefragt und diese anhand von konzeptionellen politischen Diskursen sowie administrativen und legislativen Entscheidungen überprüft. Denn ob es der amerikanischen Regierung gelingt, eine neue Gesellschaftspolitik einzuleiten, entscheidet letztlich auch über die globale Rolle, welche die Vereinigten Staaten zukünftig einnehmen.

Die Kernthese des Buches beruht darauf, dass das pluralistische politische System der Vereinigten Staaten historisch einerseits eine beständige Erneuerungsfähigkeit aufweist, in der Umsetzung von Reformen jedoch andererseits Schwächen des pluralistischen Systems offen gelegt werden, die die Reformfähigkeit begrenzen. Die Studie widmet sich daher den Ursachen und Hintergründen der Schwierigkeiten, vor denen die Obama-Administration mit ihrem Projekt eines grundlegenden Wandels steht. Anhand der zentralen Reformprojekte der Obama-Administration, wie der Regulierung von Finanzmärkten, der Gesundheits- und Bildungsreform, sowie dem Wandel in der Energie- und Umweltpolitik, werden die Konzeptualisierung und Umsetzung der Reformpolitik genauer untersucht. Mit Blick auf die amerikanisch-europäischen Beziehungen werden abschließend dann auch die Grundzüge der neuen Außen- und Sicherheitspolitik thematisiert. Insofern eröffnet die Studie einen Einblick in Struktur und Funktionsweise des politischen Systems der Vereinigten Staaten.

Die Darstellung beruht auf einer vor Ort durchgeführten Analyse der gesellschaftlichen und politischen Auseinandersetzungen während der Präsidentschaftswahl 2008 sowie der folgenden Richtungsentscheidungen und Reformprojekten von 2009/10. Zahlreiche Interviews, Medienanalysen und Auswertun-
gen von Expertenbeiträgen sind dabei in die Analyse eingeflossen. Neben
Schlüsseldokumenten und Reden des Präsidenten sowie von Beratern und Mitarbeitern in der Administration sind auch erste Gesetze und Anordnungen für
die Analyse ausgewertet worden. Die Verfasserin dankt den Fachkollegen am
Center for European Studies der University of North Carolina at Chapel Hill für
die Möglichkeit, am dortigen Institut einige Zeit forschen zu können. Die Leib-
niz Universität Hannover unterstützte das Projekt aus Mitteln des Forschungs-
fonds der Universität. Besonderer Dank gilt auch Jasmin Schönberger und Nicolas Mendler für Recherchen und Kommentierungen des Manuskripts.

2 Die US-Wahl 2008: Politische Wende

Noch während der Vorwahlen zu Beginn des Jahres 2008 galt der Ausgang der Präsidentschaftswahl als völlig offen. Die Republikaner hatten zwar in den Zwischenwahlen zum Kongress 2006 erhebliche Einbußen erlitten und damit ihre Mehrheit im Kongress verloren, und die Popularitätswerte des amtierenden Präsidenten George W. Bush waren deutlich gesunken. Mit der Kandidatur des erfahrenen und auch unter Demokraten geachteten Kandidaten John McCain galten die Chancen der Republikaner im Präsidentschaftswahlkampf als gut, wieder das Weiße Haus erobern zu können. Relativ rasch konnte sich McCain daher in den Vorwahlen als Favorit positionieren und seine Nominierung zum Präsidentschaftskandidaten der Republikaner galt bereits im März 2008 als sicher.

Anders sah die Entwicklung bei den Demokraten aus. Zwar hatte sich die bereits seit längerem als Präsidentschaftskandidatin geltende Senatorin Hillary Clinton mit ihrer Kandidatur zunächst breite Unterstützung im Feld der Demokraten sichern können. Mit dem überraschenden Erfolg des bislang in der nationalen Politik wenig bekannten Senators aus Illinois Barack Obama in den Vorwahlen in Iowa, die als erste Vorwahlen als symbolisch wichtiges Stimmungsbarometer gelten, sowie seinem guten Abschneiden in folgenden Vorwahlen, spaltete sich jedoch das Feld der Demokraten in überzeugte Clinton-Befürworter einerseits, begeisterte Obama-Anhänger andererseits. Die Vorwahlen der demokratischen Partei zogen sich dadurch ungewöhnlich lange hin, da sich nicht wie sonst üblich bereits in den ersten Monaten ein Kandidat von den anderen absetzte, sondern es bis in den Juni bei einem knappen Rennen zwischen Hillary Clinton und Barack Obama blieb. Die Rivalität zwischen den beiden Kandidaten und ihren Anhängern sowie die außergewöhnliche Situation, dass beide gesellschaftliche Gruppen repräsentieren – Frauen bzw. Afro-Amerikaner – die bislang noch nie einen Präsidenten stellten, sorgten national wie international für großes Aufsehen.

Mit seiner äußerst wirksamen und erfolgreichen Wahlkampfstrategie, bei der neben einer Vielzahl von öffentlichen Auftritten auch die neuen Medien gezielt eingesetzt wurden, konnte Obama schließlich im August 2008 seine Nominierung als Präsidentschaftskandidat der Demokraten sichern.[1] Am 4.

---

[1] Zum Wahlkampf vgl. auch Christoph von Marschall (2009): Obama. Der schwarze Kennedy, aktualisierte Neuauflage, Zürich 2009.

November gewann Obama die Präsidentschaftswahlen mit einem klaren Ergebnis gegen seinen Kontrahenten McCain und er wurde am 20. Januar 2009 als 44. Präsident der Vereinigten Staaten in seinem neuen Amt vereidigt.

2.1 Vorwahlkampf – das politische Feld

Bereits der Vorwahlkampf offenbarte ungewöhnliche und überraschende Entwicklungen. Erstmals in der Geschichte der Vereinigten Staaten konnte mit Hillary Clinton eine Frau in den Vorwahlen zur US-Präsidentschaft einen beachtlichen Erfolg erzielen. Als Senatorin des bevölkerungsreichen Bundesstaates New York hatte sie, nach ihrer Zeit als *First Lady* im Weißen Haus, umfangreiche politische Erfahrungen im US-Senat erwerben können und galt daher als äußerst erfahrene und durchsetzungsfähige Politikerin.[2] Ihre Kandidatur mit der Aussicht, endlich auch eine Frau im höchsten politischen Amt der Vereinigten Staaten repräsentiert zu sehen, löste vor allem bei Frauen in politischen Führungspositionen und Frauenlobbys, aber auch in der breiteren Bevölkerung hohe Erwartungen aus. Auch wenn sie schließlich die Nominierung gegen Obama verlor, ist die Kandidatur Hillary Clintons als ein historischer Moment zu werten, denn selbst angesichts der Vielzahl von Frauen in der bundesstaatlichen und lokalen Politik und einer höheren Wahlbeteiligung von Frauen ist ihre Repräsentanz in höchsten politischen Ämtern wie auch im US-Kongress immer noch deutlich geringer als die der Männer.[3] Im Jahr 2009 waren 90 Frauen im U.S. Kongress vertreten, 17 von ihnen im Senat mit insgesamt 100 Senatoren (2008: 16 Frauen), 73 im Repräsentantenhaus mit 435 Abgeordneten (2008: 70 Frauen). Auf der bundesstaatlichen Ebene beträgt der Anteil von Frauen in der Legislative und Exekutive im Durchschnitt 24.3 Prozent.[4]

Während der Vorwahlen mit Hillary Clinton als Präsidentschaftskandidatin zeigte sich, dass die Akzeptanz von Frauen in der amerikanischen Politik, selbst in höchsten Ämtern, deutlich gestiegen ist.[5] Hillary Clinton verkörpert zudem

---

[2] Eine detaillierte Darstellung der politischen Laufbahn von Hillary Clinton liefert beispielsweise die Biografie des Journalisten Carl Bernstein (2007): A Woman in Charge. The Life of Hillary Rodham Clinton, New York: Vintage.

[3] Vgl. zur Bedeutung der Kandidatur von Hillary Clinton vgl. auch Christiane Lemke: Gender Gap – Repräsentation von Frauen und Gender-Themen bei den US-Präsidentschaftswahlen 2008, in: Femina Politica, H. 2, 2008, S. 65-78.

[4] http://www.cawp.rutgers.edu/fast_facts/index.php(aufgerufen am 16.03.2009).

[5] So waren 1955 nur 52 Prozent der Amerikaner bereit, eine Frau als Präsidentin zu wählen. 1975 waren es schon 73 Prozent, 1987 rund 82 Prozent und 2006 immerhin 92 Prozent. Vgl. CBS News/New York Times Poll „A Woman for President", 5.02.2006 http://www.cbsnews.com (aufgerufen am 11.06.2010).

einen neuen Typus politisch aktiver Frauen, die über längere Zeit umfangreiche politische Erfahrungen sammeln konnten und die über ihr politisches Engagement dazu beigetragen haben, die gesellschaftliche Akzeptanz von Frauen in politischen Führungspositionen zu erhöhen. In ihrem Wahlkampf wurde Hillary Clinton nicht nur von anderen prominenten Politikerinnen unterstützt. Auch die einflussreiche Frauenlobbyorganisation „Emily's List" setzte sich für die Kandidatur Hillary Clintons ein.[6] Wie die Organisation aus einer Auftragsforschungsstudie berichtet, seien bei der Präsidentschaftswahl für die befragten Frauen allerdings nicht das Geschlecht von Kandidatinnen ausschlaggebend, sondern ihre politische Erfahrung, Professionalität und Durchsetzungsfähigkeit. Die Ergebnisse deuten darauf hin, dass die Präferenz für einen erhöhten Anteil von Frauen in politischen Führungspositionen nicht nur in der Geschlechteridentität begründet ist, sondern legitime Ansprüche auf Repräsentanz und Professionalität widerspiegelt.

Aufgrund der in den USA seit einigen Jahrzehnten festzustellenden höheren Wahlbeteiligung von Frauen galten weibliche Wähler im Wahljahr 2008 als wichtiger Wählerblock, und zwar nicht nur bei den Demokraten, sondern auch bei den Republikanern, die schließlich durch die Nominierung der bis dahin relativ unbekannten Gouverneurin aus Alaska, Sarah Palin, als Vizepräsidentschaftskandidatin hofften, mehr Unterstützung bei Frauen in den Wahlen zu finden.

In ihrer Wahlkampagne setzte Hillary Clinton gezielt auf die *women's vote*, d. h. die Unterstützung von Frauen – eine Strategie, die sich auch partiell als erfolgreich erwies. Eindeutige Mehrheiten erhielt sie allerdings im Vorwahlkampf vor allem bei Frauen über 65 Jahren, während jüngere Wählerinnen und die große Gruppe der im berufstätigen Alter stehenden Frauen in den Vorwahlen mehrheitlich für ihren demokratischen Gegenkandidaten, Barack Obama, stimmten.

Trotz der gestiegenen Akzeptanz von Frauen in politischen Führungspositionen blieb der Vorwahlkampf nicht frei von Geschlechterstereotypen, vor allem in den neuen Medien und in der Medienberichterstattung in privaten Fernsehsendern. Eine Beobachterin spitzt dies so zu: „In dem Maße, in dem die Wahlkampfrhetorik die Geschlechterdifferenz als Argument ins Feld führt, unterstellt man der Kandidatin Exaltiertheit, Hysterie, übersteigerte Emotionalität – und die Waffen einer Frau. Gegen die Männerfantasie der übermächtigen, sich exotischer Mittel und Zaubertränke bedienenden Verführerin (...) hilft einzig der Gegenentwurf, die rasende Megäre, helfen Bilder: Hillary mit weit aufgerissenem Mund und Spiegeleieraugen, den rechten Zeigefinger in den

---

[6] Vgl. http://www.emilyslist.org (aufgerufen am 16.03.2009).

Hexenkessel von New Hampshire bohrend."[7] Eine pauschale Kritik an unfairer sexistischer Berichterstattung wiesen Medienbeobachter jedoch zurück; einige extreme Beispiele aus den Privatsendern seien aufgebauscht worden und der Vorwurf des Sexismus diene dazu, eigene Fehler in der Wahlkampagne zu überdecken.[8]

Im Juni 2008 kam es zunächst in der Partei der Demokraten und unter politisch aktiven Frauen zu Unmutsäußerungen nachdem Hillary Clinton ihre Niederlage eingestanden und die Kandidatur für die Präsidentschaftswahl zurückgezogen hatte.[9] Ob die kritischen Stellungnahmen auch zu einer Abwendung von den Demokraten führen würden, blieb zunächst offen. Kurz vor der Präsidentschaftswahl deuteten allerdings Umfragen auf eine klare Präferenz von Frauen für Obama gegenüber McCain.[10]

Die Vorwahlen gewannen durch eine weitere, nicht minder bedeutende Besonderheit eine historische Dimension. Zum ersten Mal in der amerikanischen Geschichte nominierten die Demokraten mit Barack Obama einen afroamerikanischen Kandidaten für die Präsidentschaftswahl. Während er zu Beginn der Vorwahlen zunächst als Außenseiter galt, überzeugten seine Erfolge in den Vorwahlen selbst harte Kritiker in der Partei. Die vielfach vorgebrachte Argumentation, Obamas Wahlsiege markierten den Erfolg eines gewachsenen afroamerikanischen Selbstbewusstseins in der Gesellschaft, konnte nur einen Teil der Wahlsiege erklären. Vielmehr zeigte sich, dass es gerade die Mehrdeutigkeit seiner Biografie war, die Obama als Kandidaten wählbar machte. In der amerikanischen Öffentlichkeit galt Obama daher als erster Kandidat einer postrassistische Politik.[11]

Barack Obama entsprach mit seiner Kandidatur dem Wunsch vieler Amerikaner nach gesellschaftlichem Wandel und Rückbesinnung auf vitale amerika-

---

[7] Christine Lemke-Matwey: „Biologie der Bilder. Bedrohung, Hoffnung, Inszenierung: Warum wir uns immer noch so schwer tun mit den Frauen und der Macht", in: Der Tagesspiegel, 12.02.2008, S. 21.

[8] Vgl. Zu dieser Kontroverse etwa Katharine Q. Seelye/Julie Bosman: „Media Charged with Sexism in Clinton Coverage", in: The New York Times, 13.06.2008 (http://www.nytimes.com/2008/06/13/us/politics/13women.html)

[9] So beklagte die bekannte Frauenrechtlerin und Schriftstellerin Susan Faludi, dass die Nicht-Nominierung von Hillary Clinton wiederum bestätige, dass Frauen in den USA lediglich „second-place citizens" seien. Immerhin hätten 18 Millionen Wähler und Wählerinnen in den Vorwahlen für Hillary Clinton gewählt. Ihr gebühre daher ein zentraler Platz in der Politik.Vgl. Susan Faludi „Second-Place Citizens", in: The New York Times, 26.08.2009.

[10] http://www.gallup.com/poll/107806/Obama-Gains-Among-Women-After-Clinton_Exit.aspx (aufgerufen am 15.06.2008).

[11] Obamas Positionierung unterschied sich damit deutlich von früheren Kandidaten afroamerikanischer Herkunft. So hatte Jessie Jackson als Präsidentschaftskandidat in den achtziger Jahren explizit seine Herkunft zur Grundlage der Kandidatur herangezogen und mehr Einfluss für die afro-amerikanische Minderheit gefordert.

nische Traditionen. Als Sohn einer weißen Mutter aus Kansas und eines Gast-
studenten aus Kenia hatte Obama auf seinem Lebensweg unterschiedliche Kul-
turen und soziale Schichten kennen gelernt und eine exzellente Ausbildung als
Verfassungsrechtler unter anderem an der Harvard University absolviert.[12] Seine
politische Laufbahn begann mit seiner Wahl als Senator des Bundesstaates Illi-
nois im Jahr 1996. Nachdem er im Frühjahr 2004 mit überwältigender Mehrheit
zum Senator von Illinois wieder gewählt worden war, hatte Obama auf dem
Nominierungspartei der Demokraten im Sommer 2004 in Boston als begabter
Nachwuchspolitiker durch eine mitreißende Grundsatzrede zuerst nationale
Aufmerksamkeit erlangt. Wie kein anderer Kandidat verkörpert Obama die
Vision einer Demokratie freier und gleicher Bürgerinnen und Bürger, ohne
Ansehen von Religion, Rasse, oder Geschlecht, die seit der amerikanischen
Unabhängigkeit tief in das US-amerikanische Selbstverständnis eingegraben ist.
Diese Vision bildete ein Grundmuster für die Hoffnung auf gesellschaftliche
Erneuerung, und zwar nicht nur in der afro-amerikanischen Bevölkerung, son-
dern in einer breiten Schicht der Bevölkerung.

In einem Vergleich des psychologischen Profils der beiden Kandidaten,
Obama und McCain, im Vorwahlkampf hebt Stanely A. Renshon den Kontrast
zwischen beiden hervor. Die Narrative, die die Kandidaten im Vorwahlkampf
entwickelten, könnten, so der Politikwissenschaftler, nicht kontrastreicher sein.
Während McCains Geschichte einerseits „hero and rebel"-Konfigurationen und
andererseits fundierte politische Erfahrungen kombinierte, basierte Obamas
Narrativ vor allem auf dem Wandel, den er verkörperte. „For Obama, his path
from Jakarta to Harvard and then on to the Senate was a reflection of the promise of the American dream. His soft-spoken eloquence and promise to bridge
gaps appealed to the public, while his race, politics, and ambitions appealed to
his party."[13]

Die politische Bedeutung der Kandidatur Obamas kann nicht losgelöst von
der für die amerikanische Politik noch immer wichtigen Rassenfrage betrachtet
werden. In der amerikanischen Gesellschaft hat die Rassenfrage stets eine besondere Rolle gespielt, denn Selbstanspruch der amerikanischen Politik und
gesellschaftliche Realität prallten aufgrund der bis in die 60er Jahre hinein bestehende Rassentrennung immer wieder aufeinander. Die Bürgerrechtsbewe-

---

[12] Die autobiografische Schilderung seines Lebenswegs, die zuerst 1995, knapp zwei Jahre vor
seiner Kandidatur für den Senatssitz in Illinois, veröffentlicht wurde, hat Obama dargelegt in: Barack Obama (2004): Dreams from My Father. A Story of Race and Inheritance, New York (deutsch:
Ein amerikanischer Traum); sowie Barack Obama (2007): Audacity of Hope, New York (deutsch:
Hoffnung wagen).
[13] Stanley A. Renshon (2008): Psychological Reflections on Barack Obama and John McCain:
Assessing the Contours of a New Presidential Administration, in: Political Science Quarterly, Vol.
123, No. 3, S. 396.

gung hatte nicht nur für eine Anerkennung der besonderen Geschichte und Identität der Afro-Amerikaner und ihre rechtliche Gleichstellung gekämpft, sondern auch für soziale und bildungsmäßige Besserstellung dieser historisch benachteiligten Minderheit.[14] Obama gehört einer Generation an, die selbst nicht mehr in der Bürgerrechtsbewegung aktiv gewesen ist. Bedeutende Bürgerrechtler und Aktivisten aus jener Zeit gehörten jedoch zu seinen wichtigsten Unterstützern. Darüber hinaus hat er in seinen Veröffentlichungen sowie in seinen Reden eine hohe Sensibilität gegenüber der Rassenfrage erkennen lassen. Schon der immer wieder kehrende Bezug auf Abraham Lincoln legt nahe, wie sehr ihm die historischen Bezüge bewusst sind, denn Lincoln gilt in der amerikanischen Geschichte als einer wichtigsten Präsidenten, da er sich nachdrücklich für die Abschaffung der Sklaverei eingesetzt und für dieses Ziel sogar einen Bürgerkrieg in Kauf genommen hat.[15]

Obama selbst vermied die Rhetorik der Unterdrückung, die für viele Aktivisten der Bürgerrechtsbewegung charakteristisch ist, weshalb ihm der Bürgerrechtsaktivist Jessie Jackson mangelnden Schneid vorwarf. Seinen Sieg in den Vorwahlen über die als Favoritin gehandelte Hillary Clinton verdankt Obama aber gerade den weißen Wählern, die ihn als *post-racial* ansahen, d. h. als Kandidaten, der nicht aufgrund seiner afro-amerikanischen Herkunft kandidierte, und daher auch für andere Gruppen wählbar wurde. Dies war beispielsweise bei den Wählern in den Vorwahlen in Iowa und New Hampshire ausschlaggebend. Aus der Sicht Obamas geht es in der Politik nicht ursächlich um *black and white-issues*, also um die Rassenproblematik, sondern um Gestaltungsaufgaben für die gesamte amerikanische Gesellschaft. In einer viel beachteten Rede während des Vorwahlkampfes über die Rassenfrage machte Obama deutlich, dass er die Beseitigung gesellschaftlicher Diskriminierungen aufgrund der Rassenzugehörigkeit als eine bedeutende gesellschaftliche Aufgabe betrachtet, die dem amerikanischen Ideal von Freiheit und Gleichheit entspricht.[16] Die Problematik der bis heute spürbaren, historisch bedingten Diskriminierung soll daher im Kontext einer gerechteren Gesellschaftsordnung aufgehoben werden.

---

[14] Zur Geschichte der Rassentrennung vgl. z. B. Manfred Berg: We shall overcome: Die lange Geschichte der afro-amerikanischen Emanzipation – von Lincoln bis Barack Obama, in: Die Zeit, 19. Juni 2008, S. 82. http://www.zeit.de/2008/26/A-Schwarze-Emanzipation.

[15] So hatte Obama seine Kandidatur für die Präsidentschaft im Jahr 2007 in Springfield bekannt gegeben, am selben Ort, an dem einst zur Abschaffung der Sklaverei aufgerufen hatte. Vgl. auch die Biografie von David Remnick (2010): The Bridge. The Life and Rise of Barack Obama, New York: Alfred A. Knopf.

[16] Barack Obama "Speech on Race", 18.03.2008, http://www.nytimes.com/2008/03/18/us /politics/18textobama.html?em&ex=1206158400&en=8b7 (aufgerufen am 20.03.2008).

Das Zeitfenster für den Parteitag der Demokraten war geschickt gewählt. Zwei Jahrestage, die in der Erinnerungskultur der Vereinigten Staaten eine besondere Rolle spielen, lagen exakt in der Woche des Nominierungsparteitags vom 25. bis 28. August 2008 in Denver/Colorado: der 88. Jahrestag der Einführung des Frauenwahlrechts im Jahr 1920 und, in Erinnerung an die Kämpfe der Bürgerrechtsbewegung, der 45. Jahrestag der berühmten Freiheitsrede von Martin Luther King in Washington 1963 „I have a Dream". Diese visionäre Rede des wohl bekanntesten Bürgerrechtlers der Vereinigten Staaten, der kurze Zeit später von einem fanatischen Weißen ermordet wurde, erhielt im Wahljahr 2008 neue Aktualität. Die Wahl wurde daher auch ein Testfall für die Verfasstheit der amerikanischen Gesellschaft betrachtet, in der der Rassenkonflikt deutlich abgeschwächt, aber nicht vollständig beseitigt werden konnte. Dass es mit Barack Obama trotzdem gelungen war, einen Präsidentschaftskandidaten afro-amerikanischer Herkunft zu nominieren, zeigt die Erneuerungsfähigkeit der amerikanischen Gesellschaft, die sich ständig neu zu erfinden und daher ständig in Bewegung zu sein scheint. In ihrer Rede während des Nominierungsparteitags der Demokraten beschrieb Michelle Obama diese Situation in einer sehr persönlichen und bewegenden Rede als Verwirklichung eines Stücks vom *American Dream*. Auch andere prominente Redner, wie der ehemalige Präsident Bill Clinton, Hillary Clinton und John Kerry, betonten in ihren Reden die Vorbildfunktion sowie die Führungsfähigkeit Barack Obamas. Der Nominierungsparteitag schloss mit der offiziellen Ernennung von Barack Obama als Präsidentschaftskandidat der Demokraten ab. Als Vizepräsidentschaftskandidat wurde der erfahrene Politiker Joseph Biden, ein Zentrist innerhalb der Democratic Party, nominiert.

In der darauf folgenden Woche vom 30. August bis zum 4. September hielten die Republikaner ihren Nominierungsparteitag in St. Paul/Minnesota ab. Nach einem recht schwachen Wahlkampf durch John McCain in den Wochen zuvor und vor dem Hintergrund einer dramatisch an Popularität verlierenden zweiten Bush-Administration vermied man den Bezug auf die Politik der Bush-Administration und konzentrierte sich auf Zukunftsvisionen. Umfragen zufolge waren im September 2008 rund 81% der Amerikanerinnen und Amerikaner der Auffassung, dass sich ihr Land in die falsche Richtung bewegt. Präsident Bush war damit einer der unpopulärsten Präsidenten der amerikanischen Geschichte. Die Zustimmung zu seiner Amtsführung sank vor der Wahl 2008 auf ein Rekordtief; rund 68 Prozent missbilligten seine Amtsführung, einer Umfrage im Auftrag der New York Times/CBS zufolge. So traten auf dem Nominierungsparteitag zwar bekannte Politiker der Republikaner, wie der Gouverneur von Kalifornien Arnold Schwarzenegger, Vizepräsident

Dick Cheney und der ehemalige Präsident George Bush sen. auf, nicht aber der amtierende Präsident G. W. Bush.

Überschattet von einem tropischen Wirbelsturm blieben die Reden des Parteikonvents vor dem Hintergrund der Naturkatastrophe gedämpft und zurückhaltend. Inspirierende Reden wurden nicht gehalten und selbst der Beitrag des nominierten Kandidaten John McCain fiel im Vergleich zur Rede von Barack Obama flach und rhetorisch wenig brillant aus, mit einem ermüdet wirkenden Kandidaten. Politisches Kernproblem für die Republikaner war, sich angesichts der stetig sinkenden Popularitätswerte von Präsident Bush abzusetzen; dieser spielte auf dem Nominierungsparteitag daher auch nur eine randständige Rolle. In Absetzung zur Bush-Administration bemühten sich die Redner vielmehr darum, einen Wandel zu betonen. Nicht nur bei den Demokraten, sondern auch auf dem Parteitag der Republikaner prägte so der Begriff „change", Wandel, den Diskurs. „Change we can believe in" war der Slogan des Nominierungsparteitags der Demokraten. Aber auch bei John McCain taucht der Begriff „change" mehr als ein Dutzend Mal in seiner Parteitagsrede am 4. September auf. Die Legitimation eines Konzepts des Wandels bezog McCain nicht zuletzt aus seinem Ruf als Querdenker in seiner Partei. In seiner politischen Laufbahn war er häufig als Non-Konformist („Maverick") aufgetreten und grenzte sich nun aus strategischen Gründen vom amtierenden Präsident ab, um eine realistische Chance im Wahlkampf zu haben.

Umfragen zufolge zweifelten viele Amerikaner allerdings an der Rhetorik des Wandels im Fall eines Wahlsieges der Republikaner; nur etwa ein Drittel (37 %) der Befragten einer Umfrage von CBS im Auftrag der New York Times meinten, dass McCain einen Wandel in Washington herbeiführen würde, im Vergleich zu zwei Dritteln (65%), die Obama einen Wandel zutrauten.[17] Kritisch weist die New York Times in einem Editorial zudem darauf hin, dass sich die Republikaner in Opposition gegen sich selbst positionieren müssten, da die Probleme in der amerikanischen Regierungspolitik auf Entscheidungen zurückgehen, die in den vergangenen acht Jahren der Bush-Regierung getroffen worden waren, und wie das hohe Haushaltsdefizit bei gleichzeitiger Steuersenkung, für die sich McCain im Wahlkampf ebenfalls einsetzte, verringert werden könnte, blieb dabei unklar.[18]

---

[17] "In Poll Voters View Change as less Likely with McCain", in: The New York Times, 18.09.08, S. 1.

[18] "Running Against Themselves", in: The New York Times, Editorial, 04.09.2008, S. A 26. - Dagegen applaudiert der New York Times-Journalist David Broder der Kritik McCains an der Regierung in Washington und unterstützt seine Vorstellungen eines „systemischen" Wandels; Obama sei, so Broder, dagegen lediglich auf policy-Wandel fixiert und versäume es, kritisch mit seiner Partei der Demokraten umzugehen. Vgl. David Broder „Surprise Me Most", in: The New York Times, 09.09.2008, A 27.

Der Versuch, sich von der Bush-Administration abzusetzen, wird auch in der Auswahl der Vizepräsidentschaftskandidatin der Republikaner deutlich. Mit Sarah Palin, der damaligen Gouverneurin des Bundesstaates Alaska sollte der von John McCain angestrebte Neuanfang unterstrichen werden. Offenbar auch veranlasst durch die hohe Mobilisierung von Frauen in den amerikanischen Präsidentschaftswahlen, erhofften sich die republikanischen Wahlkampfstrategen einen Überraschungserfolg. Sarah Palin war zum Zeitpunkt ihrer Nominierung zwar wenigen Amerikanern außerhalb ihres Bundesstaates bekannt und sie hatte in Washington noch kein Amt bekleidet. Für die Republikaner stellte dieser Umstand jedoch einen Vorteil dar, da sie aufgrund ihres energischen Auftretens und einiger Maßnahmen gegen Korruption und Ämterpatronage in Alaska als besonders geeignet galt, einen Neuanfang im republikanischen Lager zu symbolisieren.

Das sozialkonservative Profil der politischen Positionen von Sarah Palin, insbesondere ihre Ablehnung von gleichgeschlechtlichen Lebensgemeinschaften und ihre Gegnerschaft gegen das Recht auf einen legalen Schwangerschaftsabbruch, entsprach vor allem den Vorstellungen der konservativen, religiösen Wähler, auf die die Republikaner seit der Amtszeit von Ronald Reagan besonderen Wert legten. Strategisch konnten damit vor allem die Evangelikalen gewonnen werden. Deren Meinungsführer James Dobson kommentierte die Nominierung von Sarah Palin mit großer Zustimmung. Zugleich instrumentalisierte Sarah Palin den amerikanischen Mythos der *last frontier*, der Besiedelung und Eroberung neuer Landstriche, den Alaska in der amerikanischen Imagination verkörpert, ein Mythos, der auch von den sie unterstützenden Medien geschickt inszeniert wurde.[19] Palin präsentierte sich als junge, energisch auftretende Politikerin und zugleich als Durchschnittsamerikanerin, eine Rolle, die sie als Mutter von fünf Kindern und Freizeit-Jägerin gut vertreten konnte. Durch die Nominierung von Sarah Palin, die selbst für Kenner des republikanischen Feldes unerwartet kam, erhoffte sich die Parteiführung einen Sympathie-Schub, vor allem auch unter Frauen.

Ihre Kandidatur blieb jedoch höchst umstritten. Als klare Favoriten der religiösen Rechten galt Sarah Palin nach Einschätzung des republikanischen Lagers als ein Glücksfall, während Kritiker selbst in der eigenen Partei neben ihrer erzkonservativen Haltung in sozialen Fragen ihre politische Unerfahrenheit, vor allem auch in der Außenpolitik, die klientelistische Amtsführung als Gouverneurin in Alaska und ihre Schwäche bezüglich einer zielführenden Wirtschafts- und Energiepolitik beklagten. Die Erwartung, dass ihre Nominierung eine größere Unterstützung von Seiten der weiblichen Wähler bewirken würde, bestätigte sich in den folgenden Wochen nicht. Proteste und Demonstrationen einer sich

---

[19] "McCain Chooses Palin as Running Mate", in: The New York Times 30.08.2008, S. 1.

in Alaska formierenden Bewegung „Women against Palin" zeigten bereits, wie umstritten sie selbst in ihrem eigenen Bundesstaat blieb.[20] Auch an den Wahlergebnissen lässt sich kein signifikanter Sympathiefaktor unter Frauen aus ihrer Kandidatur ableiten. Lediglich unter sozialkonservativen und religiösen Wählern löste ihre Nominierung Zustimmung aus. Diese Wählergruppen hätten jedoch ohnehin republikanisch gewählt.[21]

Angesichts der bereits im Sommer 2008 sichtbar werdenden schweren Finanzkrise und der wirtschaftlichen Probleme, mit denen das Land im Wahljahr konfrontiert war und die sich nicht nur in der Immobilien- und Bankenkrise, sondern auch in steigenden Energie- und Benzinpreisen, mangelnder Abdeckung im Krankheitsfall und fehlender Krankenversicherung von rund 47 Millionen Amerikanern sowie in Kostensteigerungen im Bereich der höheren Bildung manifestierten, war der Wunsch nach Wandel allzu verständlich. Noch nie lagen die Popularitätswerte eines amtierenden Präsidenten vor einer Wahl so niedrig, und noch nie war der Wunsch nach Erneuerung in beiden großen Parteien so ausgeprägt, auch wenn die Konzepte beider Parteien für einen Wandel deutlich verschieden ausfielen.

Die Nominierungsparteitage verfolgten der amerikanischen Tradition entsprechend allerdings nicht primär programmatische Zielsetzungen. Vielmehr lag ihre Bedeutung vor allem auf symbolischer Ebene. Sie sollten vor allem die eigene Wählerbasis mobilisieren. Beide Nominierungsparteitage unterschieden sich dementsprechend in der Zusammensetzung der Delegierten.

In der politischen Soziologie der amerikanischen Gesellschaft ist seit längerem bekannt, dass sich die Wählerbasis beider großer Parteien verändert und verschoben hat. Seit dem Realignment, der Verschiebung großer Wählerblöcke, finden die Demokraten ihre stärkste Anhängerschaft heute vor allem im urbanen und gewerkschaftlichen Milieu, bei den Afro-Amerikanern sowie teilweise bei den Hispanics bzw. der Spanisch sprechenden Minderheit, sowie unter Frauen, die durchschnittlich häufiger wählen als Männer und daher ein wichtiger Wählerblock sind. Die Republikaner hingegen haben, vor allem seit den achtziger Jahren, durch die politische Mobilisierung einer vormals eher wahlabstinenten

---

[20] Vgl. z. B. Women against Palin – Ralley am 14.09.2008; http://womenagainstpalin.com (aufgerufen am 15.09.2008). – Kritiker Palins gaben in kurzer Form drei Gründe an, warum Wähler Palin unterstützen sollten: Guns, God, Gays.

[21] Sarah Palin trat bereits kurz nach der Präsidentschaftswahl von ihrem Gouverneursamt zurück. Sie widmete sich danach der politischen Arbeit unter rechtskonservativen Wählern, so beispielsweise in der „Tea Party"-Bewegung, einer aus heterogenen Gruppen zusammengesetzten konservativen anti-Establishment Bewegung. In den US-Senats- und Gouverneursvorwahlen 2010 unterstützte Pallin allerdings auch einzelne für die Republikaner antretende und bislang als moderat geltende Frauen, wie Carly Fiorina (Senatswahlen) und Meg Whitman (Gouverneurswahlen) in Kalifornien. Vgl. Reymer Klüver: „Sarah Palins Siege", in: Süddeutsche Zeitung, 10.06.2010, S. 8.

Gruppe, der Evangelikalen bzw. der sich als religiös-fundamentalisch verstehenden Amerikaner, starke Unterstützer gewonnen, und sie erzielen Mehrheiten unter weißen Männern, im Mittleren Westen, sowie im neuen, aufstrebenden Süden der USA, der mehrheitlich nicht mehr demokratisch, sondern republikanisch wählt.[22]

Diese Aufstellung von Wählerblöcken spiegelte sich auch während der beiden Nominierungsparteitage wider. Einer Erhebung der New York Times zufolge zeigte die Zusammensetzung der Delegierten bei den Demokraten das sozial gemischte Feld der demokratischen Wählerschaft; etwa die Hälfte der Delegierten waren Frauen, knapp zwei Drittel waren weiß, 23% Afro-Amerikaner, und 11 % gehörten der spanisch sprechenden Minderheit an. Anders bei den Republikaner: 93% der Delegierten waren weiß, deutlich mehr als in früheren Jahren, 68% männlich, ebenfalls ein deutlich höherer Anteil als 2004, und nur 2% gehörten der afro-amerikanischen Minderheit und 5% der spanisch sprechenden Minderheit an. Versteht man die Nominierungsparteitage als Auftakt und Ermunterung für den eigentlichen Wahlkampf, so zielte die Strategie der Republikaner offenbar in erster Linie auf die Mobilisierung ihrer traditionellen Wählerschaft, unter weißen Männern und Evangelikalen, im Mittleren Westen und Süden des Landes, während die Demokraten angesichts der heterogenen Zusammensetzung der Bevölkerung, neben ihren Stammwählern im urbanen Milieu der Ost- und Westküste auch Minderheiten und historisch bislang benachteiligte Gruppen sowie Einwanderer ansprechen wollten.[23]

Programmatisch wird den beiden großen Parteien oft eine geringe Unterscheidbarkeit nachgesagt. Zudem sind sie im Wesentlichen Organisations-Maschinen für die Wahlen, keine Programmparteien im europäischen Sinn. Dennoch ließen sich im Wahlkampf zwischen den beiden Kandidaten deutliche Unterschiede aufzeigen, vor allem in der konzeptionellen Vorstellung über die Rolle des Staates und der staatlichen Regulierung der Gesellschaft. Angesichts der Finanzkrise polarisierten sich die Auffassungen, und zwar zwischen Anhängern einer aktiven Bundespolitik einerseits und andererseits, in der republikanischen Tradition, Befürwortern eines möglichst schwachen, schlanken Bundesstaates. Wie John McCain in einer der Fernsehdebatten im Wahlkampf hervorhob, sollte der Staat lediglich als „unsichtbarer Beförderer des Marktes" fungieren; Steuern müssten gesenkt und die Bürokratie abgebaut werden. Dagegen kritisierte Obama die während der Bush-Administration vorgenommene Umverteilung über Steuernachlässe „von unten nach oben"; dieser Trend müsse durch eine gerechtere Steuerpolitik umgekehrt und die Mittelklasse entlastet werden.

---

[22] Vgl. Christiane Lemke, Amerikabilder. Moralisierung und Macht, Münster: LIT Verlag 2005.
[23] Patrick Healey: „Two Conventions with no Shortage of Contrast", in: The New York Times, 04.09. 2008, S. 20.

Bereits während des Wahlkampfes deutet sich daher an, dass es im Fall eines Wahlsieges der Demokraten zu einer Abkehr von der bisherigen republikanischen Politik kommen würde und der Staat eine stärkere Verantwortung bei der Bewältigung der Wirtschaftskrise sowie den anstehenden Reformen im sozialen und gesundheitspolitischen Bereich übernehmen sollte. Diese Konzeption zielt im Kern auf eine aktive Rolle des Staates zur Herstellung von mehr Chancengleichheit. Während die Bush-Administration über die Steuerpolitik gezielt die Besserverdienenden in der Erwartung ihrer höheren Kaufkraft und Investionsbereitschaft begünstigt hatte, setzte das Konzept Obamas darauf, eine Besserstellung breiterer Bevölkerungsschichten zu erreichen. Die Logik der Verteilung von Chancen in der Gesellschaft sollte umgekehrt werden und einer gerechteren Chancengleichheit Platz machen.

Das anhaltend hohe Staatsdefizit, das während der Bush-Administration entgegen der fiskalpolitisch konservativen Tradition der Republikaner stetig angewachsen war, engte zwar den politischen Spielraum für derartige Reformvorschläge ein. Jedoch versuchte Obama im Wahlkampf stets, das Image des verschwenderischen *big spenders*, das den Demokraten gern angeheftet wird, sorgfältig zu vermeiden, indem er Kürzungen in anderen Bereichen vorschlug.

Zugleich mahnten Kommentatoren während des Nominierungsparteitags eine konkretere Ausfüllung der Inhalte von Obamas Programm des Wandels an. In einem Editorial der New York Times heißt es beispielsweise, dass bedeutende Präsidenten in der Geschichte große Konzepte vorgestellt und teilweise auch verwirklicht hätten, wie Franklin D. Roosevelt mit dem „New Deal", Ronald Reagan mit der Reagan Revolution der 1980er und G.W. Bush mit der Idee eines mitfühlenden Konservatismus (*compassionate conservatism*).[24] Während Hillary Clinton in ihrem Wahlkampf eine profilierte Vision mit klaren Inhalten entwickelt habe – allgemeine verbindliche Krankenversicherung, progressive Steuerpolitik, soziale Sicherung im Alter, Armutsbekämpfung, Schwulenrechte und die Verantwortung zu Beendigung des Krieges im Irak – sei der konkrete Inhalt der Politik von Obama noch zu wenig ausgefüllt, eine Kritik, die auch von anderen Beobachtern geäußert wurde. Wie das Editorial in der „New York Times" heraushebt, müsse sich Obama zu folgenden vier Eckpunkten konkret äußern: Reform des Steuersystem mit einer gerechteren Steuerpolitik, Schaffung einer universellen Krankenversicherung (*universal health care*), Reform der Energiepolitik mit einer Beendigung der Abhängigkeit von Öllieferungen aus dem Mittleren Osten, sowie die neuen Herausforderungen in der Sicherheitspolitik. Außerdem wird der Hoffnung Ausdruck verliehen, den Einfluss von Interessen- und Lobbygruppen zurückzudrängen und im Interesse der Allgemeinheit

---

[24] "Mr. Obama´s Moment", in: The New York Times, Editorial, 28.08.2008, S. A 22. Vgl. auch "Mr. Obama´s Party", in: The New York Times, Editorial, 29.08.2008, S. A 22.

zu arbeiten.[25] Die in den Medien geäußerte Forderung wurde dann durch sehr präzise Vorstellungen in den folgenden Fernsehdebatten und Reden Obamas eingeholt. Spätestens mit Amtsantritt Obamas im Januar 2009 wurde zudem deutlich, dass er sich als zukünftiger Präsident in einem Kreis von Beratern intensiv in verschiedenen Sachgebieten auf die Bearbeitung der anstehenden Probleme, wie die Beendigung des Irak-Krieges, die Bewältigung der Wirtschafts- und Finanzkrise und Reformen in den Bereichen Energiepolitik, Gesundheit und Bildung, vorbereitet hatte und in ungewöhnlich raschem Tempo die ersten Anordnungen und Gesetze auf den Weg brachte.

Umfragen nach den Nominierungsparteien zufolge sollte sich das Rennen zwischen den beiden Kandidaten, Obama und McCain, als äußerst knapp erweisen. Während Obama in einigen Kernfragen des Präsidentenamtes größere Führungsqualitäten zugetraut wurden, schnitt McCain in der Sicherheits- und Verteidigungspolitik eindeutig besser ab. Einer Umfrage der New York Times/CBS im September zufolge meinten 60% der Amerikaner, Obama habe größere Kompetenz in wirtschaftlichen Fragen (im Vergleich sprechen 53% McCain diese Kompetenz zu), 60% meinten, er habe Verständnis für die Probleme und Nöte der Menschen („people like yourself") (im Vergleich sprachen 48% McCain dieses Verständnis zu), und 66 % glaubten, dass er amerikanische Werte verkörpert (61 % sprachen diese Qualität McCain zu). Dass Obama das Ansehen Amerikas in der Welt verbessern würde, meinten immerhin 55 %; im Vergleich glaubten dies nur 20% der Befragten von McCain. Jedoch trauten eindeutig mehr Befragte McCain als Oberbefehlshaber der Armee größere Führungsqualitäten in der Sicherheitspolitik zu, und zwar 71% im Unterschied zu 20% für Obama.[26]

Analytisch schwer zu beantworten blieb jedoch die Frage, inwieweit die Wählerpräferenz durch die Hautfarbe des Kandidaten beeinflusst wird. Rassismus ist ein polarisierendes Thema in der amerikanischen Gesellschaft, eine schlecht verheilte Narbe aus der Geschichte der Sklaverei des Landes. Zwar haben sich die Beziehungen zwischen Weißen und Afro-Amerikanern in den vergangenen zwanzig Jahren deutlich verbessert und Rassenprobleme sind in den letzten Jahren nur noch selten öffentlich breiter problematisiert worden. Aus Umfragen des „Pew Research Center for People and the Press" geht hervor, dass heute 83% der Amerikaner eine positive Einstellung zu Beziehungen zwischen Afro-Amerikanern und Weißen äußern („it´s all right for blacks and whites to date"); der Anteil der Befragten, die diese Auffassung teilen, ist zwischen 2003

---

[25] "Mr. Obama´s Moment", in: The New York Times, Editorial, 28.08.2008, S. A 22.
[26] „In Poll Voters View Changes as less likely with McCain", in: The New York Times, 18.09.2008, S. 1.

und 2007 um sechs Prozentpunkte gestiegen, und zwischen 2007 und 1997 um 13 Prozentpunkte.[27]

Durch die Kandidatur Obamas für das höchste Staatsamt sind die Rassenbeziehungen jedoch erneut ins Zentrum der Aufmerksamkeit gerückt.[28] Orlando Patterson, Soziologie-Professor an der Harvard University, geht auf Basis verschiedener Untersuchungen beispielsweise davon aus, dass einer von fünf Weißen rassistische Ansichten vertrete.[29] Nach Einschätzung der New York Times vertreten rund 10% der Wähler rassistische Auffassungen; diese Wähler auf der Rechten bzw. im konservativen Spektrum würden allerdings ohnehin nicht für die Demokraten stimmen. Offener Rassismus habe zwar abgenommen, aber subtile, unbewusste Mechanismen der Diskriminierung, etwa bei Einstellungen und Beförderungen seien immer noch vorhanden.[30] Einer im September 2008 von der Stanford Universität mit AP und Yahoo durchgeführten Studie zufolge, würde Obama beispielsweise etwa sechs Prozent mehr Stimmen erhalten, wenn er ein Weißer wäre.

Eine Präsidentschaft Barack Obamas hätte nach Meinung vieler Beobachter einen erheblichen Symbolwert für die immer noch vorhandene Rassenfrage. Auch wenn seine Präsidentschaft politisch nicht die versprochene grundlegende Wende herbeiführen würde, so sei die symbolische Bedeutung einer Obama-Präsidentschaft nicht zu verleugnen. „In the end an Obama presidency, if it occurs, is likely to be a highly symbolic one, full of political firsts because of Obama's racial heritage that nonetheless add up to much less than the transformation he promised and his most fervent followers have demanded. This is not

---

[27] Diese Einschätzung beruht auf Ergebnissen des Pew Research Center: „Trends in Political Values and Core Attitudes", 22.03.2007. http://people-press.org/report/?reportid=3 (aufgerufen am 16.03.2009).

[28] Im Wahlkampf wurden unter anderem sprachliche Kodierungen und Metaphern kritisiert, die aus der Geschichte der Sklaverei und Rassentrennung stammen, um Obama zu diskreditieren, etwa wenn Obama als Aufsteiger bzw. „uppity candidate", bezeichnet wurde, ein Begriff, der an die Geringschätzung von „uppity niggers", aufgestiegenen Schwarzen, erinnert, oder wenn er von republikanischen Politikern ohne Höflichkeitsbezeichnung „boy" genannt wurde, eine Bezeichnung, die früher für Haussklaven verwandt wurde. Wie die „New York Times" hervorhebt, sind solche Bezeichnungen respektlos und herabwürdigend („disrespectful"). vgl. Brent Staples: "Barack Obama, John McCain and the Language of Race", in: The New York Times, 22.09.2008, S. 28.

[29] Vgl. hierzu z. B. Marcus Marby: „Where Whites Draw the Line", New York Times, in: 08. 06. 2008, Week in Review, S. 1.

[30] Vgl. Nicolas D. Kristof: "Racism Without Racists", in: New York Times, 05.10.2009, Week in Review, S. 10.

to say that it cannot be modestly successful in enacting domestic policy programs, it is certainly likely that he will be able to boast, as most presidents can,
of legislation proposed and signed into law. Whether this will at term's end
amount to a progressive realignment remains to be seen."[31]

Nach der Nominierung Obamas und McCains blieb jedoch zunächst offen,
inwiefern die beiden sich unterscheidenden Narrative der Kandidaten erfolgreich sein und ob sich eine politische Mehrheit für die Demokraten ergeben
würde. Vor allem kurz vor der Wahl fürchteten Meinungsforscher, dass die
Umfragen, die Obama im September und Oktober einen leichten Vorsprung
gaben, durch den „Bradley-Effekt" verfälscht sein könnten, d. h. viele Befragte,
die traditionell die Demokraten wählen, würden sich in Umfragen aufgrund der
gesellschaftlichen Tabuisierung eines offenen Rassismus nicht trauen zuzuge-
ben, dass sie Obama aufgrund seiner Hautfarbe nicht wählen würden.[32] Die
Wahlvorhersagen aufgrund der Umfragen und die tatsächliche Wahlentscheidung könnten, so Meinungsforscher, erheblich auseinanderklaffen und die Demokraten benachteiligen, eine Befürchtung, die sich am Wahltag jedoch nicht
bestätigte. Der in den Medien viel diskutierte „Bradley-Effekt" blieb aus.

2.2 Wahlergebnisse

Der mit großer Spannung erwartete Wahltag am 4. November 2008 brachte ein
eindeutiges Ergebnis. Mit 64,1 % verzeichnete die Präsidentschaftswahl die
höchste Wahlbeteiligung seit 44 Jahren. Mit 52,9% zu 45,6% der *popular vote*
konnte Barack Obama einen klaren Sieg erringen. Es gelang ihm dabei sogar,
bei den Elektoren mit 365 zu 153 Wahlmännern einen erdrutschartigen Sieg zu
erzielen. Er gewann nicht nur die Stimmenmehrheit in den traditionellen Hochburgen der Demokraten, wie Kalifornien, Michigan und New York, sondern
auch in besonders umkämpften Bundesstaaten wie Ohio und sogar in Indiana,
ein Bundesstaat, der seit 1936 nur einmal (1964) mehrheitlich für die Demokraten gestimmt hatte; auch in den traditionellen Südstaaten zeigten die überraschenden Wahlsiege in Virginia und North Carolina, dass der einstmals republikanisch beherrschte Süden von den Demokraten aufgebrochen werden konnte.[33]

---

[31] Stanley A. Renshon (2008): Psychological Reflections on Barack Obama and John McCain:
Assessing the Contours of a New Presidential Administration, in: Political Science Quarterly, Vol.
123, No. 3, S. 415.
[32] Die als „Bradley Effekt" bezeichnete Annahme in der Meinungsforschung ist benannt nach Tom
Bradley, dem afro-amerikanischen Bürgermeister von Los Angeles, der 1982 die Wahlen zum
Gouverneut von Kalifornien überraschend verlor, obwohl er den Umfragen zufolge führte.
[33] Vgl. Frank Rich: „It Still Felt Good the Morning After", Op-Ed, in: The New York Times, 09.11.
2008.

Nach offiziellen Angaben der Wahlkommission ergaben sich folgende Ergebnisse

US-Präsidentschaftswahlen 2008 (offizielles Wahlergebnis)
Präsidentschaftskandidat Wahlmänner Wählerstimmen Prozent

Präsidentschaftskandidat	Wahlmänner	Wählerstimmen	Prozent
Barack Obama	365	69.456.897	52,92
John McCain	173	59.934.814	45,66
Ralph Nader	0	738.475	0,56
Bob Barr	0	523.686	0,40
Chuck Baldwin	0	199.314	0,15
Cynthia McKinney	0	161.603	0,12
Andere Kandidaten	0	242.539	0.19
Endergebnis	**538**	**131.257.328**	

Quelle: Federal Election Committee (FEC)
http://www.fec.gov/pubrec/fe2008/2008presgeresults.pdf

Das Wahlergebnis bestätigte die aus vergangenen Jahren bekannte regionale
Verteilung der Stimmenmehrheiten, nach der die Bundesstaaten im Osten und
Westen der Vereinigten Staaten mehrheitlich demokratisch wählten; hinzu kamen Staaten im Südwesten und an den Großen Seen, während das Kernland im
Mittleren Westen und die meisten Südstaaten mehrheitlich republikanisch wählten. Regional verteilten sich die Wahlmänner. Danach ergab sich eine regionale
Verteilung der Elektoren. Die Ergebnisse der Präsidentschaftswahlen nach Bundesstaaten sind aufgeschlüsselt auf der interaktiven Karte von „National Public
Radio" zu finden unter:
http://www.npr.org/news/specials/election2008/2008-election-map.html (aufgerufen am 26.08.2010).

Auch bei den gleichzeitig stattfindenden Kongresswahlen konnten die De-
mokraten Erfolge erzielen. Im Repräsentantenhaus sind nunmehr 256 Demokra-
ten und 178 Republikaner vertreten, die größte Mehrheit seit 1993. Nancy Pelosi
(D), Mehrheitsführerin der Demokraten, wurde in ihrem Amt als Präsidentin des
Parlaments bestätigt. Sie gehört heute zu den einflussreichsten amerikanischen
Politikern und gilt seit der Verabschiedung der Gesundheitsreform im März
2010 als stärkste bzw. durchsetzungsfähigste Mehrheitsführerin seit Ende des 2.
Weltkriegs. Im Senat konnten die Demokraten ebenfalls mit 59 von 100 Senato-

ren eine deutliche Mehrheit erzielen. Nur im ersten Amtsjahr hatten die Demokraten jedoch eine Mehrheit, ein Filibuster der Republikaner zu verhindern.[34] Durch eine wichtige Senatsnachwahl in Massachusetts nach dem Tod von Edward Kennedy ist die Mehrheit der Demokraten Anfang 2010 durch den Sieg des Republikaners Scott Brown geschmälert worden.

Bereits während der Zwischenwahlen *(Midterm elections)* 2006 zeigten sich Risse in der republikanischen Hegemonie. Bei diesen Zwischenwahlen konnten die Demokraten eindeutige Erfolge erzielen; das Ergebnis deutete auf einen Stimmungsumschwung in der Bevölkerung hin. Mit dem Ergebnis der Präsidentschafts- und Kongresswahlen 2008 konnten die Demokraten diesen Trend bestätigen. Damit kann Obama mit einer klaren Mehrheit in beiden Häusern des Kongresses regieren. Auch wenn es keine „Parteidisziplin" im europäischen Sinn gibt und innerhalb beider Parteien unterschiedliche Strömungen vertreten sind, so dass der Präsident für seine Vorhaben ständig neue Koalitionen schmieden muss, sollten die Reformvorhaben besser umgesetzt werden, als mit einer politisch geteilten Macht in Legislative und Exekutive.

Für den Wahlerfolg Obamas war als erstes die mit großem Engagement geführte Wahlkampagne ausschlaggebend, die zu einer beeindruckenden Mobilisierung, gerade unter jungen Wählern und Wählerinnen sowie in der afroamerikanischen Minderheit geführt hatte. Mit neuen Kampagne-Techniken, wie Nachbarschafts-Treffen, Informationsbriefen und Spendenaufrufen per e-mail und SMS-Nachrichten gelang es einem großen Team von freiwilligen und professionellen Wahlhelfern, breite Unterstützung bei Basis-Aktionen und Wahlveranstaltungen zu erzielen. Neue Medien, wie das Internet mit Youtube Beiträgen, spielten vor allem bei Jugendlichen eine wichtige Rolle bei der Mobilisierung. Strukturelle Änderungen, wie die Einrichtung neuer dezentraler Büros der Democratic Party, ermöglichten es außerdem einen größeren potentiellen Wählerkreis zu erreichen. Die erfolgreiche Basisorientierte Informations- und Aktionskampagne wurde daher auch nach der Präsidentschaftswahl fortgeführt. Insbesondere bei umstrittenen Reformprojekten, wie z. B. der Gesundheitsreform, wandte sich die Obama-Administration beispielsweise über die neuen Medien direkt an die Bevölkerung, um um Unterstützung zu werben.

Wie Umfragen nach der Präsidentschaftswahl ergaben *(exit polls)* war zweitens die sich verschlechternde wirtschaftliche Situation das bestimmende Thema für die Wahlentscheidung. Innerhalb weniger Monate hatte sich die Rangfolge der Wahlentscheidenden Themen umgekehrt. Während wirtschaftliche Fragen zunächst im Vorwahlkampf nur für ein Expertenpublikum wichtig

---

[34] Durch ein Filibuster können die Republikaner im Senat durch überlange Debatten die Abstimmung über Gesetzesvorhaben blockieren. Zur Verhinderung des Filibusters ist eine Stimmenmehrheit von 60 Stimmen notwendig.

zu sein schienen und sich die Debatte vor allem auf den Irak-Krieg konzentrierte, den Obama abgelehnt, Hillary Clinton in der entscheidenden Abstimmung im Kongress aber befürwortet hatte, rückte die Problematik der Finanz- und Wirtschaftskrise Anfang Oktober 2008 an erste Stelle. Hierdurch veränderte sich die gesamte Stimmungslage.[35] Diese zunächst von den Strategen in den Wahlkampfteams unvorhergesehene Entwicklung verhalf Obama, dem die Bevölkerung mehr Kompetenz bei der Bewältigung der Wirtschaftskrise zuschrieb, zu seinem eindeutigen Wahlerfolg.

Drittens zeigte sich, dass die Forderung nach einer umfassenden Gesundheitsreform den Wahlausgang entscheidend beeinflusste. Diese Problematik war vor allem für geringer verdienende Amerikaner und die Minderheitengruppen ausschlaggebend, aber auch weite Teile der Mittelklasse gaben einer umfassenden Gesundheitsreform, die die Krankenversicherung ausdehnen und für alle bezahlbar machen würde, hohe Priorität. Ausschlussklauseln privater Versicherer bei Vorliegen früherer Erkrankungen oder bei chronischen Krankheiten, steigende Kosten der Gesundheitsleistungen, sowie hohe Selbstbeteiligungen oder Ausschlussklauseln, die zu Lücken in der Krankenversicherung führen, hatten nicht nur Beschäftigte mit geringfügigem Einkommen, sondern zunehmend auch die Mittelklasse in finanziell schwierige Situationen gebracht. Wie prekär die Lage inzwischen geworden ist, zeigen Daten über die Zahl der Versicherten in bezahlten Beschäftigungsverhältnissen. Die meisten Amerikaner sind über den jeweiligen Arbeitgeber versichert, allerdings ist die Zahl der auf diese Weise Versicherten in den letzten Jahren zurückgegangen. Nach Angaben des großen privaten Versicherers „Kaiser Family Foundation" hatten von den Beschäftigten in kleineren Betrieben mit weniger als 10 Angestellten im Jahr 2000 57% eine Krankenversicherung; 2007 waren dies nur noch 45%.[36] Mit zunehmender Arbeitslosigkeit während der Wirtschafts- und Finanzkrise 2008/09 hat sich die Zahl der Nichtversicherten zudem weiter erhöht.

Neben ihren Stammwählern mit einer sozial inklusiven Agenda sowie den jüngeren Wählern konnten die Demokraten auch die Unabhängigen (*Independent*) unter den Wählern gewinnen. Wie dauerhaft deren Loyalität jedoch ist, bleibt offen, denn die Independents lehnen das hohe Haushaltsdefizit ab und sie könnten sich bei anhaltend hohen Staatsausgaben wieder von den Demokraten abwenden.

---

[35] Vgl. „Economic Unrest is Shifting Electoral Battlegrounds", in: The New York Times, 05.10.2008, S. 1. Danach galten als als Staaten mit besonders knappen Ausgang die "toss-up"-Staaten Nevada, Colorado, Ohio, Virginia, New Hampshire und Florida. Als besonders wirksam erwies sich in den folgenden Wochen die Strategie, den Wahlkampf auf diese „toss-up"-Staaten zu konzentrieren, in denen Obama schließlich die Mehrheit der Elektoren-Stimmen gewann.

[36] Angaben nach Paul Krugman „The Real Plumbers of Ohio", in: The New York Times, 20.10.2008, S. 29.

Anders als noch in der Vorwahlperiode spielten sicherheitspolitische Probleme sowie der Irak-Krieg dagegen bei der Wahl im November 2008 keine wesentliche Rolle mehr in der Wahlentscheidung; auch das Problem des internationalen Terrorismus rangierte auf einem der hinteren Plätze der Wichtigkeit von Themen bei der Stimmabgabe.

Der Wahlerfolg markierte einen historischen Wendepunkt in der amerikanischen Politik, und zwar nicht nur aufgrund der Tatsache, dass mit Barack Obama zum ersten Mal in der amerikanischen Geschichte ein Politiker, der zur afro-amerikanischen Minderheit zählt, Präsident wurde. Der Wahlsieg ist außerdem nicht nur auf eine geschickte Werbestrategie zurückzuführen. Die Auffassung des bekannten Kritikers amerikanischer Politik, Noam Chomsky, dass es zwischen den beiden Parteien keinen wesentlichen Unterschied gab und der Wahlerfolg Barack Obamas lediglich als Ergebnis einer groß angelegten Werbekampagne zu verstehen ist, ist daher unzutreffend.[37] Im Zeitverlauf betrachtet zeigen die Wahlen vielmehr, dass sich in der amerikanischen Gesellschaft bedeutende soziale und politisch-kulturelle Veränderungen vollzogen haben, die diesen Wahlausgang überhaupt ermöglicht haben. Die Ära der Hegemonie der Republikaner, die mit der Wahl Ronald Reagans eingesetzt hatte, ist damit offenbar zu Ende gegangen.

Politisch-geografisch bleiben die Vereinigten Staaten zwar nach wie vor gespalten. Dem eher konservativen, ländlich-traditionell geprägten Amerika im Mittleren Westen (*heartland*) steht das urbane und liberal-progressive Amerika gegenüber, das sich vor allem an der Ostküste und der Westküste erstreckt. Während der Bush-Administration hatte sich die ideologische Polarisierung verstärkt, und sie wurde vertieft durch die Verunsicherung nach den Terroranschlägen vom 11. September 2001. Obama konnte jedoch bemerkenswerte Erfolge in den Südstaaten North Carolina und Virginia erzielen, im Westen (*Rocky Mountain States*) in Colorado, Nevada, Neu Mexiko, sowie in den industrialisierten Staaten wie Ohio, und selbst in Indiana.

Nicht minder bedeutend sind die sozialstatistisch erfassten Veränderungen in der Wählerschaft. Zunächst ist bemerkenswert, dass Barack Obama 43% der Stimmen aller weißen Wähler erhalten hat (ca. 75% der Wahlbevölkerung) und damit mehr als Bill Clinton, der aufgrund seiner positiven Einstellung zur Förderung von ethnischen Minderheiten sowie den engen Beziehungen zu führenden Vertretern der afro-amerikanischen Minderheit häufig als „erster schwarzer Präsident" bezeichnet wurde; 95% der Afro-Amerikaner (rund 13% der Wahl-

---

[37] Noam Chomsky interpretiert den Wahlerfolg Obamas als weiteren Beleg für die Einerleiheit der Parteien und behauptet, der Wahlkampf sei nichts anderes gewesen als eine grandiose Werbekampagne, mit der der Markennahme Obama (*Brand Obama*) dieses Jahr sogar den Computergiganten Apple aus dem Feld geschlagen habe.

bevölkerung), 67% der spanisch sprechenden Minderheit (*Hispanics*) sowie 62% der asiatisch-amerikanischen Bevölkerung stimmten für Barack Obama.[38] In allen Altersgruppen bis 65 Jahren gewann Obama die Mehrheit; bei den Erstwählern und den Wählern bis 29 Jahre waren es 66%, bei den übrigen Altersgruppen rund die Hälfte aller Wähler, die für Obama stimmten; lediglich bei der Gruppe über 65 Jahre erhielt John McCain 53% der Stimmen.

Während die überwältigende Unterstützung Obamas durch die afroamerikanischen Wähler und Wählerinnen bereits aus Umfragen hervorging und zu erwarten war, ist die mehrheitliche Unterstützung durch die spanisch sprechende Minderheit insofern bedeutend, als sie in mehreren Bundesstaaten einen erheblichen Bevölkerungsanteil stellt und eine rasch wachsende Wählergruppe in den Vereinigten Staaten bildet. Mit rund 40.4 Millionen stellt die hispanische Bevölkerung heute die zahlenmäßig größte neue Zuwanderergruppe. Ihr Anteil an der amerikanischen Bevölkerung hat stetig zugenommen. Während im Jahr 1990 rund neun Prozent der amerikanischen Bevölkerung zu den *Hispanics* zählten, stieg der Anteil im Jahr 2003 auf 12, 7 %; nach Schätzungen des US-Census wird er bis 2050 auf etwa 25% ansteigen.[39]

Bevölkerung USA (%; Angaben und Schätzungen: US-Census Bureau)

	2003	2025	2050
▪ Weiße	71	62	52
▪ Hispanics	12.7	18.2	24.3
▪ Afro-Amerikaner	13.0		14.7
▪ Asiat. Herkunft	4.4		9.3

Rund ein Viertel aller US-Bürger wird damit im Jahr 2020 zur hispanischen Bevölkerung gehören. Dabei besteht diese Bevölkerungsgruppe aus einer heterogenen Gruppe von Amerikanern, die teilweise aus Mexiko, zum Teil aus Mittel- und Südamerika eingewandert sind und aus unterschiedlichen kulturellen und sozialen Milieus stammen. Während traditionell vor allem Florida, Texas und Kalifornien Zielstaaten dieser Einwanderer bildeten, lässt sich heute eine Zunahme dieser Bevölkerungsgruppe in allen Bundesstaaten des Südens und Südwestens, teilweise auch in den nördlichen Staaten der West- und Ostküste, beobachten. Ihr Bevölkerungsanteil in Kalifornien betrug im Jahr 2004 rund 32

---

[38] Der Begriff *Hispanics* umfasst die ethnische Gruppe der Bevölkerung hispanoamerikanischer und spanischer Herkunft.Die Zuordnung zu den Hispanics beruht auf einer Selbsteinschätzung. Als Latinos werden die Zuwanderer aus Mittel- und Südamerika bezeichnet. Nicht als Hispanics gelten Zuwanderer aus nicht-spanisch sprechenden Ländern in Lateinamerika, wie z. B. aus Brasilien.

[39] "We the People: Hispanics in the US Census 2000" Special Report, Dezember 2004 http://www.census.gov/prod/2004pubs/censr-18.pdf.

Prozent, in Nevada 19,7 Prozent, Arizona 25,3 Prozent und in Florida 16,8 Prozent. Traditionell nicht an eine der beiden großen Parteien gebunden, gelten die Hispanics bei Wahlen in diesen Staaten oft als Zünglein an der Waage.

Generell wird amerikanische Identität immer mehr durch Hybridkulturen bestimmt. Diese Identitätsstrukturen finden sich in einem Mix von ethnisch-kultureller Politik, ethnisch-sozialen Werten und Traditionen in Gemeinden sowie Generationenübergreifenden Trends zur multiethnischen Lebensweise wieder. Das politisch-soziologische Profil der neuen Generation von Amerikanerinnen und Amerikanern ist komplex, und es ist vielschichtiger als in früheren Dekaden gesellschaftlicher Entwicklung. Eine neue, als *Generation Y* beschriebene Kohorte gewinnt in Medien, Öffentlichkeit und Politik an Profil. Sie setzt sich aus einer rasch anwachsenden Bevölkerungsgruppe zusammen, die einesteils aus Nachkommen der geburtenstarken Jahrgänge (*babyboomers)* und anderenteils aus Kindern neuer Einwanderergruppen besteht. Wie die Volkszählung im Jahr 2000 ergab, ist der Anteil der nicht-weißen Bevölkerung bei den Kindern unter 18 Jahren höher als in der erwachsenen Bevölkerung. Zweimal so häufig identifizieren sich die Jüngeren als mehr als einer ethnischen Gruppe zugehörig. Einer anderen Studie zufolge gehen rund 57 Prozent der Jungendlichen mit einem Partner einer anderen ethnischen Gruppe aus (*interracial dating*). *Ethnic* zu sein, gilt unter den Jugendlichen als cool.[40] Zudem hat die allgemeine gesellschaftliche Toleranz gegenüber Minderheiten in der amerikanischen Gesellschaft verschiedenen Umfragen zufolge in den letzten zwanzig Jahren deutlich zugenommen.[41]

Mit den neuen Hybridkulturen ist die Zuordnung zu einem der traditionellen Milieus beider Parteien nicht mehr eindeutig.[42] Aus Mexiko stammende Amerikaner stellen die größte Gruppe unter der hispanischen Bevölkerung der USA dar. Zugleich sind die mexikanischen Zuwanderer ein wichtiger Wirtschaftsfaktor, und ihre Bindungen zum Herkunftsland sind relativ stark ausgeprägt. Beispielsweise senden sie etwa sechs Milliarden US Dollar pro Jahr an ihre Herkunftsfamilien in Mexiko, wo dieser Geldfluss nach Öl und Tourismus den drittgrößten Außenhandelsposten ausmacht. Für die *Mexican-Americans* ist

---

[40] „Selling to Generation Y", in: The New York Times, 08.04.2001.
[41] Vgl. auch Axel Murswieck (2008): „Gesellschaft", in: Peter Lösche (Hg.): Länderbericht USA, Bonn, S. 591 f.
[42] Während die Demokraten über die Einwanderungsfrage seit längerem unterschiedliche Auffassungen vertreten, sind auch die Republikaner zunehmend über die Frage des Einflusses der Einwanderung auf die amerikanische Kultur gespalten; mehr als zwei Drittel der konservativen Republikaner meinen dass die Einwanderer die amerikanische Lebensweise bedrohen im Vergleich zu ca. 43% der moderaten und liberalen Republikaner. Vgl. Pew Research Center: „Trends in Political Values and Core Attitudes", 22. März 2007.
http://people-press.org/report/?reportid=3 (aufgerufen am 22.03.2009).

die amerikanische Politik gegenüber Mexiko daher von ausschlaggebender Bedeutung. Arbeitskräftemigration und Einwanderungspolitik sind zentrale Themen für diese Bevölkerungsgruppe. Hinzu kommen Probleme der illegal in den USA lebenden und dort arbeitenden Einwanderer. Neuesten Schätzungen zufolge leben etwa rund 11.9 Millionen illegale Einwanderer in den USA; dies ist ein Zuwachs von mehr als ein Viertel im Zeitraum zwischen 2000 bis 2008, der größtenteils durch die anhaltend hohe Zuwanderung aus Mexiko erklärt wird. Mehr als die Hälfte (59 Prozent) der illegalen Einwanderer stammt aus Mexiko und rund 22 Prozent kommen derselben Studie des *Pew Hispanic Center* zufolge aus anderen Mittel- und Südamerikanischen Ländern.[43]

Die Demokraten haben es historisch betrachtet stets verstanden, die neuen, meist in den unteren und mittleren Einkommensschichten angesiedelten Zuwanderer an sich zu binden, so zum Beispiel die in größeren Gruppen im 20. Jahrhundert zugewanderten Iren, Italiener, Asiaten aus verschiedenen Ländern. Betrachtet man die religiösen Bindungen der Neubürger, so haben die Demokraten vor allem auch Mitglieder nicht-christlicher Religionsgemeinschaften für sich gewinnen können, so beispielsweise Angehörige von Jüdischen Gemeinden, die in den USA mehrheitlich demokratisch wählen. Auch die fünf bis sieben Millionen in den USA lebenden amerikanischen Moslems haben in der Vergangenheit mehrheitlich demokratisch gewählt und die meisten national organisierten moslemischen Gruppen sprachen sich in den letzten Wahlkämpfen für demokratische Kandidaten aus.[44] Im Kongress zeigt sich diese Entwicklung darin, dass inzwischen etwa ein Viertel der Abgeordneten der Demokraten einer Minderheit angehören; bei den Republikaner sind dies deutlich weniger. Vor allem die Hispanics und die Afro-Amerikaner sind bei den Demokraten stärker repräsentiert.

Während über die politischen Bindungen der meisten Einwanderergruppen an die beiden Parteien inzwischen relativ gesicherte Erkenntnisse vorliegen, ist die Forschung über politische Einstellungen und Verhaltensweisen neuer Gruppen von Zuwanderern noch in ihren Anfängen. Bislang hat die hispanische Bevölkerung als Wählergruppe mehrheitlich für die Demokraten gestimmt, da sie meist der arbeitenden Bevölkerung in unteren und mittleren Einkommensschichten angehören. Diese Präferenz wird vor allem dann gefördert, wenn ihr

---

[43] Schätzungen zufolge leben die meisten der sechs Millionen nicht-registrierten, illegalen Einwanderer aus Mexiko in Arizona und North Carolina. Vgl. Julia Preston: "Remade in America. The Newest Immigrants and Their Impact: A Slippery Place in the U.S. Workforce", in: The New York Times, 22.03.2009, S. A 1/18.

[44] Vgl. zur Situation der Muslime in den USA „Muslim Americans: A National Portrait", hrsg. v. Muslim West Facts Project, 2009; http://www.muslimfacts.com/116074/Muslim-Americans - National-Portrait.aspx sowie „Muslim Americans: Middle Class and Mostly Mainstream", May 22,2007; http://pewresearch.org/pubs/483/muslim-americans

soziales und kulturelles Umfeld eher demokratisch geprägt ist.[45] Lediglich die
Exil-Kubaner in Florida, die den demokratischen Präsidenten seit John F. Kennedy stets kritisch gegenüber standen und sich klar den Republikanern zugewandt haben, sind relativ eindeutig zuzuordnen. Sie bilden im Bundesstaat Florida eine sichere Wählergruppe für die Republikaner.

Bei den Präsidentschaftswahlen im Jahr 1996 stimmten insgesamt 72 Prozent der hispanischen Bevölkerung für die Demokraten, im Jahr 2000 waren
dies rund 67 Prozent. Auch in den Wahlen 2004 stimmte ein Drittel der
Hispanics für Bush, zwei Drittel für den demokratischen Herausforderer Kerry.
Die hispanische Bevölkerung gehört dabei zu einer von beiden Parteien heiß
umkämpften Wählergruppe, die vor allem in Schlüsselstaaten wie Florida, Arizona, New Mexiko sowie in Staaten mit großer Elektorenzahl wie Kalifornien,
Illinois und Texas umworben wird.[46] Wahlexperten und Politikberater vertreten
daher die Auffassung, dass sich eine zukünftige erfolgreiche Strategie der Demokraten auf ein drittes *Realignment* konzentrieren sollte, das heißt eine dauerhafte Bindung der hispanischen Bevölkerung an die Demokraten. Einem erfolgreichen Muster zufolge hatten die Demokraten im *New Deal* der dreißiger Jahre
Neuwähler, die aus Süd- und Osteuropa eingewandert waren sowie in den sechziger Jahren die von Wahlbeschränkungen befreite afro-amerikanische Bevölkerung an sich binden können. Nunmehr gelte es, so die These, die große Gruppe
der 40 Millionen Spanisch sprechenden neu zugewanderten Amerikanerinnen
und Amerikaner zu gewinnen.

Bei der Präsidentschaftswahl 2008 betrieben beide Parteien intensiven
Wahlkampf unter den Hispanics. Die zunehmende öffentliche Präsenz, gerade
auch in relevanten Bundesstaaten, wie Kalifornien und Texas, hat dazu geführt,
dass sie als wichtige Wählergruppe wahrgenommen wurden. Vor dem Hintergrund der Integrationsproblematik und der Frage der Sprachpolitik spielt die
zweite Generation der Zuwanderer vor allem in der Schulpolitik eine Rolle, aber
auch in der Einwanderungspolitik sowie bei wirtschafts- und sozialpolitischen
Themen ist die hispanische Bevölkerung engagiert. Das politisch-habituelle
Milieu der Hispanics ist dabei durch überkreuzende und sich wechselseitig wi-
dersprechende Merkmale charakterisiert. Da die meisten Amerikaner der hispanischen Bevölkerungsgruppe zu den oft schlecht bezahlten Arbeiterschichten
gehören und sie auf staatliche Programme, etwa im Gesundheitsbereich und in
der Bildungspolitik, nicht zuletzt oft aufgrund geringerer finanzieller Rücklagen
und ihrer eigenen wirtschaftlichen Lage stärker angewiesen sind als andere, über

---

[45] Seit 2001 untersucht das *Pew Hispanic Research Center* politische Einstellungen und Prioritäten
der Latinos in den Vereinigten Staaten.
[46] Tatsächlich behielten die Republikaner 2004 die Mehrheit in Florida und gewannen nun zusätzlich
in New Mexiko.

mehrere Generationen ansässige Amerikaner, haben sie sich bisher politisch eher im Feld der Demokraten wahrgenommen. In der gegenwärtigen Wirtschaftskrise sind die spanisch sprechenden Einwanderer stärker von Arbeitslosigkeit und Einkommensverlusten betroffen, als andere Bevölkerungsgruppen. Ihre Arbeitslosenquote wird nur noch von der Gruppe der afro-amerikanischen Frauen übertroffen. So stieg die Arbeitslosenquote von 2007 auf 2008 von 5.1% auf 8.0%. Im Vergleich stieg die allgemeine Arbeitslosigkeit im selben Zeitraum von 4.7% auf 6.7%.[47]

Aufgrund ihrer wirtschaftlichen Situation befürworten die meisten spanisch sprechenden Einwanderer sozialstaatliche Absicherung, ein gutes öffentliches Schulwesen und Gesundheitsversorgung.[48] Beispielsweise sprach sich die hispanische Bevölkerung mehrheitlich gegen die Pläne der Bush-Regierung aus, das System der Sozialversicherung zu privatisieren. Auch in der Frage der Außen- und Sicherheitspolitik stehen sie Positionen der Demokraten näher; die eindeutige Mehrheit von ihnen lehnte beispielsweise den Irak-Krieg ab.

Während die aus Mexiko zugewanderten Amerikaner aus sozio-ökonomischen Gründen in der Vergangenheit mehrheitlich für die Demokraten gestimmt haben, scheint sich das Feld in jüngerer Zeit zu verändern. In sozialen Fragen ist die hispanische Bevölkerung, Umfragen zufolge, mehrheitlich eher konservativ eingestellt. Den Sozialkonservatismus teilen sie daher mit der konservativen republikanischen Strömung im Land, obwohl sie selbst nicht im christlich-fundamentalistischen Spektrum anzusiedeln sind, welches im protestantischen Milieu seine traditionellen Wurzeln hat. In der Regel der katholischen Kirche angehörig, vertreten die Hispanics mehrheitlich jedoch ebenfalls eine restriktive Einstellung zum Schwangerschaftsabbruch sowie zu gleichgeschlechtlichen Lebensgemeinschaften. In wirtschaftspolitischen Fragen sind sie dagegen eher den Demokraten zugewandt. Insbesondere dieser Faktor begünstigte die Mehrheitsentscheidung der Hispanics für Barack Obama in den Wahlen 2008.

Zu den wichtigsten Wählergruppen der Demokraten bei den Wahlen 2008 gehörten außerdem die Frauen. Mit der Modernisierung der amerikanischen Gesellschaft haben sich im Wahlverhalten deutliche geschlechtsspezifische Unterschiede herausgebildet, die mit dem Begriff des *Gender Gap* zusammengefasst werden, denn seit Beginn der achtziger Jahre wählten bei den Präsidentschaftswahlen stets mehr Frauen die Demokraten als die Republikaner, während mehr Männer die Republikaner wählten. Ein Grund hierfür ist, dass die Demo-

---

[47] Julia Preston: "Remade in America. The Newest Immigrants and their Impact: A Slippery Place in the U.S. Workforce", in: The New York Times, 22.03.2009, S. A 18.
[48] Vgl. die Untersuchung des Pew Hispanic Center: Susan Minushkin/Mark Hugo Lopez: "The Hispanic Vote in the 2008 Democratic Presidential Primaries"
http://pewhispanic. org/files/reports/86.pdf (aufgerufen am 14. Mai 2007).

kraten mit ihrer liberalen Tradition für die neue Frauenbewegung ein attraktive-res politisches Milieu geboten haben. So haben sie beispielsweise frühzeitig die Forderung der Frauenbewegung nach Gleichberechtigung und „affirmativ ac-tion" aufgegriffen und sich für dieses Ziel eingesetzt.

Die Präferenz von Frauen für die Demokraten basiert Untersuchungen zu-folge nicht primär auf der Geschlechterzugehörigkeit, sondern ergibt sich aus ihrer Positionierung in der Gesellschaft, d. h. Frauen wählen die Demokraten nicht per se weil sie Frauen sind, sondern weil ihre politischen Themen, ihre Forderungen nach sozialer Absicherung und Chancengleichheit, historisch im Feld der Demokraten verankert wurden, ein Umstand, der vor allem auf die neue Frauenbewegung zurückzuführen ist.[49] Zu den Besonderheiten der ameri-kanischen Frauenbewegung gehört dabei, dass sie sich nahezu zeitgleich mit der schwarzen Bürgerrechtsbewegung herausbildete. Eine *culture of rights*, d. h. der Bezug auf verfassungsmäßig garantierte Rechte und Freiheiten, auf die sich die afroamerikanische Minderheit bei ihrem Kampf um Gleichberechtigung bezie-hen konnte, bildete auch für die Frauenbewegung den entscheidenden Bezugs-rahmen. Die amerikanische Frauenbewegung konnte in den Folgejahren an dem durch die Bürgerrechtsbewegung erkämpften Grundsatz der Chancengleichheit historisch benachteiligter Gruppen anknüpfen und insbesondere im Bildungs-und Beschäftigungsbereich Verbesserungen durchsetzen.

Allerdings hat sich das frauenpolitische Feld in den Vereinigten Staaten in den vergangenen zwei Jahrzehnten deutlich verändert und die gegenwärtige politische Polarisierung verweist auf neue Konflikt- und Diskursstrukturen. Vor allem ist hier die konservative Gegenbewegung mit religiös fundierten Argu-menten gegen die liberale Neudefinition von Geschlechterbeziehungen zu nen-nen, die sich die republikanische Partei zu Eigen gemacht hatte. In ihrer Rich-tungsweisenden Studie zeigten die Politikwissenschaftlerinnen Pamela Conover und Virgina Grey (1983), wie sich bereits Anfang der 1980er Jahre, d. h. wäh-rend der Amtszeit von Ronald Reagan, eine Frauenbewegung formierte, die eng mit der religiösen Rechten und sozialkonservativen Strömungen in der amerika-nischen Gesellschaft verbunden war. *Family values* fanden vor allem bei den

---

[49] Der Begriff der neuen Frauenbewegung bezieht sich auf den Bewegungszyklus seit Ende der sechziger Jahre und grenzt diese von der früheren, „alten" Frauenbewegung zur Erkämpfung des Wahlrechts ab. Vgl. z. B. Barbara J. Nelson/ Kathryn A. Carver (1994): Many Voices But Few Vehicles. The Consequences for Women of Weak Political Infrastructure in the United States, in: B. Nelson et. al., Women and Politics World Wide, New Haven/London, S. 737-757; sowie allgemein zu sozialen Bewegungen Sabine Russ (2007): Neue soziale Bewegungen, in: Jäger, Wolfgang/Haas, Christoph M./Welz, Wolfgang (Hrsg.): Regierungssystem der USA, 3. überarb. Auflage, München: Oldenbourg Verlag, S. 163-171

konservativen und religiösen Wählern Unterstützung, die den Zerfall von Familien für eine Reihe sozialer Probleme verantwortlich machten, von der steigenden Zahl von Schwangerschaften unter Teenagern, über Drogen- und Schulprobleme, bis hin zur Gewalt in Städten. Die Forderung der neuen Frauenbewegung, einen Zusatz zur Gleichberechtigung in die amerikanische Verfassung aufzunehmen (*Equal Rights Amendment*) wurde von Gruppen der konservativen Frauenbewegung ebenso heftig bekämpft und schließlich zu Fall gebracht, wie die in der liberalen Tradition argumentierende Befürwortung einer weltoffenen und toleranten Erziehung.

Über die genauen Mitgliederzahlen dieser sozialkonservativen Organisationen liegen nur ungefähre Schätzungen vor und über ihren Einfluss auf die republikanische Administration wird weiter kontrovers diskutiert. In vielen Bundesstaaten, vor allem im Mittleren Westen und im Süden der Vereinigten Staaten, hat der Einfluss konservativer und fundamentalistischer Gruppen im Schul- und Erziehungsbereich stetig zugenommen, wo sie beispielsweise gegen die Sexualaufklärung und die Lehre von der Evolution in Schulen agitieren. Auch die Auseinandersetzung über gleichgeschlechtliche Lebensgemeinschaften, die in vielen Bundesstaaten gesetzlich verboten sind, zeigt den Einfluss religiös-fundamentalischer Gruppen. Insbesondere weiße Frauen der Mittelschicht spielen bei den Evangelikalen eine wichtige Rolle, die schätzungsweise ein Viertel aller Wähler ausmachen.[50] Für die Wahl 2008 stellten sie daher für die Republikaner eine wichtige Mobilisierungsbasis dar.

Aber auch im liberalen politischen Feld haben sich im Vergleich zu den Erfolgsjahren der neuen Frauenbewegung Veränderungen vollzogen. So konnten bei den Demokraten Frauen Einfluss erlangen, die politisch eher „harte" Positionen in Fragen der inneren und äußeren Sicherheit und bezüglich fiskalpolitischer Konzepte vertreten. Diese neue Politikerinnen-Generation verfügt über breite Kenntnisse in politischen Sachfragen; oft wird ihnen die Fähigkeit zugeschrieben, die Sanierung öffentlicher Haushalte effektiver durchzusetzen, Korruption zu bekämpfen und eine bessere Finanzpolitik zu betreiben. In der Öffentlichkeit verkörpern sie einen durchsetzungsfähigen Typus einer Politikerin, die ihre Wählerbasis nicht allein bei Frauen findet, sondern aufgrund ihrer Qualifikationen in harten Themenfelder und ihres professionellen Habitus auch bei

---

[50] Vgl. John C. Green (2007): The Faith Factor: How Religion Influences American Elections, Georgetown University Press. Ziel der konservativ-religiösen Bewegung, zu der auch Männergruppen gehören, ist die Rückkehr zu traditionellen, als republikanisch bezeichneten Tugenden und konservativen Lebensweisen, in denen Frauen dem Idealbild einer Bewahrerin von Familienwerten und gesellschaftskonformer Erziehung entsprechen, und Männer, die sich in konservativen Männergruppen beispielsweise als „promise keepers" formieren, einem traditionellen Männlichkeitsideal verpflichtet sind.

Männern Unterstützung gewinnen kann. Politikerinnen der Mitte, zu denen auch Hillary Clinton gehört, sind häufig zwar indirekt von der Frauenbewegung beeinflusst, indem Gedanken der Gleichberechtigung Frauenbiografien mit ihren Bildungs- und Berufsentscheidungen geprägt haben; aber sie bewegen sich programmatisch eher im Mainstream der Politik.

Seit den 1960er Jahren unterstützten die Demokraten die berufliche Aktivität von Frauen und ihre Qualifikationsbestrebungen und haben in Bundesstaaten, in denen sie die Regierung stellten, die Chancengleichheit im Beruf mit politischen Maßnahmen erleichtert. Insbesondere ihr Eintreten für eine aktive Gleichberechtigungspolitik, *affirmative action*, in Ausbildung und beruflicher Förderung hat zu einem generellen Stimmenzuwachs für die Demokraten, quer durch regional-spezifische, sozio-ökonomische und ethnische Gruppen, geführt. Auch die liberale Regelung zum Schwangerschaftsabbruch und das Eintreten für die Beibehaltung dieser Praxis haben den Demokraten die Unterstützung von Frauen gesichert.

Wie Wahlanalysen zeigen haben sich Frauen in den vergangenen zwei Jahrzehnten häufiger für die Präsidentschaftswahlen registriert und ihre Wahlbeteiligung war stets höher, als die der Männer. Im Wahljahr 2000 waren rund 68,7 Millionen Frauen, aber nur 59,4 Millionen Männer für die Wahlen registriert; die Wahlbeteiligung bei Präsidentschaftswahlen betrug 56,2 Prozent bei Frauen und 53,1 Prozent bei Männern.[51] Nach Analysen des „Center for American Women and Politics (CAWP)" an der Rutgers University in New Jersey lassen sich seit Anfang der achtziger Jahren deutliche Unterschiede im Wahlverhalten von Frauen und Männern bzw. bei der Präferenz für die jeweiligen Kandidaten aufzeigen. Charakteristisch ist dabei die Präferenz von Frauen zugunsten der Demokraten. Bei den Präsidentschaftswahlen im Jahr 2000 stimmten beispielsweise zehn Prozent mehr Männer als Frauen für den Wahlsieger G. W. Bush (53% der Männer; 43 % der Frauen). Bei den Wahlen im Jahr 2004 verringert sich der *Gender Gap* zwar auf sieben Prozent (55% der Männer; 48% der Frauen stimmten für Bush). Aber bereits bei den Zwischenwahlen zum Senat und zum Abgeordnetenhaus im Jahr 2006 bestätigte sich der deutliche *Gender Gap*; die Demokraten verdankten ihren Wahlsieg vor allem den weiblichen Wählern, die mit ihrer Stimmabgabe den Demokraten Mehrheiten in beiden Häusern verschafft hatten. Bei der Präsidentschaftswahl 2008 stimmten sowohl mehr Frauen als auch mehr Männer für Barack Obama (56% der Frauen und 49% der Männer; im Vergleich stimmten 43% der Frauen und 48% der Männer

---

[51] http://www.cawp.rutgers.edu/Facts/Elections/GG2004Facts.pdf
(aufgerufen am 27.01. 2008).

für John McCain); wiederum bestätigte sich aber der *Gender Gap* mit sieben Prozent mehr Frauen, die für Obama stimmten.[52]

Die analytische Frage, die sich vor dem Hintergrund der Wahlen 2008 stellt, ist, inwiefern ein Realignment in der amerikanischen Gesellschaft, eine Neuordnung der Wählerblöcke, stattfindet. Die These vom Realignment basiert auf einem analytischen Zugriff aus der politischen Soziologie. Im Zweiparteiensystem der USA gelten Parteien als Sammelbecken unterschiedlicher Strömungen, die in wirtschaftlichen, sozialen und außenpolitischen Fragen durchaus unterschiedlicher Auffassung sein können, in historischen Wendepunkten jedoch ein Anliegen teilen und damit relativ stabile und dauerhafte Mehrheiten herstellen können. In den 1930er Jahren konnten so beispielsweise die Demokraten mit dem Anliegen einer gerechteren wirtschaftlichen und sozialen Struktur eine relativ dauerhafte neue Wählerkoalition zusammenbringen. Die New Deal Koalition der Demokraten schmiedete gewerkschaftlich organisierte Arbeiter, katholische und jüdische Einwanderer und die weiße Wählerschaft im Süden zusammen. Diese Koalition bricht Ende der sechziger Jahre auseinander und seit 1970 hat sich ein Realignment zugunsten der Republikaner ergeben. Der einstmalige „Solid South", der seit der New Deal Koalition stets demokratisch gewählt hatte mit einer konservativen Demokratischen Partei, brach aufgrund einer aufsteigenden Wirtschaft und vermehrter Zuwanderung einer neuen aufstrebenden Mittelklasse auf, und es entstand im Süden ein konkurrierendes Zweiparteien-System mit einem stetig wachsenden Einfluss der Republikaner. Vorwiegend weiße Fundamentalisten wurden im Süden und Mittleren Westen politisch mobilisiert und die Rocky Mountain States neigten den Republikanern zu. Seit Beginn der 1980er Jahren stand die Restauration moralischer Fundamente der Gesellschaft durch die Reagan-Regierung im Mittelpunkt, die das Realignment zugunsten der Republikaner befestigte. Zunehmend bestimmten christlich-konservative Auffassungen in gesellschaftspolitischen Fragen die Agenda der Republikaner; die Demokraten sahen sich dadurch in die Defensive gedrängt.[53] Rigide Moralvorstellungen bezüglich Ehe und Familie, die Durchsetzung religiöser Deutungsmuster in Politik und Gesellschaft sowie eine gerin-

---

[52] http://www.cawp.rutgers.edu/Facts/Elections/GG2004Facts.pdf (aufgerufen am 27.01.2008) sowie http://www.cawp.rutgers.edu/fast_facts/voters/documents/GGPresVote.pdf (aufgerufen am 16.03.2009).

[53] Bill Bradley, ehemaliger Senator von New Jersey, Demokrat, beklagt beispielsweise, dass es den Republikanern gelungen sei, eine höchst stabile Pyramide ideologischer und politischer Meinungsbildung aufzubauen. Konservative und rechte Stiftungen förderten konservative *Think Tanks* (z.B. *Heritage Foundation, Cato Institute und Intercollegiate College Studies Institute*), welche wiederum als Ideengeber für Parteistrategen wie Karl Rove, Ralph Reed, oder Ken Mehlmann fungierten. Das Problem der Demokraten bestehe nach Bradley darin, dass sie es versäumt hätten, eine vergleichbare Pyramide von unten nach oben aufzubauen. Vgl. Bill Bradley „A Party Inverted", in: The New York Times, Op-Ed, 30. März 2005, S. A 27.

gere Toleranz gegenüber Minderheitenpositionen wurden für den neuen gesellschaftlichen Konservatismus kennzeichnend.

Unter dem Eindruck der Terroranschläge vom 11. September hat die amerikanische Gesellschaft darüber hinaus bei den traditionell hochgeschätzten
Bürger- und Freiheitsrechten innenpolitisch restriktivere Regelungen hinnehmen
müssen. Die Verunsicherungen infolge der Terroranschläge haben nicht zuletzt
zu einer stärkeren Rückbesinnung auf traditionelle Lebensweisen geführt. Zugleich hat der Bundesstaat tendenziell größere Eingriffs- und Regulierungskom-
petenzen erhalten, vor allem in der Einwanderungspolitik und bei Fragen der
inneren Sicherheit.

Im Bereich der Wirtschaftspolitik vertraten die Republikaner dagegen eine
Steuersenkungspolitik. Das traditionelle Ziel eines ausgeglichenen Haushaltes
wurde aufgegeben bzw. die Regierungen Reagan und Bush nahmen ein höheres
Haushaltsdefizit in Kauf, um wachsende Ausgaben, vor allem im Bereich der
Rüstungs- und Sicherheitspolitik, bei gleichzeitigen Steuersenkungen zu finan-
zieren. Erst Bill Clinton gelang es wieder, einen ausgeglichenen Haushalt vorzu-
legen. Dennoch gelten die Demokraten aufgrund ihrer Befürwortung von Sozi-
alprogrammen als ausgabenorientiert und, so die Kritiker, verschwenderisch.
Die Realität der Haushaltsentwicklung deckt sich allerdings nicht mit diesem
Image, denn auch Präsident Obama vertritt eine fiskalpolitisch eher strenge
Haushaltsdisziplin.

Der erste Präsidentschaftswahlkampf nach den Terroranschlägen vom September 2001 im Jahr 2004 zeichnete sich durch einen erbitterten Kulturkampf
zwischen Republikanern und Demokraten aus. Die amerikanische Öffentlichkeit
zeigte sich in politischen Grundsatzfragen tief gespalten und die um die breiteren Wählerschichten ringenden Kandidaten John Kerry und G. W. Bush trugen
durch eine polarisierende Wahlkampagne zum Eindruck einer gespaltenen Gesellschaft bei. Studien zufolge hatten außerdem Zweifel an der Politik der politischen Parteien in der amerikanischen Bevölkerung im Zeitraum der vergangenen Jahre zugenommen; so fällt auf, dass Parteibasis und politische Führung in
vielen Fragen nicht übereinstimmen.[54] Die Ambivalenz von Wählern erschwerte
auch das kohärente Auftreten der Parteien. Die Moralisierung politischer Themen, insbesondere die von den Republikanern vorangetriebene Debatte über
kontroverse gesellschaftspolitische Themen wie Homosexualität und Abtrei-
bung, dominierten die Agenda. Dadurch wurde das Bild der Vereinigten Staaten
stark durch die These von den „zwei Amerikas" geprägt, wobei die Republikaner wiederum auf den gewachsenen Einfluss der christlichen Rechten zurück-

---

[54] Marco Steenbergen, Howard Lavine, Christopher Ellis (2005): *Ambivalence in Context. Party
Politics and the Dynamics of Ambivalence,* Paper for the Annual Meeting of the Midwest Political
Science Association, Chicago, April 2005.

greifen und mittels einer geschickten Wahlstrategie die Wahl für sich entscheiden konnten. Aber bereits im Wahljahr 2004 zeigten sich Risse in der hegemo-
nialen Position der Republikaner und es ist fraglich, ob sie ohne den Einfluss
der verheerenden Terroranschläge, die das Sicherheitsbedürfnis in der amerikanischen Gesellschaft verstärkt hatten, die Wahl gewonnen hätten.

Der politische Diskurs der post-Terrorismus-Ära wird heute geprägt durch
eine heftige Auseinandersetzung um die Rolle des Staates. Während Liberale
und die Demokraten weiterhin einen aktiven Staat in sozialen und wirtschaftlichen Fragen befürworteten, vertreten die Republikaner die gegenteilige Auffassung. Dabei greift man teils auf historische Traditionen, aber auch auf Positionen und Erfahrungen der achtziger Jahre zurück. Bereits Ronald Reagan konnte
sich die traditionelle republikanische Abneigung gegen eine aktive Regierungspolitik, welche als *liberalism* bezeichnet wird, für seine Wahlsiege in den
1980er Jahren zu Nutzen machen, und kein Präsidentschaftskandidat nach J. F.
Kennedy hat je wieder den Begriff des Liberalismus, der in Amerika mit dem
aktiven, umverteilenden Staat verknüpft ist, in sein Programm aufgenommen.
Ebenso wie für Reagan stand auch für G. W. Bush das Zurückschneiden einer
aktiven Regierung (*active government*) auf sozialpolitischem Gebiet zugunsten
einer stärkeren individuellen Verantwortung auf dem Programm; die entstehen-
den Lücken in der sozialen und wirtschaftlichen Versorgung sollten bei Härte-
fällen Glaubens- und Kirchengemeinden (*faith-based groups*) ausfüllen, eine
Linie, die, bei aller Rhetorik über einen Politikwandel, auch im Programm von
John McCain weiter fortgesetzt werden sollte. Die neue Republikanische Partei
tritt daher für weitere Steuersenkungen ein, der wichtigsten Einnahmequelle des
Bundesstaates, eine politische Opposition gegen die aktive Gleichstellungspolitik „affirmative action" für Minderheiten wie Afro-Amerikaner, und sie zeigt
eine ausgeprägte anti-Establishment-Haltung, die sich in der populistischen
Variante auch gegen eine durch Bildung scheinbar privilegierte Schicht richtet.
Einer der Hauptkritikpunkte an Barack Obama aus republikanischer Sicht war
dementsprechend seine Bildungsherkunft; als Harvard Absolvent und Universi-
tätsprofessor für Verfassungsrecht galt er als „elitär", ein Vorwurf, der die Anti-
Intellektuelle Haltung eines Teils der republikanischen Basis widerspiegelt.

Im politischen Diskurs des Wahljahrs wurde auch deutlich, dass überkom-
mene Konzepte im Zuge des Ringens der liberalen Demokraten und der konservativen Republikaner um kulturelle Hegemonie mit neuen Bedeutungsinhalten
gefüllt wurden. Zieht man Studien zur Selbsteinschätzung (*self-identification*)
der Amerikaner heran, so ergibt sich ein erstaunlicher Befund. James Stimson,
Politikwissenschaftler an der UNC-Chapel Hill, und Mitarbeiter zeigen, dass
amerikanische Bürgerinnen und Bürger Umfragen zufolge zwar die Politik der
Umverteilung des aktiven Staates unterstützen, aber nicht die politisch-

philosophische Konzeption des *liberalism*, die seit Franklin D. Roosevelt mit dieser Konzeption verbunden ist.[55] Im längeren Zeitverlauf zeigt sich dementsprechend eine dramatische Veränderung. Nachdem die Selbstbezeichnung als „liberal" in den dreißiger Jahren zunächst einen hohe Zustimmung erfahren hatte und sich mehr als die Hälfte der Amerikaner als *liberals* bezeichneten, nimmt sie in den folgenden Dekaden, vor allem aber seit den sechziger Jahren selbst dann signifikant ab, wenn die Demokraten den Präsidenten stellten. Sie beträgt schließlich nur die Hälfte der Zahl der Amerikaner, die sich als konservativ bezeichnen. Im Ergebnis bestehe die amerikanische Gesellschaft heute, so Stimson und Mitarbeiter, auf ideologischer Ebene aus einer konservativen symbolischen Mehrheit (*conservative symbolic majority*). Ein „*Liberal*" zu sein ist vielfach mit überkommenen ideologischen Kämpfen verknüpft und daher für die politischen Parteien bzw. insbesondere für die Demokraten kein positiver Deutungsrahmen mehr, auch wenn amerikanische Politikwissenschaftler inzwischen bemüht sind, die Tradition des Liberalismus aus der Hülle der ideologischen Kulturkämpfen herauszuschälen und historisch bedeutsame politisch-theoretische Traditionen, wie Freiheitsrechte und Chancengleichheit wieder in Erinnerung zu rufen.[56]

Anhand der Wahlen im Jahr 2008 lässt sich ein neuer Trend beobachten, der die Demokraten begünstigt. Für diesen Umschwung ist nicht nur die Enttäuschung mit der Bush-Administration ausschlaggebend, sondern vielmehr strukturelle und kulturellen Veränderungen in der amerikanischen Gesellschaft, für die nunmehr soziale Umverteilung zugunsten der Mittelklasse und der arbeitenden Bevölkerung, Gesundheitsversorgung und soziale Absicherung zu dringenden politischen Anliegen werden. Zu den wichtigsten strukturellen Veränderungen gehört der demografische Wandel mit dem Zuzug einer neuen Mittelklasse in einstmals republikanische Hochburgen mit einer eher liberalen Gesellschaftsauffassung wie im Süden, die zunehmende Zahl der Spanisch sprechenden Wähler (*Hispanic Voters*), sowie die politische Mobilisierung von Afro-Amerikanern. Zu den bedeutenden kulturellen Veränderungen gehören die in Umfrageergebnissen ermittelte zunehmende Toleranz mit dem Abbau von Rassenvorurteilen, eine zunehmende Zahl von Amerikanern, die sich als säkular bezeich-

---

[55] On Symbolic Conservatism in America, Christopher Ellis and James A. Stimson, American Political Science Association, August, 2007, http://www.unc.edu/~jstimson/papers.htm (aufgerufen am 19. September 2008)

[56] Vgl. beispielsweise Alan Wolfe (2009): The Future of Liberalism, New York.

nen mit einer abnehmenden Zahl der religiös gebundenen Wähler und die Zunahme der eher progressiv orientierten jungen Wählerinnen und Wähler.

Die Demokraten erzielten bei den Präsidentschafts- und Kongresswahlen
von 2008 eine deutliche Mehrheit. Dieses Ergebnis sowie die Umfragen über
gesellschaftliche Einstellungen und Mentalitäten deuten darauf hin, dass die
republikanische Hegemonie zu Ende gegangen ist. Empirische Forschungser-
gebnisse zeigen, dass die Bevölkerung in den USA in vielen gesellschaftlichen
Streitfragen, etwa hinsichtlich der Rassenproblematik und der Integration von
Migranten, toleranter geworden ist. Dennoch wird um Kernthemen der Lebensweise und der gesellschaftlichen Werte weiter heftig gestritten, so dass neben
ökonomischen vor allem auch moralische und sozial-kulturelle Einstellungen
die politische Agenda prägen.

Bei den in der Wahl unterlegenen Republikanern tat sich bereits kurz nach
der Wahl ein Richtungskampf zwischen moderaten und sozialkonservativen
Republikanern auf. Deren Fürsprecher fordern teilweise eine Rückkehr zu traditionellen Werten, teilweise ein noch schärferes Zurückschneiden des Staates,
wie die konservative „Tea Party"- Bewegung, die sich vor einigen Jahren im
republikanischen Feld herausgebildet hat. Diese populistische Bewegung, die in
sich sehr heterogen ist, wendet sich gegen die sozialreformerische Konzeption
der aktiven Rolle des Staates, wie sie die Obama-Administration vertritt. Sie
begründet ihre Haltung teilweise mit religiösen Argumenten, teilweise aus einer
libertären Tradition heraus. Ihre anti-Establishment Position bringt ihr vor allem
Sympathien in den ländlichen Gegenden, im Süden und im Mittleren Westen
ein. Die Bewegung, die medial wirksam auftritt, zeigt die innere Zerissenheit
der Republikaner an, wird jedoch in ihrer politisch-insitutionellen Bedeutung
häufig überschätzt. Immerhin gelang es der „Tea Party"- Bewegung in den Vorwahlen der Republikaner für die Senatswahlen in Kentucky 2010, ihren Kandidaten, Rand Paul, zu nominieren.

2.3   Wandel gesellschaftlicher Einstellungen

Neuere empirische Studien bestätigen, dass in der amerikanischen Gesellschaft
ein Wertewandel stattgefunden hat, der die These einer neuen demokratischen
Mehrheit stützt.[57] Aus Untersuchungen des parteiunabhängigen „Pew Research

---

[57] Die Ergebnisse deuten auf einen Wandel zugunsten der Demokraten, nicht jedoch zugunsten eines
Trends zum „liberalism", hin, eine Bezeichnung, die seit den sechziger Jahren ideologisch ausgerichtet und umstritten ist. Die Umfrageergebnisse behandeln folgende Themen 1) Parteienidentifika-
tion und politische Einstellungen in den ersten Vorwahl-Staaten; 2) Einstellungen in der Bevölkerung über soziale Sicherheit und Einkommen; 3) Einstellungen zur Außenpolitik und zur nationalen
Sicherheit; 4) religiöse und soziale Einstellungsmerkmale; 6) Einstellungen zum Staat und zur

Center for the People & the Press" über die Entwicklung von Einstellungen in der amerikanischen Bevölkerung geht hervor, dass sich grundlegende politische Einstellungen und Werte zwischen 1987 und 2007 verändert haben. Zunehmende Unterstützung für sozialstaatliche Absicherungen, Anzeichen einer größeren Besorgnis über wachsende Einkommensunterschiede vor allem in der Mittelklasse, sowie eine schwindende Unterstützung für eine starke nationale Sicherheitspolitik sind nach Auffassung der Meinungsforscher Indikatoren für einen Wandel der politischen Einstellungen zugunsten der Demokraten. Zugleich schwächen sich die Trends ab, die den Aufstieg der Republikaner seit Mitte der neunziger Jahre begünstigt und befördert haben. So ist der Anteil der Amerikaner, die traditionelle Werte teilen, im Zeitverlauf betrachtet zurückgegangen, und auch der Anteil derjenigen, die eine starke religiöse Bindung haben, ist im Rückgang begriffen.

---

politischen Partizipation; 7) Einstellungen zu Wirtschaftsunternehmen; 8) Einstellungen zu bürgerlichen Freiheitsrechten, Umwelt und Wissenschaft. – Die folgenden Tabellen in diesem Kapitel stammen aus diesem Bericht. Diese Einschätzung beruht auf Ergebnissen des Pew Research Center: „Trends in Political Values and Core Attitudes", 22. März 2007. http://people-press.org/report/?reportid=3 (aufgerufen am 16.03.2009).

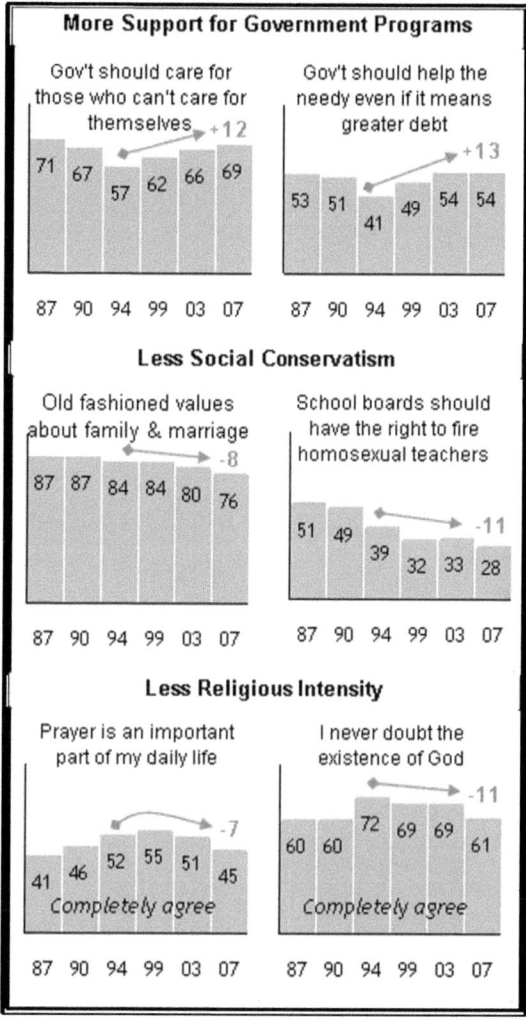

Quelle: Pew Research Center: „Trends in Political Values and Core Attitudes", 22. März 2007. http://people-press.org/report/?reportid=3

Signifikant verändert hat sich auch die Identifikation mit den beiden großen Parteien. Im Jahr 2002 verteilten sich die Anhänger der Republikaner und Demokraten in der Bevölkerung noch relativ gleichmäßig; 43% gaben an, dass sie sich mit den Republikaner identifizieren, etwa gleich viel mit den Demokraten.

Fünf Jahre später im Jahr 2007 gaben immerhin 50% der Befragten an, sich mit den Demokraten zu identifizieren oder sie zu unterstützen, verglichen mit nur noch 35%, die den Republikanern zuneigten. Im Zeitverlauf haben vor allem die Republikaner rasant an Unterstützung verloren; nur noch 41% hatten 2007 eine positive Meinung über die Republikaner, ein Verlust von 15 Prozentpunkten gegenüber 2001, als Präsident Bush sein Amt antrat, während der Anteil derjenigen, die eine positive Meinung über die Demokraten hielten um lediglich sechs Prozentpunkte fiel.

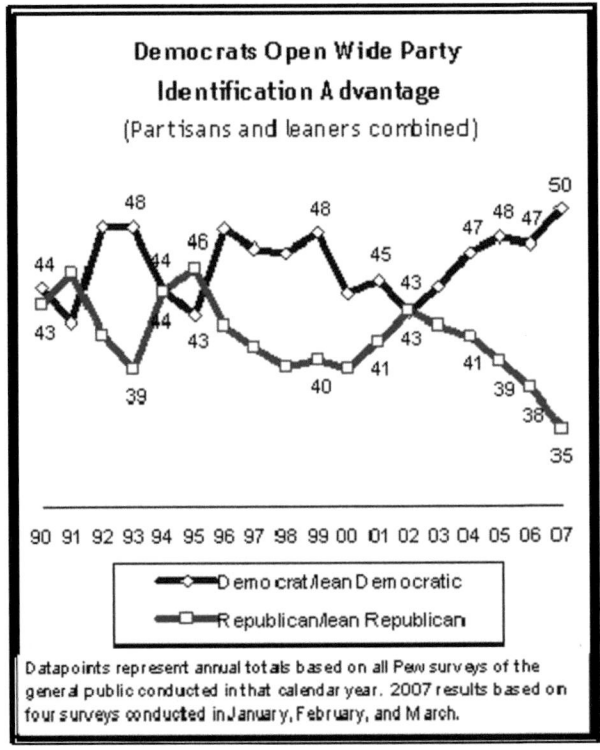

Quelle: Pew Research Center: „Trends in Political Values and Core Attitudes", 22. März 2007. http://people-press.org/report/?reportid=3

Die politischen Einstellungen und Werte, die das „Pew Research Center for the People & the Press" erhoben hat, zeigen außerdem, dass die Zustimmung zur Unterstützung benachteiligter Bürger durch staatliche Programme seit Mitte der

Unterstützung benachteiligter Bürger durch staatliche Programme seit Mitte der neunziger Jahre deutlich zugenommen hat, selbst wenn dies eine höhere Verschuldung bedeutet. Die Ergebnisse unterscheiden sich deutlich von vergleichbaren Untersuchungen zu Beginn der neunziger Jahre. Im Jahr 1994, als die Republikaner die Mehrheit in beiden Häusern des Kongresses gewannen, gaben nur 41% der Befragten an, dass die Regierung hilfsbedürftige Bürger staatlicherseits unterstützen sollte, auch wenn sich der Staat dadurch höher verschulden müsste; 2007 war der Anteil auf 54% gestiegen. Dabei hat die Unterstützung für staatliche Programme bei den Anhängern in allen politischen Lagern zugenommen, jedoch sind Anhänger der Republikaner sowie Unabhängige (*Independent*) seltener bereit, solche Programme zu unterstützen, wenn sie mit einer höheren Staatsverschuldung einhergehen. Allerdings sind immer noch mehr als zwei Drittel der Befragten der Meinung, dass die Armen zu sehr von staatlichen Programmen abhängig geworden sind, eine Auffassung, die zwar in den USA rückläufig ist, aber auf einige Ambivalenzen und amerikanische Besonderheiten in den Einstellungen zu sozialstaatlichen Programmen verweist.

Der Trend zu einer größeren Bereitschaft soziale Programme zu unterstützen geht einher mit einer zunehmenden Besorgnis über wachsende Einkommensunterschiede. So stimmen heute 73% der Befragten der Aussage zu, dass die Reichen immer reicher und die Armen immer ärmer werden („today it's really true that the rich just get richer while the poor get poorer"), während fünf Jahre vorher lediglich 65% dieser Aussage zugestimmt haben. Auch nimmt die Zahl derer zu, die in den Umfragen angaben, dass sie nicht genug Geld für den Lebensunterhalt hätten und beträgt 44% im Jahr 2007; im Vergleich waren dies 35% im Jahr 2002.

Bei grundlegenden Auffassungen über die Themen nationale Sicherheit, gesellschaftliche Werte, Rolle der Regierung und der Bewertung ihrer wirtschaftlichen Situation sind die Anhänger der Demokraten und der Republikaner immer noch gespalten. So geben drei Viertel der Republikaner mit einem jährlichen Einkommen unter $50,000 an, sie seien mit ihrer finanziellen Situation ziemlich zufrieden („pretty well satisfied"), im Unterschied zu 45% der Demokraten und 39% der Independents in vergleichbarer wirtschaftlicher Situation.

Besonders auffällig ist die Umkehr des Trends in Bezug auf die Religiosität unter den Amerikanern. In den jüngsten Umfragen, die Ende 2006/Anfang 2007 durchgeführt wurden, zeigt sich eine nahezu gegenläufige Tendenz im Vergleich zu Untersuchungen aus den 1990er Jahren. Nach wie vor bezeichnen sich die meisten Amerikaner als religiös eingestellt, aber der Anteil derjenigen, die sich als stark religiös betrachten, ist rückläufig. Zugenommen hat zeitgleich der immer noch geringe Anteil derjenigen, die sich als säkular bezeichnen. Während 1987 nur 8% der Amerikaner angaben, dass sie keiner Religion angehören

(„unaffiliated with a religious tradition"), stieg der Anteil auf 12% im Jahr 2006. Hierbei, so die Meinungsforscher, könnte es sich um einen Generationeneffekt handeln, nach dem die säkulare Generation diese Auffassungen an ihre Kinder weitergibt und die Zahl daher zunimmt.

Interessant ist darüber hinaus, dass die Kluft zwischen den stark und weniger stark religiös ausgerichteten Amerikanern in Abhängigkeit von der Parteizugehörigkeit wächst. So sind Anhänger der Republikaner heute mindestens genauso religiös eingestellt wie vor 10 oder 20 Jahren (Glauben an Gott; Bedeutung des Gebets und andere religiöse Praktiken). Im Gegensatz hierzu geben Anhänger der Demokraten eine geringere Bindung an die Religion an als Ende 1980 und 1990.

Aus den Studien geht weiterhin hervor, dass sich soziale Einstellungen und Werte deutlich gewandelt haben. Die Akzeptanz von Homosexualität hat zugenommen, während die Befürwortung der traditionellen Frauenrolle in den vergangenen zwanzig Jahren deutlich abgenommen hat. Diese Veränderungen variieren altersspezifisch; deutlich sind die Veränderungen vor allem in der älteren Bevölkerung nachzuweisen, währenddessen sich die Einstellungen der jüngeren Generation kaum verändert haben, da sie im 20-Jahres-Zeitraum stets aufgeschlossene Einstellungen geäußert haben.

Bemerkenswert sind auch die Einstellungsveränderungen in Bezug auf die aktive Gleichstellungspolitik (*affirmative action*). Diese in den 1960er Jahren eingeführte gesetzliche Regelung sieht die aktive Förderung von Minderheiten bei Einstellungen und Beförderung vor. Sie war in den 1980er Jahren in das Kreuzfeuer der Kritik konservativer Politiker geraten, die eine umgekehrte Diskriminierung (*reverse discrimination*) von Angehörigen der Mehrheitskultur behaupteten. Gegen einige öffentliche Universitäten, wie die University of California at Berkeley, wurden beispielsweise Klagen von Bewerbern aus weißen Familien auf Zulassung zum Studium angestrengt, die auf der Behauptung einer umgekehrten Diskriminierung gegen Angehörige der weißen Bevölkerung basierten. Strittig war darüber hinaus, ob die aktive Gleichberechtigungspolitik zwanzig Jahre nach ihrer Einführung noch legitim sei bzw. wann die historisch bedingten Ungleichheiten als ausgeglichen betrachtet werden könnten. Der Anteil der Amerikaner, die die affirmative action Politik zur Förderung von Afro-Amerikanern, Frauen und anderen Minderheiten für gerechtfertigt halten, ist zugleich nach den Umfragen des „Pew Research Center" seit Mitte der 1990er Jahre kontinuierlich angestiegen. Während er im Jahr 1995 58% betrug, befürworteten 2007 immerhin 70% die Maßnahmen zur gezielten Förderung von Afro-Amerikaner, Frauen und anderen Minderheiten bei der Suche nach qualifizierter Arbeit. Der Zugewinn an Unterstützung erstreckte sich dabei auf

Wie die Meinungsforscher des „Pew Research Center" hervorheben, variieren die Einstellungsveränderungen von Bundesstaat zu Bundesstaat teilweise erheblich. So sind in New Hampshire, einem der ersten Staaten, in dem 2008 eine Vorwahl stattfand, rund 10% der Unterstützer der Republikaner als den politisch konservativen, weißen christlichen Wählern zuzurechnen (Evangelikale), während dies im Südstaat South Carolina, der wenige Tage später Vorwahlen abhielt, immerhin 39% waren. Bei den Anhängern der Demokraten bezeichnen sich in Kalifornien 38% als politisch liberal, in South Carolina aber nur 25%.

Ideological Profile of Voters In Early Primary States

Percent of
Republicans who are...

	White Evang Cons* %	Other Cons %	Mod/ Lib %	DK %
Iowa	31	35	33	1
New Hampshire	1U	4/	4U	3
South Carolina	39	29	29	3

Percent of
Democrats who are...

	Lib- eral %	Mod- erate %	Cons- erv. %	DK %
Iowa	30	44	23	3
Nevada	27	50	21	2
New Hampshire	39	37	22	2
South Carolina	25	44	25	6

See pages 10-11 for full table and methodology.

Quelle: Pew Research Center: „Trends in Political Values and Core Attitudes", 22. März 2007. http://people-press.org/report/?reportid=3

Wie aus der Studie weiter hervorgeht, hat die politische Entfremdung gegenüber der Regierung weiter zugenommen. Nur noch knapp ein Drittel der Amerikaner sind der Auffassung, dass sich die gewählten Vertreter in politischen Institutionen darum kümmern würden, was die einfachen Menschen in der Bevölkerung denken ("care what people like me think"); das Vertrauen in die Repräsentanten ist seit 2002 um 10 Prozentpunkte gesunken und bewegt sich auf einem vergleichbar niedrigen Niveau wie 1994. Während die Einstellung jüngerer Bürger gegenüber den politischen Institutionen positiver als die anderer Altersgruppen ist, zeigen sie zugleich die geringste Bereitschaft zu wählen und sich politisch zu beteiligen. Dass Obama mit seiner modernen neuen Wahlkampagne diesen Trend hat aufbrechen können und besonders viele junge Wähler 2008 an die Urnen gegangen sind, ist ein bemerkenswertes Ergebnis der Wahlen von 2008.

Auf Basis der vorliegenden empirischen Untersuchungen und der Wahlergebnisse von 2008 ergibt sich, dass die republikanische Hegemonie, die Anfang der 1970er Jahre eingesetzt hat, inzwischen von einer Entwicklung abgelöst wurde, die die Demokraten begünstigt. Der Wahlerfolg markierte einen historischen Wendepunkt in der amerikanischen Politik, und zwar nicht nur aufgrund der Tatsache, dass mit Barack Obama zum ersten Mal in der amerikanischen Geschichte ein Politiker der afro-amerikanischen Minderheit Präsident wurde. Im Zeitverlauf betrachtet zeigten die Wahlen vielmehr auch, dass sich in der amerikanischen Gesellschaft bedeutende soziale und politisch-kulturelle Veränderungen vollzogen haben, die diesen Wahlausgang überhaupt ermöglicht haben.

Wie die Soziologin Judith Butler betont, bestehen allerdings teilweise erhebliche Ambivalenzen in den Einstellungen der Wähler. Auch sei Obama kein "Erlöser", vielmehr müsse diese übersteigerte Identifikationsweise vieler Amerikaner kritisch hinterfragt werden.[58] Seine Politik sei zwar eindeutig liberaler, als die der Vorgängerregierung, aber in einigen gesellschaftspolitischen Fragen auch konservativ geprägt. So habe Obama der Homosexuellen-Ehe eine Absage erteilt und auch in der Gesundheitspolitik sei er, anders als Hillary Clinton, nicht für eine allgemeine staatliche Gesundheitsversorgung eingetreten; sein gesundheitspolitisches Programm sei lediglich als Teilreform angelegt. Zentrale Fragen der sozialen Gerechtigkeit gelten daher weiterhin als ungelöst.

Mentalitätswandel und demografische Entwicklungen weisen auf einen grundlegenden strukturellen Wandel in der amerikanischen Gesellschaft hin. Die Ära der Hegemonie der Republikaner, die mit der Wahl Ronald Reagans

---

[58] Vgl. Judith Butler: Kritikloser Überschwang? Obama als „Erlösung", European Institute for Progressive Cultural Policies eipcp, 07.11.2008. http://eipcp.net/n/1226142234 (aufgerufen am 08.11.2009).

ihren Höhepunkt erreicht hatte, ist damit offenbar zu Ende gegangen. Ob die Demokraten in dieser Situation eine dauerhafte Mehrheit sichern können, bleibt angesichts der Fragmentierung des politischen Feldes jedoch noch eine offene Frage.

2.4 Machtwechsel – Regierungsbildung und Führungsfunktionen

In relativ kurzer Zeit nach seinem Amtsantritt konnte Barack Obama führende Regierungsbeamte ernennen und Minister in sein Kabinett berufen. In der neuen Regierung sind deutlich mehr Frauen vertreten als während der Bush-Administration.[59] So übernahm Hillary Clinton das mit erheblicher Machtfülle ausgestattete Schlüsselressort der Außenministerin (Secretary of State). Janet Napolitano übernahm das Ministerium für Heimatschutz (Secretary of Homeland Security), Hilda L. Solis das Arbeitsministerium (Secretary of Labor). Melody Barnes übt das Amt der Direktorin des Innenpolitischen Beraterstabes aus und, ebenfalls mit Kabinettsrang ausgestattet, wurden Susan Rice als Botschafterin bei den Vereinten Nationen, Christina D. Romer als Vorsitzende des Wirtschaftsrates und Lisa P. Jackson als Leiterin der Umweltschutzbehörde ernannt.

Weitere Schlüsselfunktionen übergab Obama erfahrenen und mit einem guten Netzwerk ausgestatteten Politikern, wie Vizepräsident Biden, der in seiner Funktion gleichzeitig Vorsitzender des Senats ist, oder Robert Gates, der als Verteidigungsminister bereits unter G. W. Bush im Amt war und daher über erhebliche Erfahrung verfügt. Mit Rahm Emanuel als Stabschef im Weißen Haus wurde zudem einer der führenden demokratischen Abgeordneten mit exzellenten Netzwerken im Kongress berufen.

Mit den gleichzeitig stattfindenden Kongresswahlen konnten die Demokraten Mehrheiten in beiden Häusern des Kongresses gewinnen. Diese politische Konstellation des *unified government*, bei der dieselbe Partei sowohl das Präsidentenamt als auch beide Häuser des Kongresses kontrolliert, eröffnete Barack Obama zunächst eine günstige Startposition für sein ambitioniertes Reformprogramm. Allerdings zeigte sich bald, dass die unterschiedlichen Strömungen in der demokratischen Partei seine Durchsetzungsmöglichkeiten erschwerten zumal etliche Abgeordnete und Senatoren auf der Linken sowie im konservativen Flügel der Partei einigen seiner Reformvorhaben kritisch gegenüberstanden. Bereits bei der Debatte um die Gesundheitsreform erhob sich in der eigenen Partei Widerstand, ein Phänomen, dass sich auch in der Debatte um die Energie-

---

[59] Weitere Informationen mit Biografien vgl. http://www.cawp.rutgers.edu/fast_facts/levels_ of_office/Executive-ObamaAppts.php (aufgerufen am 16.03.2009)

und Klimapolitik, die Position der Vereinigten Staaten bei internationalen Verhandlungen wie beim Klimagipfel in Kopenhagen, sowie ganz grundsätzlich bei
der Frage des Haushaltsdefizits wiederholte. Für die Reformvorhaben muss der
Präsident daher Senatoren und Abgeordnete aus unterschiedlichen Lagern überzeugen und neue Koalitionen schmieden.

Die Demokraten im Kongress sind bei den Wahlen 2008 heterogener geworden und die unterschiedlichen Strömungen artikulieren verschiedene Interessen mit Blick auf ihre Wählerschaft, da sie in erster Linie ihrem Wahlkreis
bzw. Bundesstaat verpflichtet sind und die Parteiloyalität schwächer als diese
Bindung an die Wählerschaft ist. Moderate und fiskalpolitisch konservative
Abgeordnete haben an Zahl und Gewicht dabei zugenommen.

Allgemein formuliert stehen sich drei Strömungen bei den Demokraten gegenüber. Während die eher konservativen Demokraten der „Blue Dog
Democrats", eine 1995 ins Leben gerufene Gruppe von Repräsentanten vor
allem aus dem Süden der USA, fiskalpolitisch konservativ eingestellt sind, fordern linke Demokraten, vorwiegend aus den bevölkerungsreichen Staaten im
Nordosten und Westen der USA ein stärkeres Engagement des Staates und sind
hierfür auch bereit, ein höheres Haushaltsdefizit in Kauf zu nehmen. Eine dritte
Gruppe, die „New Democratic Coalition" wiederum strebt je nach Politikfeld
eine ausgewogene Ausgabenstruktur an. Um Gesetzesvorhaben durchzusetzen,
muss der Präsident stets neue Koalitionen zusammenfügen und hierfür auch
weitgehende Kompromisse eingehen, die ihm die Kritik der jeweils anderen
Gruppen einbringen. Nur so ist es zu erklären, dass beispielsweise Kritiker und
Kommentatoren zur Gesundheitsreform sowohl im progressiven als auch im
konservativen Lager derselben Partei anzutreffen sind. Trotz des *unified
government* bleibt die Ausgangslage für die Reformvorhaben daher schwierig,
wie in den folgenden Kapiteln gezeigt wird.

3 Von der Krise zum gezähmten Kapitalismus: Wirtschaftspolitische Schwerpunkte

Die Wirtschafts- und Finanzkrise 2008/09 stellte für die Obama-Administration, die auf dem Höhepunkt dieser Krise die Amtsführung im Weißen Haus übernahm, die erste große Herausforderung dar. Präsident Obama wählte politisch einen *big bang approach*, d. h. er war entschlossen, Kernprobleme der Krise koordiniert und gleichzeitig anzugehen. Dies beinhaltete eine aktive Rolle der Bundesregierung bei der Bewältigung der Krise, eine Strategie, die die neue Administration deutlich von der Bush-Administration absetzte. Damit entsprach der Präsident den Erwartungen von Analysten, die mit der Wahl Obamas eine neue Ära des Staatsinterventionismus vorausgesagt hatten. Peter Hall, Professor für Politische Wissenschaft an der Harvard University spitzt die Bedeutung dieses Einschnitts so zu: „There are reasons for thinking that the American election of 2008 may be the equivalent of the election of 1932 – an electoral sea change ushering in a new wave of government intervention and, if that intervention is successful, a durable electoral realignment."[1]

Neben dem Rettungspaket für Banken und Kreditgeber sowie den als Stimuluspaket bekannt gewordenen Sofortmaßnahmen für die Wirtschaft kristallisierten sich dementsprechend vier für die neue Politik zentrale Bereiche heraus: Interventionen zur Stärkung der amerikanischen Mittelklasse durch Steuerreformen und andere wirtschaftliche Anreize, Durchführung einer Gesundheitsreform mit universeller Krankenversicherung, die Erneuerung des Bildungswesens, sowie eine in die Wirtschaftspolitik eingebettete Wende in der Energie- und Umweltpolitik.

Sowohl vom Inhalt als auch in der Reichweite erschöpfte sich die neue Politik nicht in Teilreformen; vielmehr ging die Obama-Administration von einem staatsinterventionistischen Ansatz aus. Dabei stand die Idee einer grundlegenden Korrektur der Politik mit einer gerechteren Umverteilung zugunsten der breiten Mittelklasse sowie bessere Chancen für Arbeiter im Mittelpunkt. Damit einher ging ein neuer Appell an die zivilgesellschaftlichen Traditionen der Vereinigten Staaten. Während der Staat wieder zentrale Funktionen der Gesellschaftsgestal-

---

[1] Peter Hall: Comments to Huffington Post, October 13, 2008
http://www.huffingtonpost.com/2008/10/13/global-economic-crisis-li_n_134393.html (aufgerufen am 2. November 2008).

tung übernehmen und die Rahmenbedingungen für eine gerechtere Chancengleichheit stärken sollte, basiert der Erfolg der Reformen darauf, dass die gesellschaftlichen Gruppen an der Basis sie aktiv unterstützt und auch privat finan-
zierte Leistungen erbracht werden. Basierend auf der Auffassung, dass der Staat
nicht alle Probleme lösen kann, wurden staatliche Programme mit privater Initiative, partiellen Garantien von Sozialleistungen in den Einzelstaaten, sowie mit
Kürzungen auf anderen Gebieten kombiniert.

Die neue Wirtschaftspolitik richtete sich auf drei Schwerpunkte aus: eine
aktive Arbeitsmarktpolitik durch staatliche Förderung vor allem im Bereich der
Infrastruktur und der grünen Technologien, staatliche Unterstützung für Unternehmen, die unmittelbar in die Krise geraten waren, als Soforthilfe, sowie eine
stärkere Regulierung des Banken- und Finanzwesens. Mit der Obama-Administration wurde damit eine neue Phase eines „gezähmten Kapitalismus" amerikanischen Typus eingeleitet.

Die Umsetzung der Zielvorgaben fand zunächst breite Unterstützung der
politischen Eliten. Allerdings stießen die Regulierung der Banken- und Finanz-
unternehmen sowie die vorgesehenen Strukturmaßnahmen auch auf Widerspruch. Vor allem die strukturellen Veränderungen mit einer stärkeren Rolle von
staatlicher Aufsicht und Regulierung wurden von den Republikanern heftig
kritisiert und als „Sozialismus" zurückgewiesen.

Diese ideologische Konfrontation überschattete die folgenden Monate nach
der Amtsübernahme von Obama. Auch die progressive Linke kritisierte die
Maßnahmen der Obama-Administration, denn sie gingen nach ihrer Auffassung
nicht weit genug. Der Vertrauensverlust in die Regierung schlug sich in sinkenden Umfragewerten nieder und die Obama-Administration sah sich nach dem
Verlust in zwei Senatswahlen im Winter 2009/10 und mit Blick auf die Zwischenwahlen im November 2010 einem zunehmenden Druck ausgesetzt. Obwohl die Hilfsmaßnahmen zur Bewältigung der Wirtschafts- und Finanzkrise als
ein im Wesentlichen gelungenes Sofortprogramm der Obama-Administration
gelten, wurden Wirtschafts- und Finanzpolitik ein Feld intensiver politischer
Auseinandersetzungen.[2]

---

[2] Die Hilfsmaßnahmen für die Wirtschaft fanden jedoch nicht ungeteilte Zustimmung. Vgl. die
Kritik an der „Verstaatlichung" der Risiken bei Joseph Stiglitz: „Obama´s Ersatz Capitalism", in:
The New York Times, Op-Ed, 31.03.2009
http://www.nytimes.com/2009/04/01/opinion/01stiglitz.html?_r=1

3.1 Wirtschafts- und Finanzkrise

Die Wirtschafts- und Finanzkrise kündigte sich in den Vereinigten Staaten bereits mehrere Monate vor den Präsidentschaftswahlen an. Erste Anzeichen wurden in der im Sommer 2007 einsetzenden Immobilienkrise sichtbar. Kreditvergabe ohne gesicherte Finanzierung beim Erwerb von Immobilien, Spekulationen mit Immobilienbesitz und „faule Kredite" verursachten aufgrund von Zahlungsunfähigkeiten bei Banken und Kreditgebern empfindliche Engpässe.

Wie der amerikanische Politikwissenschaftler Peter Hall hervorhebt, war die Immobilienkrise jedoch lediglich der Auslöser und nicht, wie teilweise in Europa und den USA angenommen wurde, der Kern der Krise. „Most Europeans and some Americans attribute the crisis to subprime lending in the US housing market, but that was only the trigger for contemporary events," schreibt Hall. „The deeper roots of the crisis lie in shifts in banking practices that led many financial institutions to borrow heavily in short-term capital markets to finance the purchase of riskier securities than they once held. The 'financial innovation' behind the development of these securities was said to diffuse risk. Indeed, it did and now everyone is at risk. These developments are symbolized by the practice of many European banks of using credit default swaps to purchase 'insurance' on risky securities, thereby allowing them to count them as part of the asset base required to meet regulatory requirements on the banking sector."[3] Die Immobilienkrise offenbarte damit strukturelle Probleme der Banken- und Finanzwelt. Im Interesse einer höheren Gewinnschöpfung hatte ein weitgehend unkontrollierter Handel mit Krediten und riskanten Anlagen das Finanzwesen in Turbulenzen gebracht, die sich zuerst auf dem Immobilienmarkt niederschlugen, dann aber auch Aktien und Geldanlagen in Mitleidenschaft zogen. Riskante Finanzgeschäfte zogen immer mehr Banken und Unternehmen, aber auch Privatanleger in die tiefe finanzielle Krise hinein.

Notwendig sei deshalb, so die Wirtschaftsberater der Obama-Administration, die Finanzmärkte durch klare und transparente Strukturen zu regulieren, wie dies bereits früher von Wirtschaftsexperten gefordert worden war. Robert M. Solow, Wirtschaftsprofessor an der Harvard Universität und Nobelpreisträger, hatte beispielsweise die Praxis der Bewertung von Krediten durch die Rating Agencies schon vor einigen Jahren kritisch beurteilt.[4]

---

[3] Peter Hall: Comments to Huffington Post, October 13, 2008
http://www.huffingtonpost.com/2008/10/13/global-economic-crisis-li_n_134393.html   (aufgerufen am 2. November 2008).
[4] Robert M. Solow "Rethinking Fiscal Policy", in: Oxford Review of Economic Policy, Vol. 21, No. 4 (2005), S. 509-514.

Gegen die schärfere Regulierung des Finanz- und Bankensektors bestanden jedoch vor der Wirtschafts- und Finanzkrise, wie Hall zutreffend beobachtet, Widerstände auf beiden Seiten des Atlantiks. Während sich in den USA eine starke Lobby aus dem Banken- und Finanzsystem gegen die Regulierung wende, stehe in Europa die Uneinigkeit zwischen den Mitgliedsländern der EU einer effektiven Regulierung der Finanzmärkte entgegen, so Hall. Auf beiden Seiten des Atlantiks gestalte sich die Finanzmarktreform daher schwierig: „The response on both sides of the Atlantic will be to regulate financial markets more intensively, closing the barn door after the horse has left but hoping to keep any remaining horses inside. However, this will not be a smooth process. There are obstacles to it on both continents. In the U.S., the principal obstacle is the lobbying power financial institutions enjoy in a political system that runs on vast sums of private campaign finance. In Europe, the obstacle is a European Union that is supposed to 'pool sovereignty' but does not yet provide formal means for a coordinated regulatory response. This is a moment of crisis for the European Union as well as for its financial systems."[5]

Im Mittelpunkt der amerikanischen Immobilienkrise standen die beiden staatlich geförderten Hypothekenbanken, Fannie Mae und Freddie Mac. Die Banken wurden mit Unterstützung der Regierung eingerichtet, um Hauskäufern besonders günstige Kredite zu gewähren, indem sie als Mittler zwischen Kreditbanken und Investoren in Wall Street auftraten. Hauseigentum zu erwerben gehört zum amerikanischen Lebensentwurf. Die Vergabe dieser Kredite hatte dementsprechend vielen Amerikanern ermöglicht, ein Eigenheim zu erwerben. Fannie Mae wurde bereits 1938 während der Zeit des New Deal als staatseigene Bank Federal National Mortgage Association (FNMA) gegründet und 1968 privatisiert. Die Bank übernimmt Hypotheken, welche zwar durch den amerikanischen Staat weder garantiert noch refinanziert werden, aber sie erhält als staatsnahes Unternehmen sehr gute Bonitätsbewertungen von den Rating-Agenturen und kann sich so zu einem günstigeren Zins refinanzieren als andere Banken. Zusammen mit Freddie Mac, der zweitgrößten, ebenfalls staatlich geförderten Hypothekenbank der USA, hat sie zur Finanzierung der Hypotheken Anleihen im Wert von 2.400 Mrd. Dollar ausgegeben, wodurch sie zu den größten Schuldnern weltweit gehört. Aufgrund des Immobilienbooms, der in den USA nun schon seit Mitte der neunziger Jahre anhielt, sahen sich die Finanzmärkte zunehmend der Gefahr ausgesetzt, dass die Immobilienbanken bei einem Rückgang der Immobilienpreise in ernsthafte Probleme geraten könnte, was

---

[5] Hall 2008 (Fußnote 3). Der starke Einfluss von Lobbys beruht zum Teil auf deren Rolle in den Wahlen; Parteispenden für Wahlkampagnen sind im amerikanischen System üblich und eine wichtige Grundlage für die Wahlkämpfe.

angesichts der Höhe der Schulden weltweite Turbulenzen auf den Finanzmärkten auslösen könnte. Diese Einschätzung hat sich in der Immobilienkrise 2008/2009 schließlich bewahrheitet. Nachdem Finanzexperten Fannie Mae öffentlich erstmals als faktisch zahlungsunfähig bezeichnet hatten, entschloss sich der US-Kongress noch in der Bush-Administration im Juli 2008 nach heftigen Diskussionen schließlich, das Finanzministerium (Treasury Secretary) zu autorisieren, die Schulden der in Schwierigkeiten geratenen Immobilienfinanzierungsinstitutionen Fannie Mae und Freddie Mac zu übernehmen. Einen Monat später kündigte die US-Regierung an, die beiden Immobilienbanken mit Krediten und Aktienkäufen in Milliardenhöhe zu stützen, um einen Bankrott zu verhindern.

Trotz der Hilfsmaßnahmen für die Kreditgeber spitzte sich die Krise ab Ende September 2008 immer mehr zu. Neben führenden Banken meldeten auch Wirtschaftsunternehmen Schwierigkeiten an; die Zahl der Zwangsversteigerungen nahm rasant zu und die Kette der Firmenpleiten wuchs in besorgniserregendem Tempo an. Schon im Frühjahr 2008 glaubten drei Viertel der bedeutenden US-Volkswirte, dass sich Amerika bereits mitten im Abschwung befinde. Der Vorsitzende des Bankenausschusses im Repräsentantenhaus, Barney Frank (D) ging beispielsweise davon aus, dass die einsetzende Rezession strukturell und nicht zyklisch begründet sei.[6]

Die Rettungsaktion („government bailout") in Form des *Economic Stabilization Act* im Herbst 2008 konnte den rasanten Vertrauensverlust der in- und ausländischen Investoren jedoch nicht aufhalten. Vielmehr gerieten auch andere bis dato als solvent und solide geltende Finanzhäuser sowie renommierte Banken, wie Bear Stearns, J. P. Morgan und Lehman Brothers, in eine schwere Krise, weshalb immer mehr Experten nicht nur eine bessere Regulierung der Kreditvergabe sondern eine Reform des gesamten Finanzsystems forderten.

Nach der Präsidentschaftswahl im November 2008 konzentrierte sich die neue Administration auf konkrete Maßnahmen zur Bewältigung der Wirtschafts- und Finanzkrise. Dabei bestand unter den Beratern der Obama-Administration Übereinstimmung, dass neben staatlich initiierten konkreten Rettungsmaßnahmen auch strukturelle Veränderungen notwendig seien. Die Reformvorschläge zur Bewältigung der Finanzkrise konzentrieren sich auf eine bessere staatliche Aufsicht über die Finanzmärkte, eine Aufgabe, die aufgrund der globalen Verflechtungen der Märkte zwar als schwierig aber nicht als unlösbar galt. Drei Problemkreise standen dabei in der amerikanischen Diskussion im Vordergrund: eine stärkere Regulierung von Finanzinvestoren, die Überprüfung von Kreditverkäufen, und die Überprüfung der Gehälter von Managern. Hinsichtlich der Finanzinvestoren sollten Hedgefonds und Private Equity Unternehmen unter

---

[6] Vgl. „Die Welt" 14.03.2008.

Aufsicht gestellt werden, da die Risiko- und Gewinnorientierte Praxis dazu geführt hatte, dass die Anleger Unternehmen faktisch „ausplünderten". Als weiteres Problem wurden Kreditverkäufe identifiziert, vor allem der Handel mit Krediten an Hausbauer, der zunehmend undurchschaubar geworden war. Ein weiteres Problem auf dem Kapitalmarkt bestand darin, dass Kredite gute Ratings trotz
der Undurchschaubarkeit des Handels mit Krediten erhalten hatten und damit
riskantes Anlageverhalten gefördert wurde. Deshalb sollten Anreize für obskure
Finanzprodukte zukünftig unterbleiben bzw. diese Praxis sollte durch eine er-
höhte Transparenz unterbunden werden. In Bezug auf die Gehälter von Managern traten die Berater Obamas für eine Deckelung ein.

Die Vorschläge zur Regulierung des Finanzmarktes wurden von einem
hochkarätig besetzten Gremium unter der Leitung von Paul A. Volcker, dem
Chef-Berater des Präsidenten, ausgearbeitet und in einem Bericht im Januar
2009 veröffentlicht. Darin wird eine striktere Praxis der Überprüfung von Unternehmen und Finanzinstitutionen gefordert, die teilweise durch gesetzliche
Regelungen und teilweise durch eine veränderte Arbeitsweise von Behörden
durchgesetzt werden sollte. Auch sahen die Empfehlungen vor, die Bewertung
der Kreditwürdigkeit transparenter und unabhängig von konkreten Aufträgen
durch Unternehmen durchzuführen. Über die Einrichtung eines Clearinghouse
sollten außerdem Kreditderivate zentral überprüft und bewertet werden. Die
bislang eher schwache Regulierung sollte damit auf mehreren Ebenen gleichzeitig koordiniert und verschärft werden. Auch auf dem Immobilienmarkt sollte die
Kreditvergabe beim Hauskauf gründlich überprüft und verändert werden, um
riskantes und spekulatives Marktverhalten einzudämmen. „I believe that our
regulatory system failed to adapt to the emergence of new risks," wird der des-
ignierte Finanzminister, Timothy Geithner, aus einer Anhörung vor dem Senat
zitiert. „The current financial crisis has exposed a number of serious deficien-
cies in our federal regulatory system."[7]

Im Januar bewilligte der Kongress schließlich ein zweites Hilfsprogramm
für Banken in Höhe von $350 Milliarden in Form eines *Troubled Assets Relief
Program*. Dabei wurde eine Aufwertung und stärkere Rolle der Federal Reserve
für die Zukunft vorgesehen, ebenso wie eine dichtere Überwachung der Zulagen
und Gewinne von Managern in Unternehmen und im Finanzwesen. Dies war bei
Kompensationen für Manager in Unternehmen vorgesehen, bis die von staatlicher Seite gewährte Unterstützung zurückgezahlt wird.

In der Öffentlichkeit wurden die Bonus-Zahlungen in Firmen und Finanzinstitutionen besonders kritisch verfolgt. So wurde im März 2009 bekannt, dass
Banken und Unternehmen, die staatliche Unterstützungsgelder aus dem Ret-

---

[7] Stephen Labaton: „Obama Plans Fast Action to Tighten Financial Rules" in: The New York Times,
25. 01. 2009, S. 1.

tungsfond erhalten hatten, Bonus-Zahlungen an Top-Manager ausgezahlt hatten. Ins Kreuzfeuer der Kritik geriet vor allem die A.I.G (American International Group), deren Auszahlungen großzügiger Bonus-Zuwendungen im Kongress nach ihrer Bekanntwerdung heftigen Protest auslösten. Die Finanzinstitution hatte allein 165 Millionen US $ an Bonuszahlungen ausgegeben, obwohl sie umfangreiche staatliche Stützungsgelder erhalten hatte.

Im März 2009 beschloss daher der Kongress, die Bonuszahlungen an Top-Manager mit einer Steuer von 90% zu belegen. Diese Besteuerung betraf alle Unternehmen, die mehr als fünf Milliarden Dollar an Soforthilfe erhalten hatten (*bailout money*) sowie die Hypothekenbanken Fannie Mae und Freddie Mac, die im September 2009 verstaatlicht worden waren. Nach dem Kongressbeschluss zur Besteuerung der Unternehmen waren mehrere Firmen unmittelbar von der Maßnahme betroffen, darunter Beschäftigte bei Goldman Sachs, Bank of America, Citigroup, Wells Fargo und JPMorgan. Betroffen waren auch weitere Firmen, wie die folgende Aufstellung der New York Times zeigt.

The Companies Affected

The bill to tax bonuses that the House passed Thursday would apply to executives at companies receiving more than $5 billion in bailout money, but also includes Fannie Mae and Freddie Mac, which the government took control of in September.

TARP FUNDS RECEIVED	
Citigroup*	$50.0
Bank of America	45.0
A.I.G.	40.0
Wells Fargo	25.0
JPMorgan Chase	25.0
G.M.	14.3
Morgan Stanley	10.0
Goldman Sachs	10.0
PNC Financial	7.6
U.S. Bancorp	6.6
G.M.A.C.	5.0
Fannie Mae	
Freddie Mac	

*Includes $5 billion committed as part of a loan guarantee.

Source: Treasury Dept.   THE NEW YORK TIMES

Quelle: Carl Hulse/David M. Herszenhorn: in The New York Times, 19.03. 2009
http://www.nytimes.com/2009/03/20/business/20bailout.html?th&emc=th

Trotz heftiger Kritik aus den betroffenen Unternehmen und Finanzinstitutionen fand diese Maßnahme breite Unterstützung im Kongress. In der Abstimmung im Repräsentantenhaus stimmte immerhin auch die Hälfte der republikanischen Abgeordneten der Besteuerungsregelung zu, mit einem Abstimmungsergebnis von 328 zu 93 Stimmen.

Im Bereich der Regulierung des Finanzmarktes war die Obama-Administration dagegen zunächst nicht erfolgreich. Widerstand gegen eine stärkere staatliche Aufsicht kam dabei nicht nur von den betroffenen Finanzinstitutionen, sondern er wurde auch von Teilen der Öffentlichkeit gestützt, der sich auf ein historisch gewachsenes, gesellschaftliches Unbehagen an der Ausdehnung staatlicher Regulierungen des Marktes bezog. Obwohl ein großer Teil der Amerikaner direkt und unmittelbar von der Immobilienkrise betroffen ist, haben Individualisierung und partielle Auflösung traditioneller Lebensformen dazu geführt, dass die Lösungsansätze für die Krise nicht beim Staat, sondern häufig in der individuellen Verantwortlichkeit gesucht werden. Das Prinzip der Freiheit des Wirtschaftens ist trotz der amerikanischen Regulierungsansätze in einem höheren Maß als in Kontinentaleuropäischen Ländern verankert.

Mit der Reform des Finanzmarktes (*Financial Reform*) strebte die Obama-Administration eine schärfere Kontrolle des Banken- und Finanzwesens an. Dabei sah sie unter anderem vor, eine neue Verbraucherschutzbehörde für Finanzdienstleistungen (*Consumer Protection Agency*) einzurichten und riskante Finanzgeschäfte einzuschränken. Risiken bei Anlagen sollten nicht auf die Anleger abgewälzt, sondern über den Aufbau eines Sonderfonds mit einer 5% Abgabe für riskante Anlagen abgefedert werden. Der im Frühjahr 2010 vorgelegte Gesetzentwurf wurde von den Demokraten als wichtigstes Reformpaket für den Finanzmarkt bezeichnet.

Wie die Debatte in den Ausschüssen des Kongresses zeigte, standen die Republikaner der Finanzmarktregulierung zunächst grundsätzlich ablehnend gegenüber. Allerdings stellte sich für sie die Frage, ob sie in der Öffentlichkeit, die dieses Gesetz mehrheitlich unterstützte, mit Blick auf die Zwischenwahlen als Neinsager und Partei der Wohlhabenden dastehen wollten, oder nicht doch aus politischen Erwägungen einen Kompromiss eingehen sollten. Umfragen zufolge unterstützten im Frühjahr 2010 zwei Drittel der Amerikaner eine schärfere Kontrolle des Finanzmarktes. Ende April 2010 lenkten die Republikaner im Senat schließlich doch ein und gaben den Weg für eine Beratung des Gesetzesentwurfs zur Reform der Finanzmärkte frei. Am 20. Mai 2010 beschloss der Senat dann mit 59 zu 39 Stimmen seine Fassung der Finanzmarktreform. Sie sieht ein geordnetes Insolvenzverfahren für Banken, weniger Spielräume für riskante Finanzgeschäfte sowie eine neue Verbraucherschutzbehörde für Finanzdienstleistungen vor. Erwartungen zufolge wurde das mit dem Abgeordentenhaus auszuhandelnde Gesetz noch im Sommer 2010 und damit noch vor den Zwischenwahlen zum Kongress verabschiedet. Es ist die umfassendste Regulierung der Finanzbranche in den USA seit den 1930er Jahren.

3.2 Rettungspaket für die Wirtschaft

Bereits am 17. Februar 2009 und damit unmittelbar nach der Amtsübernahme unterzeichnete Präsident Barack Obama den *American Recovery and Reinvestment Act (*Stimulus-Paket)*, das Konjunkturprogramm für die US-Wirtschaft in Höhe von 787 Milliarden US $. Das Ziel des Gesetzes bestand darin, unmittelbare Unterstützungsmaßnahmen für die von der Wirtschafts- und Finanzkrise am stärksten Betroffenen einzuleiten und die Wirtschaft durch koordinierte staatliche Politik wieder anzukurbeln. Das Programm beruht im Kern auf einer Keynesianischen Wirtschaftspolitik.

Das Gesetz enthält ein Bündel von fiskal- und wirtschaftspolitischen sowie sozialpolitischen Zielvorgaben. Als Ziele formuliert das Gesetz:

- Arbeitsplätze zu erhalten und neue Arbeitsplätze schaffen;
- Investitionen zur Förderung von Technologieentwicklung im Bereich der Forschung und im Gesundheitswesen ermöglichen;
- Investitionen in den Bereichen Transport und Umweltschutz fördern;
- Die Haushalte von Einzelstaaten und Regionen absichern, um Sozialleistungen weiterhin sicher zu stellen.

Konkret sieht das Gesetz vor, die Arbeitslosenversicherung und andere Sozialleistungen abzusichern, schwerpunktmäßig in den Bereichen Erziehung, Gesundheit, Infrastruktur und Energiepolitik zu investieren, sowie Steuerkürzungen vorzusehen. Darüber hinaus enthält das Gesetz wichtige Weichenstellungen für grundlegende Reformen in der Energie- und Umweltpolitik und im Bildungsbereich.

Umfragen zufolge befürworteten 64% der Amerikaner das Konjunkturprogramm, 63 % der Amerikaner waren mit der Amtsführung des Präsidenten zum Zeitpunkt der Verabschiedung des Konjunkturpakets zufrieden.[8] Allerdings zeigte die Abstimmung im Kongress, dass die Wirtschaftspolitik der Obama-Administration zunehmend politisch umstritten war. Kein republikanischer Abgeordneter stimmte im Abgeordnetenhaus für das Stimulus-Paket und im Senat stimmten nur drei republikanische Senatoren zu. Der in den folgenden Monaten dominierende ideologische Kampf um das zukünftige Wirtschafts- und Gesellschaftsmodell hatte damit bereits begonnen.

Binnen eines Jahres hat sich der innenpolitische Diskurs zur Wirtschafts- und Finanzkrise zugleich verschoben. Während des Krisenjahres 2008/09 gezogene Vergleiche mit der „Grossen Depression" von 1928 sind angesichts der Erholung im Banken- und Unternehmensbereich im Diskurs in den Hintergrund gedrängt worden. Zwar ist die Situation am Arbeitsmarkt mit rund 10 Prozent

---

[8] Nach Angaben der New York Times, 17.02.2009.

Arbeitslosen immer noch angespannt und auch das hohe Haushaltsdefizit konnte nicht abgebaut werden, aber die befürchtete Weltwirtschaftskrise ist ausgeblieben und die Administration geht von einer weiteren Erholung der Wirtschaft aus. Die Bewältigung der schärfsten Krisenerscheinungen gilt als einer der unmittelbaren Erfolge der Obama-Administration. Allerdings stehen eine Erholung des Arbeitsmarktes und eine nachhaltige Besserstellung insbesondere der arbeitenden Mittelklasse noch aus. Für die amerikanische Bevölkerung wird der Erfolg der Obama-Administration langfristig jedoch vor allem daran gemessen, inwieweit es gelingt, neue Arbeitsplätze zu schaffen und bestehende zu erhalten.

3.3 Förderung der Mittelklasse und Arbeitsmarktpolitik

Die Maßnahmen der Obama-Administration beruhen auf einem politischen Konzept, welches die Förderung der breiteren Mittelklasse, dem Kern der amerikanischen Gesellschaft, als vordringlich ansieht. Bereits seit längerem war bekannt, dass sich die Lage der Mittelklasse im Vergleich zu den Besserverdienenden seit geraumer Zeit verschlechtert hatte. Daher sollte die Förderung der Mittelklasse durch arbeitsmarktpolitische, fiskalische und infrastrukturelle Maßnahmen auch dem Problem des Absinkens von Einkommen und der Verschlechterung des Lebensstandards der Mittelklasse entgegenwirken. Wie verschiedene Studien zeigten, hatte sich die Schere zwischen den Besserverdienenden und den Geringverdienern seit den 1980er Jahren immer weiter geöffnet. Nach Angaben des Congressional Budget Office nahm das Einkommen der Höchstverdiener zwischen 1979 und 2005 um das Vierfache zu, während das durchschnittliche Einkommen der Bevölkerung nur um 12% anwuchs. Zugleich sank die Steuerrate für die Höchstverdiener in rascherem Maße als die der anderen Beschäftigten.[9]

Während der Amtszeit von G. W. Bush hatte sich die wirtschaftliche Situation der amerikanischen Mittelklasse deutlich zugespitzt. So nahm die Beschäftigungsrate während der ersten Amtszeit von Präsident Bush zum ersten Mal seit Präsident Herbert Hoover ab. Die Anzahl neuer Arbeitsplätze reichte gerade aus, die neu auf den Arbeitsmarkt strömenden, vorwiegend jungen Beschäftigten aufzunehmen. Dass die erzielten Lohnsteigerungen zudem kaum mit der Inflation mithalten konnten und die meisten Jobs im geringer entlohnten Dienstleistungssektor entstanden sind, wirkte sich besonders ungünstig aus.[10] Das Konzept einer „Eigentümergesellschaft" (*ownership society*) mit einer gezielten

---

[9] Angaben des Congressional Budget Office nach einer Übersicht der "New York Times". Vgl. „A Widening Gap", in: The New York Times, 24.03.2010, S. A19.
[10] Vgl. „Working Your Way Down", in: The New York Times, 05.09. 2004.

Förderung der Vermögensbildung durch die Steuerpolitik der Bush-Administration, die eine Reduktion bzw. Abschaffung von Steuern auf Sparvermögen und Aktien vorsah, um die Bildung von Eigenvermögen zu fördern, vertiefte die sozialen Ungleichheiten. Eine Studie des Handelsministeriums aus dem Jahr 2004 ergab, dass die Steigerung des Einkommens der Amerikaner hinter den Erwartungen zurückblieb, während die Gewinne in der Privatindustrie ungewöhnlich hoch ausfielen. Erstmals seit 50 Jahren hatten Arbeitnehmer damit nicht an der allgemeinen Reichtumssteigerung teilhaben können. Die Reichsten der amerikanischen Bevölkerung, welche ein Prozent der Bevölkerung ausmachen, verdienten ein Zehntel der Gehälter; sie beziehen aber die Hälfte des Einkommens aus Sparvermögen und Investmentfonds, während die meisten Amerikanerinnen und Amerikaner ihr Einkommen aus Lohn und Gehalt beziehen. Die Steuersenkungen der Bush-Regierung waren damit vor allem der höchsten und oberen Mittelschicht zugute gekommen und trotz des wirtschaftlichen Aufschwungs hatten sich die Einkommenszuwächse höchst ungleich verteilt. Nach Angaben von Wirtschaftsexperten sind rund 47% des Wachstums in die Profite von Wirtschaftsunternehmen geflossen, der höchste Anteil während aller acht Wachstumszyklen nach dem Zweiten Weltkrieg. Rund 15% des Wachstums kam Löhnen und Gehältern zu, die geringste Steigerung in den vergangenen 50 Jahren. Der Teil dieses Zuwachses, der für Gesundheit und Altervorsorge aufgebracht werden musste, war während dieses Wirtschaftszyklus zugleich höher als in irgendeiner anderen wirtschaftlichen Wachstumsphase.[11] Damit hatte die Politik der „ownership society" sich nur für einen Teil der Gesellschaft als vorteilhaft erwiesen, während Infrastrukturelle Verbesserungen und Maßnahmen zur Förderung der Chancengleichheit in den Hintergrund getreten waren.

Strukturelle Veränderungen auf dem Arbeitsmarkt im Zuge der Globalisierung verschärften die Bedingungen für die arbeitende Bevölkerung. Während die Arbeitslosenrate im Jahr 2007 noch 4.7% betrug, wuchs sie 2008 auf 6.7%.[12] Während der Wirtschafts- und Finanzkrise stieg sie im Jahr 2009 sogar auf 10% an, ein Rekordhoch und die höchste Arbeitslosenquote seit Ende des Zweiten Weltkriegs.

Ähnlich wie in Europa machte sich auch in den Vereinigten Staaten die wachsende Konkurrenz des globalisierten Weltmarkts bemerkbar. Die gestiegenen Belastungen für Bildung und Gesundheit bei sinkendem Realeinkommen sowie die stetige Verlagerung von Arbeitsplätzen aus den ehemaligen industriellen Kernstaaten, wie Michigan, Ohio und Pennsylvania, und die Auslagerung von Dienstleistungs- und Serviceunternehmen in Billiglohnländer Asiens und der Karibik belasteten zunehmend die amerikanische Mittelklasse. Mit der Im-

---

[11] „Taxes for an Ownership Society", Editorial, in: The New York Times, 15.09.2004.
[12] „The New York Times", 22.03.2009, S. 1.

mobilien- und Finanzkrise geriet vor allem die Mittelklasse in eine ökonomische Schieflage, die sowohl die Substanz ihres Vermögens, als auch Optionen für die Zukunft schrumpfen ließ.

Die Veränderung des Arbeitsmarktes hat beispielsweise dazu geführt, dass prekäre Beschäftigungsverhältnisse zunehmen. Gut belegt wird dies beispielsweise durch Untersuchungen über die Armutsentwicklung unter Frauen, die zeigen, dass es Frauen häufig nicht vor Armut schützt, wenn sie einer bezahlten Beschäftigung nachgehen. Nach Daten des US-Zensus bringen allein ein Drittel der arbeitenden, allein erziehenden Mütter ein Einkommen nach Hause, welches unter der Armutsgrenze liegt. Bei den afroamerikanischen Frauen liegt dieser Anteil sogar bei über der Hälfte; fast zwei Drittel aller afroamerikanischen Kinder leben unterhalb der Armutsgrenze.[13] Zwar hat sich die Situation für Frauen in den letzten dreißig Jahren im Bereich der Bildungs- und Berufschancen deutlich verbessert, aber da Frauen häufiger in gering bezahlten Beschäftigungsverhältnissen stehen, hat die Feminisierung der Armut nicht ab-, sondern tendenziell zugenommen. Als Folge ist beispielsweise auch eine Krankenversicherung trotz der Berufsarbeit häufig nicht gewährleistet. Besonders großer Reformbedarf besteht daher im Bereich der Gesundheitsversorgung, einem Kernthema der Präsidentschaftswahlen 2008.

Schon im Vorfeld der Präsidentschaftswahlen bildete die Ungleichheit der Lebensverhältnisse ein zentrales und kontrovers diskutiertes öffentliches Thema. In einer Anhörung vor dem gemeinsamen Wirtschaftsausschuss von Repräsentantenhaus und Senat äußerte sich hierzu der frühere Finanzminister und Präsident der Harvard Universität, Lawrence Summers, der heute die Obama-Administration als Politikberater (*policy advisor*) berät: „Eine der größten Herausforderungen besteht darin, eine starke Mittelschicht in unserem Land zu bewahren. Dazu bedarf es dreierlei: der Wahrung der Chancengleichheit; der langfristigen Absicherung all jener, die derzeit einen guten Arbeitsplatz haben; der Teilhabe breiter Bevölkerungsschichten, nicht nur einer kleinen Minderheit, an Wachstum und Wohlstand."[14]

Vor dem Hintergrund der Finanzkrise und der Rezession in den USA zielte Barack Obamas Wirtschaftspolitik daher neben der unmittelbaren Unterstützung von Unternehmen vor allem auf eine Verbesserung der wirtschaftlichen Lage der Mittelschicht ab.[15] Der Staatsaktivismus sollte nicht nur kurzfristig den in

---

[13] Vgl. Rita Schneider-Sliwa (2007): Sozialstruktur, in: Jäger Wolfgang/Haas Christoph M./Welz, Wolfgang (Hrsg.): Regierungssystem der USA, 3. überarb. Auflage, München, S. 24.

[14] Lawrence Summers, Zitiert nach Claus Tigges „Reiches Amerika, armes Amerika", in: Frankfurter Allgemeine Zeitung, 01.03. 2007, S. 13.

[15] Obamas wichtigster wirtschaftspolitischer Berater im Wahlkampf war Austan Goolsbee. Weitere Berater waren Jeffrey Liebman, Jason Furman, Paul Volcker, Laura Tyson und Robert Rubin. Viele der Mitarbeiter sind auch schon während der Clinton-Regierung beratend tätig gewesen und stehen

Bedrängnis geratenen Banken und Unternehmen dienen, sondern mittelfristig die Basis der amerikanischen Gesellschaft, die Mittelklasse restaurieren. Hierzu entwickelte Obama schon vor den Wahlen, vor allem aber in der Diskussion über den Haushaltsentwurf, den er im März 2009 vorlegte, konkretere Vorstellungen.[16] Der Kernpunkt seines Konzepts besteht in der Abkehr vom Prinzip des „freien Spiels des Marktes" und der Wiederherstellung staatlicher Verantwortung in zentralen gesellschaftlichen Bereichen, insbesondere im Gesundheits- und Bildungswesen sowie der Verkehrs- und Energiepolitik. Ziel der Förderung dieser Bereiche ist die Schaffung neuer Arbeitsplätze. Insbesondere die gezielte staatliche Förderung von grünen Technologien mit mehreren Millionen US$ verfolgt das Ziel der Erschließung und des Ausbaus eines neuen Sektors in der amerikanischen Ökonomie, welches bereits erste Erfolge zeigt.

Mit einer aktiven Staatspolitik und der stärkeren Regulierung der Wirtschaft zielte die Obama-Regierung auf die Rekonstruktion der Mittelschicht, die in der amerikanischen Gesellschaft eine zentrale Rolle einnimmt. Mit Blick auf die breite Arbeiterschicht setzt sich Obama immer wieder auch für die Erhaltung von Arbeitsplätzen ein, die angesichts der Globalisierung ins Ausland abzuwandern drohen. Die Steuerungsfähigkeit der Regierung in diesen Bereichen ist allerdings nicht ausreichend und eine während der Wirtschafts- und Finanzkrise steigende Arbeitslosenzahl zeigt eine für amerikanische Verhältnisse empfindliche strukturelle Problematik an. Von der progressiven Linken wird die Obama-Administration daher immer wieder angegriffen und sie fordert, mehr staatliche Ressourcen zur Besserstellung der Arbeiter einzusetzen, auch wenn dies eine Vergrößerung des Haushaltsdefizits bedeutet.

In seinen Stellungnahmen zum Haushaltsentwurf sprach sich Barack Obama bereits Anfang 2009 für Investitionen in regenerative Energien und die Aus- und Weiterbildung der arbeitenden Bevölkerung, insbesondere die College-Ausbildung, aus. Die längerfristige Ausdehnung der Haushaltsverschuldung für ein arbeitsmarktpolitisches Konjunkturprogramm lehnte er aber ab. Wie das Stimulus-Pakt vom Februar 2009 bereits zeigt, will die Obama-Administration die Besserstellung der schrumpfenden Mittelschicht und der überschuldeten Haushalte vor allem durch Steuererleichterungen erwirken. Einbußen in den staatlichen Einnahmen durch die Steuererleichterungen für die Mittelklasse sollen

---

wie Goolsbee teilweise in sehr engem Kontakt zu Führungsgremien der Demokratischen Partei. Paul Volcker wurde nach Beginn der Präsidentschaft von Obama zum Vorsitzenden des neu geschaffenen Beratergremiums President's Economic Recovery Advisory Board (PERAB) ernannt, zu dessen Mitgliedern auch Goolsbee und Tyson gehören.

[16] Vgl. A New Era of Responsibility. Renewing America´s Promise, Washington 26.02.2009, http://online.wsj.com/public/resources/documents/budgetblueprint02262009.pdf (aufgerufen am 01.03.2009).

grundsätzlich durch Sparmaßnahmen in anderen Haushaltetats gegenfinanziert werden. Zwei Gesetzesmaßnahmen zu Steuersenkungen der Bush-Regierung sollen 2011 auslaufen, außerdem wurden Sparmaßnahmen im Bereich der Subventionierung der Ölindustrie und der Raumfahrt durchgeführt. Nicht erreichen konnte die Administration allerdings bisher das Ziel, einen ausgeglichenen Staatshaushalt vorzulegen.

Zugleich betont Obama immer wieder, dass der Staat nicht alle Probleme lösen kann. In den Reformkonzepten wird zur Erreichung des Ziels der Stärkung der Mittel- und Arbeiterklasse dem Staat auch nur eine untergeordnete Rolle zugewiesen. Die Steuerung erfolgt indirekt, etwa durch neue Schwerpunkte in der Infrastruktur- und Energiepolitik. Die Obama-Administration verfolgt in der Wirtschaftspolitik nicht die Politik eines allgemein versorgenden Sozialstaates; vielmehr orientiert sie sich an der Politik des vorsorgenden Staats. Der post-neoliberale wirtschaftspolitische Ansatz der Obama-Administration ist keine Kopie des europäischen Sozialstaatsprinzips. Selbst unter den Bedingungen der hochkomplexen postmodernen Gesellschaft ist der amerikanische Bundesstaat schließlich nur mit relativ schwachen gesellschafts- und wirtschaftspolitischen Steuerungskompetenzen ausgestattet, auch wenn die Obama-Administration nun einen Richtungswechsel einschlagen will.

Staatliche Zurückhaltung beruht auf einem breiten gesellschaftlichen Konsens, auf den sich auch die Obama-Administration beruft. Aus historischen Gründen ist die Stellung des zentralen Bundesstaates im Unterschied zu Europa im politischen System institutionell schwach ausgeprägt. Die historisch-kulturelle begründete Skepsis gegenüber zentralstaatlicher Macht und politischer Regulation, sowie Machtkämpfe zwischen den Einzelstaaten und dem politischen Zentrum lassen sich bis in die Frühphase der Vereinigten Staaten zurückverfolgen.[17] Während sich in europäischen Ländern historisch der Sozialstaatsgedanke mit einer Reihe gemeinschaftlicher Organisationen durchsetzen konnte, ist die amerikanische Gesellschaft durch eine Vielzahl zivilgesellschaftlicher karitativer, religiöser und privater Initiativen geprägt, die im sozialen Feld tätig sind. Der Soziologe Stephen Kalberg erläutert hierzu, dass die bereits von Max Weber beobachtete dichte zivilgesellschaftliche Sphäre (*thick civic sphere*) ihre Wurzeln in der starken Rolle von Protestantischen Religionsgemeinschaften während der Gründungsphase der Vereinigten Staaten habe.[18] Zivilgesellschaftliche und private Initiativen, wie die stark entwickelte Bereitschaft, für soziale und religiöse Zwecke zu spenden und freiwillige unbezahlte Arbeit einzubrin-

---

[17] „American radicals have generally been more sympathetic to libertarianism and to syndicalism than to state collectivism." (Lipset/Marks 2000, S. 22)
[18] Vgl. Stephen Kalberg: Max Weber´s Analysis of the Unique Civic Sphere, in: Journal of Classic Sociology, Vol. 9 (1) 2009, S. 117-141.

gen, sowie eine Vielzahl karitativer, kirchlicher und zivilgesellschaftlicher Organisationen übernehmen oft Aufgaben, die in europäischen Ländern auf Basis von Umverteilungsprozessen durch staatliche Politik wahrgenommen werden.

Historisch hat sich in den Vereinigten Staaten, im Unterschied zu Europa, auf der Bundesebene kein umfassender Sozialstaatsgedanke herausgebildet. Erst in den dreißiger Jahren des 20. Jahrhunderts wurde beispielsweise eine allgemeine Sozialversicherung (*Social Security*) eingeführt, rund fünfzig Jahre nach der Entwicklung in Deutschland und später als in den meisten europäischen Ländern, und bis heute ist es Reformern nicht gelungen, eine allgemeine nationale Krankenversicherung einzurichten. Gesellschaftliche Armut ist politisch beispielsweise zwar vielfach thematisiert worden, etwa in den sechziger Jahren durch die reformorientierten Kennedy- und Johnson-Administrationen *(War on Poverty)*. Im Vergleich zu europäischen Ländern fällt jedoch auf, dass soziale und Einkommensunterschiede sowie gesellschaftliche Armut politisch und teilweise auch gesellschaftlich eher geduldet werden als in Europa. Sozialstaatliche Eingriffe zur Umverteilung von Ressourcen erfolgten historisch erst im Kontext größerer gesellschaftlicher Krisen, wenn Sozialreformer(-innen) und Aktivisten aufgrund günstiger Konstellationen Gesetzesvorhaben erfolgreich in den Kongress einbringen konnten, wobei dies stets Kompromisse mit Repräsentanten anderer politischer Strömungen und weiteren Teilen des politischen Systems erfordert. So hatte beispielsweise Präsident Clinton Mitte der neunziger Jahre eine Reform der Sozialhilfe (*welfare*) eingeleitet, die die Arbeitsaufnahme von Sozialhilfeempfängern fördern und dafür staatliche Mittel umverteilen sollte. Das schließlich verabschiedete Gesetz trug die deutliche Handschrift der konservativen republikanischen Mehrheit im Kongress, indem es eine gesetzliche Förderhöchstdauer vorsah und die ursprünglich vorgesehenen flankierenden Maßnahmen zur Qualifizierung und zur Kinderbetreuung fallen ließ, und das Ziel in den Mittelpunkt stellte, die staatliche Sozialhilfe zu entlasten. Wie sich an diesem und anderen Reformvorhaben aufzeigen lässt, sind Konzepte staatlicher Umverteilung und Regulierung in den USA schwach ausgeprägt; auch in der Bevölkerung findet sich eine weit verbreitete Skepsis gegenüber dem Staat vor.

Bestimmte Kernbereiche werden jedoch auch in den USA vom Bundesstaat reguliert. So genießt die staatliche Sozialversicherung, *Social Security*, breite gesellschaftliche Unterstützung und ein Projekt der Bush-Administration zur Privatisierung des Sozialversicherungssystems musste schließlich fallen gelassen werden, da es als fiskalpolitisch riskant und gesellschaftlich nicht durchsetzbar galt. Immerhin konnte Armut im Alter durch das staatliche Sozialversicherungssystem signifikant reduziert werden; galten in den USA in den 1960er Jahren noch 30 Prozent der älteren Bevölkerung als arm, so sind dies heute nur noch 10 Prozent.[19] Auch die staatlichen Programme der Gesundheitsversorgung *Medicare* für die Bevölkerung über 65 Jahre, die Alterversorgung *Social Security* und selbst *Medicaid* finden breite gesellschaftliche Akzeptanz.

Der Reformansatz der Obama-Administration zeichnet sich also zum einen dadurch aus, dass er die breite Mittelschicht unterstützen und ein Absinken der Mittelklasse verhindern will. Zum zweiten knüpft die Obama-Administration an bewährte und erfolgreiche staatliche Reformvorhaben an, wie Medicare und Medicaid, die in der Gesellschaft eine breitere Akzeptanz finden. Die Vorhaben der Obama-Administration sind durchaus als sozialreformerisch zu bezeichnen; allerdings beklagen linke Demokraten, dass sie keine radikale Umverteilung anstrebt, von der auch die als „urban underclass" bezeichnete ärmere Bevölkerung sowie marginalisierte Gruppen, etwa die besonders von Armut betroffene Afro-Amerikanische Minderheit, profitieren könnten. Eine speziell für sozial marginalisierte Gruppen entwickelte Politik hat die Obama-Administration angesichts der „großen" Projekte im gesundheits- und wirtschaftspolitischen Bereich nicht angestrebt. Vielmehr beruht die neue Politik auf der Überzeugung, dass sich mit einer Neustrukturierung sozialpolitischer Rahmenbedingungen auch die Lage der unteren Einkommensschichten verbessern kann.

---

[19] Vgl. auch Schneider-Schliwa (2007).

4 Reformschub: Gesundheitswesen

In keinem anderen Politikfeld zeigt sich die ideologische Polarisierung der amerikanischen Gesellschaft so ausgeprägt wie in der Debatte um die Gesundheitsreform. Eine deutlich profilierte Interessenstruktur mit einflussreichen, etablierten Lobbygruppen, die starke Fragmentierung gesundheitspolitischer Entscheidungsstrukturen, sowie politisch-kulturelle Besonderheiten der amerikanischen Gesellschaft konstituieren ein besonders kompliziertes politisches Handlungsfeld.

Nach monatelanger erbitterter Diskussion um die Gesundheitsreform gelang es den Demokraten im März 2010 schließlich, das hart umkämpfte Gesundheitsreformgesetz im Kongress durchzusetzen. Kurz darauf, am 23. März 2010, unterzeichnete der Präsident das neue Gesetz. Damit hatte Präsident Obama das wichtigste Ziel seines politischen Programms erreicht und einen jahrzehntelangen Reformstau beenden können.[1]

Während die Obama-Administration den Reformbedarf mit gesellschaftspolitischer Notwendigkeit und den steigenden Kosten im Gesundheitswesen begründete, sahen die Republikaner in der Einführung einer universellen Krankenversicherung einen Angriff auf die Selbstregulierung des Marktes. Mit starker Rhetorik der Zurückweisung, in der das Feindbild vom „Sozialismus" im Gesundheitswesen verwandt wurde, versuchten sie eine grundlegende Reform zu verhindern.

Mit der Verabschiedung des Gesundheitsreformgesetzes durch den US-Senat am 24. Dezember 2009 hatte die Obama-Administration bereits einen ersten Teilerfolg erzielen können. Allerdings zeigte das Abstimmungsergebnis, wie polarisiert die Debatte geworden war; kein Republikaner stimmte für das Gesetz, während es von allen Demokraten im Senat unterstützt wurde. Die zunächst von Präsident Obama angestrebte überparteiliche Gesetzeslösung geriet immer mehr in Schwierigkeiten und wurde vor der Abstimmung in der zweiten Kammer, dem Abgeordnetenhaus, schließlich aufgegeben. Der Strategiewechsel brachte den ersehnten Erfolg.

Ein Jahr nach Beginn der Debatte um die Gesundheitsreform stand die Obama-Administration vor einer Grundsatzentscheidung. Das angestrebte Gesetzesvorhaben wurde nunmehr zum Prüfstein für die Demokratische Partei, ihr Projekt auch gegen den Widerstand der Republikaner durchzusetzen. Dieser

---

[1] "Health Care Reform, at Last", in: The New York Times, Editorial, 22.03.2010, S. A24.

Strategiewechsel, anstelle einer überparteilichen Lösung nur auf die Zustimmung der Demokraten zu bauen, erwies sich schließlich mit Unterstützung einiger Senatoren und der Sprecherin des Abgeordnetenhaus, Nancy Pelosi, als erfolgreich. Am 21. März gelang es schließlich, das mit einigen Kompromissen versehene Reformwerk auch im Abgeordentenhaus zu verabschieden. Rund 200 Änderungsvorschläge waren durch die Republikaner erzwungen worden; dennoch verweigerten sie am Ende ihre Zustimmung.

Das Gesundheitsreformgesetz ist das bedeutendste Sozialgesetz seit der Einführung der allgemeinen Sozialversicherung im Jahr 1936. Um diese Reform war seit Ende des Zweiten Weltkriegs in den USA heftig gerungen worden.

4.1 Ausgangslage: Voraussetzungen der Gesundheitsreform

Die mit dem Gesundheitssystem verbundenen Probleme der Kostensteigerungen und des Versorgungsangebots haben wie in anderen OECD-Ländern vor allem strukturelle Ursachen, wie fortschreitende technologische Innovation und demografische Entwicklungen. Aus vergleichender Perspektive fallen jedoch auch spezifisch amerikanische Strukturprobleme auf, die historisch und institutionell begründet sind. So gelang es im Unterschied zu europäischen Ländern in den Vereinigten Staaten auch nach dem Zweiten Weltkrieg nicht, ein allgemeines staatliches Gesundheitssystem mit einer für alle verbindliche Gesundheitsversorgung zu etablieren. Vielmehr stellt das Gesundheitssystem ein Mischsystem aus staatlicher, privater und betrieblicher Versorgung dar. Damit ist nicht nur eine Kluft zwischen sehr gut versorgten und kaum oder gar nicht versorgten Amerikanern gegeben, sondern die Mechanismen zur Kostendämpfung sind aufgrund einer starken Interessenpolitik auch schwach entwickelt.

Das Kernstück der bundesstaatlich organisierten Gesundheitsversorgung bilden zwei Programme. Während *Medicare* die Versorgung der älteren Bevölkerung übernimmt, bietet *Medicaid* eine sozialhilfeartige Basisversorgung für diejenigen, die Anspruch auf staatliche Sozialfürsorge haben, darunter auch Kinder von Eltern, die trotz einer gering bezahlten Beschäftigung zusätzlich staatliche Unterstützung erhalten.[2] Diese Versicherungssysteme wurden in den 1960er Jahren als Ergänzung zur Sozialversicherung eingeführt. Betriebliche Versorgungssysteme beruhen meist auf Vereinbarungen größerer Betriebe oder öffentlicher Einrichtungen mit Krankenversicherungsunternehmen, für die jeweiligen Beschäftigten Gesundheitsversorgung zu gewähren; verlässt der Beschäftigte den Betrieb, muss sich der Versicherte nach einer neuen Vereinba-

---

[2] Vgl. zu Medicare und Medicaid http://www.cms.gov/default.asp? Sowie zum Medicare-Programm http://www.medicare.gov/

rung versichern. Die Krankenversicherungsunternehmen bieten ihre Versicherung nach marktwirtschaftlichen Prinzipien an; der private Sektor der Krankenversicherung stellt daher ein bedeutendes Segment der Gesundheitsversorgung. Bereits in den 1990er Jahren hatte die Clinton-Administration versucht, den Gesundheitssektor zu reformieren. Dabei stand neben der Kostendämpfung im Gesundheitswesen die Schließung von Lücken in der Krankenversicherung im Mittelpunkt. Um die steigende Zahl der Nicht- und Unterversicherten abzudecken, sollten staatliche Mittel bereitgestellt und ein allgemeines Versicherungssystem eingerichtet werden. Aufgrund des massiven Widerstands verschiedener Lobby- und Interessengruppen und der Oppositionshaltung der Republikaner im Kongress, die 1994 die Mehrheit in beiden Häusern des Kongresses erobert hatten, kam die Reform, die von einer Task Force-Gruppe unter Leitung von Hillary Clinton ausgearbeitet wurde, nicht zustande.

Seit dem Scheitern der nationalen Gesundheitsreform während der Clinton-Administration hatten die Demokraten kein größeres Projekt einer staatlichen Steuerungs- und Umverteilungspolitik mehr vorgelegt. Vielmehr konzentrierten sie sich auf partielle Veränderungen, ohne die „große" Gesundheitsreform anzugehen. Auch die Republikaner versuchten durch Teilgesetze, die gröbsten Lücken zu füllen; eine allgemeinen staatliche Versicherung lehnten sie jedoch stets ab, da sie das Prinzip der freien Wahl von Versicherungsträgern verletzt sahen.

Die Diskussion über eine grundlegende Reform ist seither jedoch nicht abgebrochen. So wurde während der letzten Jahre von Gesundheitsexperten davor gewarnt, dass es angesichts der demografischen Entwicklung zu einer akuten Krise im Krankenversicherungsbereich *Medicare* mit der Krankenversorgung im Pensionsalter bzw. ab 65 Jahren kommen könnte. Wie aus einem Regierungsbericht hervorgeht, werden die Beiträge aufgrund demografischen Wandels, längerer Lebenserwartung und höherer Kosten weiter ständig steigen, und zwar um 17 Prozent im Jahr 2005 und um 12 Prozent im folgenden Jahr.[3] Die Bush-Administration hatte mit Teilreformen, etwa bei der Finanzierung und Bereitstellung von Medikamenten versucht, Kosten zu senken. Dem marktwirtschaftlichen Prinzip verpflichtet favorisierten die Republikaner Anreize zur Versicherung über diese Kostensenkungen und über Steuererleichterungen bei Versicherten. So hatte John McCain im Wahlkampf betont, dass er eine staatliche Regulierung und allgemeine Versicherung aufgrund des damit verbundenen Bürokratieaufwandes ablehnt und vielmehr Steuererleichterungen in Form von Freibeträgen für die Krankenversicherung befürwortet.

Das US-amerikanische Gesundheitssystem gilt als eines der besten der Welt, dennoch auch gleichzeitig als das teuerste noch vor der Schweiz. Jährlich

---

[3] Vgl. Government Report, in: The New York Times, 24.03 2005.

geben die Amerikaner ca. 2,1 Billionen US $ aus, um die Gesundheitsausgaben für Arztbesuche, Medikamente, stationäre Behandlungen und Langzeit- und Rehabilitationsmaßnahmen zu decken. Diese Summe entspricht etwa 16 Prozent des Bruttoinlandproduktes. Anders als vielfach angenommen handelt es sich bei dem Gesundheitssystem jedoch nicht um ein rein marktbasiertes System in der Typologie eines liberalen Wohlfahrtsstaatssystems. Die Kosten im Gesundheitsbereich werden teils aus privaten, teil aus staatlichen Mitteln finanziert. So existieren neben einem großen Markt an Privatversicherern zwei staatliche Programme, *Medicaid*, die Krankenversicherung für die ärmere und bedürftige Bevölkerung, und *Medicaid* für Personen über 65 Jahre. Die Versicherung über den jeweiligen Arbeitgeber, der bei den Privatversicherern Betriebsverträge abschließen kann, führt dazu, dass die Versicherung beim Wechsel des Unternehmens, besonders aber bei Verlust des Arbeitsplatzes verloren gehen kann.

Im Jahr 2009 hatten rund 47 Millionen Amerikaner keine Krankenversicherung. Besonders betroffen sind Beschäftigte in kleineren und mittleren Betrieben, deren Betriebe keine Verträge mit den großen Krankenversicherungsbetrieben wie *Kaisers* oder *Blue Cross* abgeschlossen haben und die sich keine private Versicherung leisten können. Während die auf Sozialhilfe angewiesenen Amerikaner über *Medicaid* eine minimale Absicherung im Krankheitsfall beanspruchen können, bleiben vor allem die gering verdienenden Beschäftigten von dem lückenhaften System ausgeschlossen. Nach Angaben des großen privaten Versicherers *Kaiser Family Foundation* hatten von den Beschäftigten in kleineren Betrieben mit weniger als 10 Angestellten im Jahr 2000 rund 57% eine Krankenversicherung; 2007 waren dies nur noch 45%.[4] Veränderte Betriebs- und Beschäftigtenstrukturen im Zuge der Globalisierung und der Flexibilisierung von Arbeitsverhältnissen, Wechsel von Beschäftigungsstellen sowie betriebswirtschaftliche Kalkulationen ließen den Beschäftigten bei steigenden Versicherungskosten nur noch wenige Optionen. Gesellschaftspolitisch war die wachsende Kluft zwischen einer guten Versorgungssituation der Besserverdienenden und einer prekären Lage für die Geringverdiener immer mehr in das Kreuzfeuer öffentlicher Kritik geraten, zumal Vergleiche mit anderen OECD-Ländern zeigten, dass die Vereinigten Staaten in etlichen Bereichen bezüglich Prävention und Nachsorge sowie hinsichtlich des allgemeinen Gesundheitszustandes der Bevölkerung schlechter abschneidet.

In der Wirtschafts- und Finanzkrise hat sich die Zahl der Nicht-Versicherten weiter erhöht. Die Angaben schwanken zwar je nach Quelle, aber es ist davon auszugehen, dass viele Beschäftigte mit der steigenden Arbeitslosigkeit auch ihre Krankenversicherung verloren haben. Einer Studie der University

---

[4] Angaben nach Paul Krugman „The Real Plumbers of Ohio", in: The New York Times, 20.10.2008, S. 29.

of Los Angeles zufolge wuchs die Zahl der Nicht-Versicherten allein in Kalifornien zwischen 2007 und 2009 um 28%. Ein Viertel der Einwohner Kaliforniens hatte danach im Jahr 2009 keine Krankenversicherung.[5]

Die Gesundheitsreform stand daher im Mittelpunkt des Wahlkampfes bei den Präsidentschaftswahlen 2008 und sie bildete den zentralen Schwerpunkt der Reformpolitik der Obama-Administration. Wie bereits in den 1990er Jahren standen dabei zwei Probleme im Zentrum: die Kostendämpfung und der allgemeine Zugang zur Gesundheitsversorgung.

Die Reform des Gesundheitswesens wird von einer breiten Mehrheit der Amerikaner befürwortet. Die amerikanischen Politikwissenschaftler Paul Pierson und Theda Skocpol zeigen in einer Studie, das die zuerst von Franklin D. Roosevelt nachhaltig betriebene aktive bundesstaatliche Politik (*active government*) im Zeitverlauf an Bedeutung gewonnen hat, was sich nicht nur in steigenden Staatsausgaben, sondern auch in der Anzahl der bundesstaatlich regulierten Politikfelder zeigt, etwa im Bereich der Altersversorgung *Social Security*, bei der Gesundheitsversorgung von älteren sowie sozial schwachen Bürgern, in der Armutsbekämpfung, im Katastrophenschutz und in der inneren Sicherheit.[6] Diese aktive Regierungsrolle mit einer staatlichen Umverteilung und Unterstützung bestimmter Gruppen, ist bei Amerikanern sehr populär. Eine Mehrheit der Bürger unterstützt bis heute die Auffassung, dass der Staat für bestimmte Kernbereiche des gesellschaftlichen Lebens zuständig sein sollte.[7]

Während so eine breite Mehrheit der Bevölkerung die Gesundheitsreform befürwortet, wurde der politische Reformprozess durch mehrere Faktoren erschwert. Hierzu gehört zum einen die Interessenstruktur. Das Mischsystem von staatlicher und privater Versicherung weist eine komplexe Struktur der Interessenvertretung auf; Lobbygruppen der privaten Versicherungsunternehmen, Ärzte-Vereinigungen, Pharmaindustriegruppen sowie Vertreter von Gesundheitseinrichtungen vertreten unterschiedliche Interessen. Eine Reform würde ihre Position verändern. Wie Kritiker der Gesundheitsreform befürchten, könnten Leistungen für bereits Versicherte eingeschränkt oder verteuert werden, und Entlohnungen für Ärzte in Kliniken verringert werden. Um diesen Einwänden zu begegnen, wurden in der letzten Fassung des Gesetzentwurfs zahlreiche Kompromisse eingegangen.

Der Entscheidungsprozess wurde darüber hinaus kompliziert, weil mehrere Ausschüsse des Kongresses sich mit gesundheitspolitisch relevanten Problemen

---

[5] "Sharp Rise in Uninsured", in: The New York Times, 17.03.2010, S. A18.

[6] Vgl. Paul Pierson/Theda Skocpol (2007): The Transformation of American Politics. Activist Government and the Rise of Conservatism, Princeton: Princeton University Press.

[7] Christopher Ellis and James A. Stimson: On Symbolic Conservatism in America, American Political Science Association, August, 2007, http://www.unc.edu/~jstimson/papers.htm (aufgerufen am 19.09. 2008).

befassen und hierüber zu entscheiden haben. Die Diskussionsprozesse in den Ausschüssen sind von unterschiedlichen Gesichtspunkten geleitet, etwa haushalts- und fiskalpolitische Themen, soziale Themen etc. Diese komplexe Entscheidungsstruktur hatte wesentlich zum Scheitern der Gesundheitsreform in den 1990er Jahren beigetragen, indem sich nicht nur Interessengruppen in der Gesellschaft, sondern auch die für die Gesundheitsreform zuständigen Ausschüsse gegenseitig blockierten haben.

Die Obama-Administration versuchte aus den Fehlern der Clinton-Administration zu lernen. Hierzu gehört insbesondere eine breite öffentliche Kampagne bei einer Vielzahl von *town-hall-meetings*, Fernseh- und Rundfunksendungen, mailings, und Auftritten von Senatoren und Abgeordneten, sowie eine enge Zusammenarbeit der unterschiedlichen Ausschüsse. Reformorientierte Republikaner wurden anfangs ebenfalls mit einbezogen. Zugeständnisse an skeptische Senatoren der Einzelstaaten, sowie an die große Gruppe der Abtreibungsgegner innerhalb der eigenen Partei der Demokraten führten schließlich zu einem Durchbruch bei der entscheidenden Abstimmung im Kongress.

4.2 Schwerpunkte der Obama-Administration

Bereits im Wahlkampf 2008 hatte Barack Obama die Gesundheitsreform als Kernstück seines Reformkonzepts herausgehoben. Seit der gescheiterten Gesundheitsreform der Clinton-Administration in den neunziger Jahren bestand hier ein erheblicher Problemdruck. Sowohl die rasanten Kostensteigerungen im Gesundheitswesen, als auch die wachsende Zahl von Nicht-Versicherten Amerikanern bereiteten zunehmend Probleme und der öffentliche Unmut über diese Verzerrungen setzte die Parteien zunehmend unter Druck. Im internationalen Vergleich stiegen die Kosten rascher an, ohne dass die allgemeine Gesundheit der Bevölkerung gleichzeitig Verbesserungen zeigte. Die Bush-Administration hatte nur zögerlich und zurückhaltend auf diese Probleme reagiert, indem sie sich auf wenige Teilreformen beschränkte, etwa die Ausweitung der Anspruchsberechtigung für Kinder oder die Verbesserung des Zugangs zu preiswerten Medikamenten.

Rund 47 Millionen Amerikaner hatten im Jahr 2008 keine Krankenversicherung oder waren erheblich unterversichert, darunter viele Kinder. Sowohl Hillary Clinton als auch Barack Obama betonten im Präsidentschaftswahlkampf, dass sie die Reform des Gesundheitswesens als vordringlich ansahen und unterbreiteten entsprechende Reformkonzepte.[8] Auch der republikanische Gegenkan-

---

[8] Hillary Clinton hatte die Reform des Gesundheitswesens im Vorwahlkampf zu einem Kernpunkt ihrer Agenda erklärt; ihre Kompetenz auf diesem Gebiet, die sie selbst immer wieder hervorhob,

didat John McCain betonte die Notwendigkeit von Reformen im Gesundheitssystem. Während Barack Obama aber eine strukturelle Veränderung durch die
Einführung einer universellen Krankenversicherung anstrebte, betonte McCain
die freie Wahl der Versicherung mit einem durch Steueranreize ergänzten
Wahlmöglichkeitsfeld.

Das Wahlkampf-Team um Obama entwarf im *Blueprint for Change*, dem
Wahlprogramm von 2008, bereits erste Vorstellungen über eine Reformkonzeption.[9] Zwei Ziele werden darin als vordringlich bezeichnet:
- die Reduktion der Kosten für die Krankenversicherung;
- der Zugang für alle Amerikanerinnen und Amerikaner zur Versicherung.

In der Wahlplattform wird die Zahl der Nichtversicherten als zu hoch bezeichnet
und eine universelle Krankenversicherung gefordert. Besonders scharf werden
auch die steigenden Kosten für die Versicherung kritisiert; diese hätten sich im
Verlauf der vergangenen acht Jahre verdoppelt. Besonders problematisch sei
zudem, dass das Gesundheitswesen die Prävention vernachlässige; Gesundheitsprobleme in Folge eines epidemisch um sich greifenden Übergewichts der
Amerikaner, chronische Krankheiten sowie neue Herausforderungen, wie z. B.
Grippeepidemien und Bioterrorismus erzielten zu wenig Aufmerksamkeit.

Wie Wählerumfragen zeigen, basierte die Wahlentscheidung im November
2008 auf einer klaren Erwartung der Wähler, dass eine von Barack Obama geführte Administration die Situation in der Versorgung und im Zugang zum
Gesundheitswesen verbessern würde. Insofern konnte sich die Obama-Administration auf ein klares Wählermandat stützen. Wie sich in den ersten Monaten
der Regierungszeit jedoch zeigte, wurde gerade die Gesundheitsreform ein äu
ßerst schwierig umzusetzendes Projekt. Nicht nur die vielschichtigen ökonomischen Interessen und einflussreichen Lobbygruppen im Gesundheitswesen, auch
die Blockadepolitik der oppositionellen Republikaner, die die Gesundheitsreform mit dem politischen Schicksal des Präsidenten verknüpften, führten zu
einem äußerst komplizierten Gesetzesprozess.

Eine Kernfrage bei der Besetzung der Regierungsämter nach dem Amtsantritt von Präsident Obama war die Besetzung des Gesundheitsressorts. Die sehr
zügige Ernennung von Ministern, Beratern und Repräsentanten anderer Schlüsselfunktionen, die die ersten Amtswochen des Präsidenten auszeichnete, konnte
im Gesundheitsministerium zunächst nicht realisiert werden. Die Ernennung

---

blieb allerdings bis zum Schluss umstritten, weil ihr Reformprojekt in den 1990er Jahren, mit dem
sie der damalige Präsident Bill Clinton beauftragte hatte, gescheitert war. Präsident Obama verzichtete entgegen allgemeiner Erwartung auch darauf, sie als Gesundheitsministerin zu ernennen, um
einen Neuanfang zu symbolisieren.
[9] http://www.barackobama.com/pdf/ObamaBlueprintForChange.pdf
(aufgerufen am 01.11.2008).

eines neuen Ministers war mit Schwierigkeiten verbunden. Um einen sichtbaren Neuanfang in der Gesundheitsreform zu zeigen, verzichtete der Präsident auf die Ernennung der in gesundheitspolitischen Verhandlungen erfahrenen Hillary Clinton. Der für den Posten des Gesundheitsministers vorgeschlagene Kandidat Tom Daschel, ein ausgewiesener Experte auf dem Gebiet der Gesundheitspolitik, trat jedoch aufgrund von Unregelmäßigkeiten bei seinen Steuerzahlungen von seiner Kandidatur für das Amt zurück, so dass sich die Suche nach einem in der Gesundheitspolitik erfahrenen, geeigneten Kandidaten unerwartet schwierig gestaltete. Mit der Ernennung der politisch erfahrenen Kathleen Sebelius zur Gesundheitsministerin wurde schließlich eine kompetente Persönlichkeit in das Amt der Leitung des Ministeriums berufen, welches immerhin das größte Budget unter den US-Ministerien verwaltet.

Die neue Administration hielt an ihrem Plan, die Gesundheitspolitik zum Schwerpunkt der Regierungszeit zu erheben, fest und die Verhandlungen mit dem Kongress über eine zumindest in einem wichtigen Teilbereich ansetzende Reform liefen bereits in den ersten Wochen der Amtszeit auf Hochtouren. Bereits wenige Wochen nach seinem Amtsantritt unterzeichnete Barack Obama am 3. Februar 2009 ein neues Gesetz, mit dem der Zugang zur Krankenversicherung für alle Kinder garantiert wird. Nachdem der Senat ein 32.8 Milliarden Dollar umfassendes Programm bewilligt hatte, mit dem das *State Health Insurance Program* (SCHIP) auf alle Kinder ausgeweitet wird, stimmte auch das Repräsentantenhaus mit 290 zu 135 Stimmen zu und machte damit den Weg zu einer wichtigen Teilreform frei.

Die Vorstellungen der Obama-Administration für eine umfassende Reform des Gesundheitswesens lagen bereits zu Beginn des Jahres 2009, unmittelbar nach dem Amtsantritt des Präsidenten vor.[10] Sie beinhalteten eine grundlegende, strukturelle Reform des Gesundheitswesens. Kernpunkt ist die Einführung einer allgemeinen staatlichen Krankenversicherung in Anlehnung an das bundesstaatliche Programm *Medicare*, einem anerkannten und bewährten staatlichen Gesundheitsversorgungsprogramm für die Bevölkerung ab 65 Jahren. Die Ausweitung von Versicherungsschutz und Anbietern würde den Amerikaner mehr Wahlmöglichkeit in der Versicherung bieten und Versicherer zwingen, ihre Leistungs- und Kostenbilanz zu überprüfen. Das neue Konzept gebe den Versicherten mehr Wahlmöglichkeiten („gives consumers more choices"), und ließe mehr Wettbewerb der Anbieter zu, betonte Obama in einer Diskussionsveranstaltung zur Gesundheitsreform im März 2009.[11]

---

[10] http://change.gov/agenda/health_care_agenda/.
[11] Barack Obama zitiert nach Reed Abelson: „A Health Plan for all and the Concerns It Raises", in: The New York Times, 25.03.2009, S. B1.

Durch die Einrichtung einer allgemeinen Krankenversicherung nach dem als sehr erfolgreich geltenden Modell von *Medicare* würden alle Zugang zur Krankenversicherung erhalten. Indem der Staat die Versicherung bereitstellt, kann er mit Ärzten und Krankenhäusern zentral über die Kosten verhandeln, effektiv die in den vergangenen Jahren explosionsartig gestiegenen Kosten senken, und somit wiederum Zugang zur Versorgung für alle sichern. Auch der geringere Verwaltungsaufwand würde das Ziel der Kostensenkungen effektiver erreichen können. Nach Schätzungen von Gesundheitsexperten könnten sich die Beiträge zur Krankenversicherung für eine Vierköpfige Familie in einer allgemeinen staatlichen Krankenversicherung auf 9,000 US$ im Jahr belaufen, während im Vergleich dazu eine private Versicherung 11,000 US$ im Jahr kosten würde. Die Einsparung durch eine allgemeine staatliche Krankenversicherung könnte innerhalb von zehn Jahren mehrere Milliarden Dollar betragen.[12]

Kritiker wie die *American Medical Association* dagegen meinten, dass es bei einer staatlichen Versicherung zu finanziellen Einbußen und Einkommensverlusten für die Ärzte und medizinische Versorgungseinrichtungen kommen würde. Umstritten war auch, in welchem Umfang Verwaltungskosten eingespart werden, und welche Rolle die privaten Versicherer zukünftig einnehmen werden. Eine Zusicherung der Demokraten, die bestehenden Versicherungen beizubehalten, konnte die Versicherungsgruppe nur teilweise überzeugen. Besonders umstritten blieb auch die, schließlich von Obama fallen gelassene, „public option" mit einer neuen allgemeinen staatlichen Versicherung.

Konzeptionell bewegen sich die unterschiedlichen politischen und organisatorischen Auffassungen, die in der gesundheitspolitischen Reformdebatte vorgestellt wurden, zwischen mehr staatlicher Kontrolle einerseits, und weniger staatlicher Kontrolle andererseits. Während die Obama-Administration um eine Zustimmung zu ihrem Plan einer allgemeinen Versicherung warb, positionierten sich die Kritiker mit eigenen Konzepten. Im Frühjahr 2009 ergab sich folgendes Bild:

---

[12] Nach Schätzungen von Karen Davis, Präsidentin des Commonwealth Funds, einer gesundheitspolitischen Forschungseinrichtung. Vgl. Reed Abelson: „A Health Plan for all and the Concerns It Raises", in: The New York Times, 25.03.2009, S. B4.

Konzeptionelle Entwürfe für die Gesundheitsreform

Mehr Regierungsverantwortung..........weniger Regierungsverantwortung

Modell Medicare	Kompromiss-Konzept	Reduktion staatlicher Regulierung
Versicherung für alle: Angelehnt an das Medicare Programm (ab 65) soll ein allgemeines bundesstaatliches Programm eingerichtet werden. Der Staat handelt mit Ärzten und Krankenhäusern günstige Tarife zur Kostendämpfung aus.	Allgemeine staatliche Versicherung. Allerdings verhandelt der Staat nicht mit Ärzten und Krankenhäusern. Die allgemeine Versicherung konkurriert mit privaten Versicherungen.	Private Versicherungen bleiben vorherrschend und werden für alle geöffnet. Der Staat legt lediglich Rahmenbedingungen fest.
Position der Befürworter: - Zugang für alle; Kostendämpfung wird erreicht - Staatliche Versicherung zwingt private Versicherungen zur Kostensenkung	**Position der Befürworter:** - Gerechter gegenüber den privaten Versicherern - Geringere Verwaltungskosten der staatlichen Versicherung fordert auch private Versicherungen zur Kostensenkung heraus	**Position der Befürworter:** - Gleiche Regeln für alle; allgemeiner Zugang durch staatliche Aufsicht gewährleistet - Private Versicherer sind flexibel und Kunden orientiert
Position der Kritiker: -Verstaatlichtes Gesundheitswesen („nationalized health care system") mit unfairer Konkurrenz und Marktverlust für private Versicherer; - zu geringe Bezahlung für Ärzte und Krankenhäuser	**Position der Kritiker:** - Private Versicherer kritisieren den Wettbewerbsvorteil der staatlichen Versicherung als unfairer Wettbewerb - Vertreter staatlicher Versicherung befürchten eine zu geringe Kostensenkung	**Position der Kritiker:** - kaum Effekt für Kostendämpfung - Aufwand der staatlichen Aufsicht zum Kundenschutz zu hoch

Quelle: Eigene Darstellung nach Angaben der New York Times.[13]

4.3 Gesundheitsreform als Konfliktfeld: Kompromiss und Ergebnis

In der sich über ein Jahr hinziehenden Debatte um die Gesundheitsreform versuchten die Demokraten anfänglich, einen überparteilichen Konsens für die Reform zu finden. Als positives Zeichen ergab sich nach wenigen Monaten, dass sich die drei im Kongress zuständigen Ausschüsse, darunter der wichtige Finanzausschuss darauf verständigen konnten, in der Frage der Gesundheitsreform eng zusammen zu arbeiten.[14] Auch war die Obama-Administration bemüht, in einer Vielzahl von Einzelgesprächen und öffentlichen Veranstaltungen Unterstützung bei den Senatoren und Abgeordneten zu finden und die divergie-

---

[13] Vgl. Reed Abelson: „A Health Plan For All And The Concerns It Raises", in: The New York Times, 25.03.2009, S. B1/4.
[14] Nach einem Bericht der „New York Times", 18.03.2009.

renden Konzepte in einem Reformpaket zusammenzuschnüren. Die Verhandlungen wurden dabei direkt von Senatoren und Abgeordneten geführt, während sich der Präsident in diesem Gesetzgebungsverfahren zurück hielt.

Der wachsende Widerstand in Teilen der politischen Elite und in verschiedenen Interessengruppen sowie eine von konservativen Republikanern in den Medien und durch öffentliche Veranstaltungen ausgetragene Negativkampagne im Sommer 2009 drängte die Obama-Administration jedoch zunehmend in die Defensive. Entschlossen die Reform auf jeden Fall durchzusetzen, verfolgte die Obama-Administration bis zum Jahreswechsel 2009/2010 eine überparteiliche Linie bzw. die versuchte, Reformorientierte Republikaner in den Entscheidungsprozess einzubinden.

In der zweiten Jahreshälfte 2009 ergaben sich jedoch zwei Schwierigkeiten: zum einen machte der Diskurs um die Gesundheitsreform deutlich, dass es nicht nur um konzeptionelle und fiskalpolitische Probleme geht. Vielmehr geriet die Debatte zur Machtfrage zwischen der Obama-Administration und den Republikanern. Die Republikaner verknüpften das politische Schicksal der Demokraten bei den Zwischenwahlen des Kongress im November 2010 mit dem Erfolg oder Scheitern der Reform, denn immerhin bildete die Gesundheitsreform das Kernstück der neuen Obama-Administration. Ein Scheitern der Gesundheitsreform, so das Kalkül der Opposition, würde auch den Präsidenten beschädigen und einen Verlust der Demokraten bei den Kongresswahlen bedeuten. Die Gesundheitspolitik wurde daher zum Feld erbitterter Machtkämpfe.

Zum zweiten zeigte sich aber auch eine zunehmende Entfremdung zwischen der Bevölkerung und den politischen Institutionen. Die Gesundheitsreform wurde von einer Mehrheit in der amerikanischen Bevölkerung erwartet und eingefordert; zunehmend verursachten politische Unübersichtlichkeit, komplizierte Kompromissfindung und der erbitterte Machtkampf jedoch Ablehnung und Kritik. Ein wachsender Vertrauensverlust in die politischen Institutionen war die Folge, und mit der Glaubwürdigkeit des Neuanfangs geriet auch die Loyalität zu Regierung und Repräsentanten im Kongress ins Wanken.

Im Dezember 2009 gelang es der Obama-Administration schließlich, mit der Abstimmung im US-Senat einen Etappensieg zu erringen, indem die erste Kammer der Gesetzgebung dem von Senator Harry Reid eingebrachten Gesetzesentwurf zur Gesundheitsreform mit 60 zu 39 Stimmen zustimmte.[15] Vorausgegangen waren angestrengte Bemühungen, die noch skeptischen Demokraten sowie reformorientierte Republikaner für das Gesetz zu gewinnen. Zu den Kompromissen gehört, dass das Gesetz rund 30 Millionen nicht-versicherten

---

[15] Alan Silverleib „Senate Approves Health Care Reform Bill"
http://www.cnn.com/2009/POLITICS/12/24/health.care/index.html
(aufgerufen am 25.12.2009)

Amerikanern Zugang zur Krankenversicherung verschafft, und damit nicht alle der 47 Millionen Nicht-Versicherten abgedeckt werden. Die zunächst favorisierte flächendeckende staatliche Versicherungspflicht wurde schließlich fallen gelassen. Ein weiterer Kompromiss ist die Ausnahme der Finanzierung von Schwangerschaftsabbrüchen durch die Krankenversicherung, ein Zugeständnis der Obama-Administration an die konservativen Demokraten im Senat.[16]

Die Abstimmung zeigt, wie polarisiert die Debatte um die Gesundheitsreform geworden war. Während alle Demokraten dem Gesetzesentwurf schließlich zustimmten, votierte keiner der Republikaner für das Gesetz, obwohl sich unter den republikanischen Senatoren durchaus reforminteressierte Mitglieder fanden. Auch in den folgenden Wochen, in Vorbereitung auf die Abstimmung im Abgeordnetenhaus, schienen die Brücken zwischen beiden Parteien abgebrochen, und die von der Obama-Administration angestrebte überparteiliche Lösung wurde schließlich aufgegeben.

Der wachsende Druck auf die Administration, einen Reformerfolg zu erzielen, führte zu einem Strategiewechsel, der sich schließlich als erfolgreich erweisen sollte. Mit Hilfe des „reconciliation"-Verfahrens konnte das Gesetzesvorhaben schließlich mit einfacher Mehrheit auch gegen den Widerstand der Republikaner durchgesetzt werden. Dieses Gesetzgebungsverfahren war 1974 zuerst eingeführt worden, um die Praxis des Filibuster, d.h. die Verhinderung einer Abstimmung durch unendliche Verlängerung von Debatten, einzudämmen und bezog sich vor allem auf Haushaltsgesetze. Im Verlauf der Entwicklung wurde dieses Verfahren jedoch auch auf substanzielle Politikfragen angewendet. Einer Auflistung der „New York Times" zufolge wurden seit 1980 allein 22 Gesetze durch das reconciliation-Verfahren im Kongress verabschiedet (von denen drei durch ein Veto durch Präsident Clinton nicht in Kraft traten) mit einer großen Bandbreite an Themen, darunter Gesetze zur Reduzierung des Haushaltsdefizits, Sozialgesetze betreffend Wohlfahrt, Veränderungen bei Medicare und Medicaid, umfangreiche Steuerkürzungen, sowie Änderungen zur Unterstützung von Studierenden (*Federal Student Aid*).[17]

Obwohl die Republikaner dieses Gesetzgebungsverfahren in der Vergangenheit häufiger als die Demokraten angewandt hatten, stieß dieser Strategiewechsel bei den Republikanern auf erbitterte Kritik. Politische Beobachter beklagten, dass diese Strategie einen Versöhnungsgeist („spirit of sympathy") füreinander vermissen liesse. „We have a political culture in which the word `reconciliation` has come to mean `bitter divisions`. With increasing effective-

---

[16] Vgl. Auch Matthias Rüb: " `Heiliger Krieg` um Abtreibungen", in: Frankfurter Allgemeine Zeitung, 21. November 2009, S. 7.
[17] Thomas E. Mann et. Al.:"Reconciliation with the Past", in: The New York Times, 07.03.2010, S. 12.

ness, the system bleaches our normal behavior and the normal instincts of human sympathy", beklagt etwa der politische Journalist David Brooks.[18] Und ein langjähriger Politikberater der Republikanischen Abgeordneten Olympia Snowe, die der Gesundheitsreform durchaus zugeneigt war aber sich schließlich an die von den Republikanern eingeschlagene Verweigerungsstrategie hielt, beschreibt, wie sich im Verlauf der Jahres die Bereitschaft zu gemeinsam getragenen politischen Kompromissen im Haushaltsausschuss verringerte. „As health policy advisor for Senator Olympia Snowe, the Maine Republican, while Congress considered this most critical and complicated issue, I saw first hand how a failure to recognize the magnitude of the task, and a toxic political environment, undermined the effort to achieve reform."[19] Diese „vergiftete" politische Atmosphäre war jedoch ein Resultat der kompromisslosen Haltung der Republikaner in der Gesundheitsreform.

In einer Zeit in der die Bevölkerung durch die Wirtschafts- und Finanzkrise tief verunsichert und die Interessenpolarisierung scharf ausgeprägt ist, nahm die Unsicherheit über die finanziellen Auswirkungen der Gesundheitsreform in der Bevölkerung zunächst zu. Die Umfragen zeigten jedoch, dass die Gesundheitsreform mit einem verbesserten Zugang zu einer Krankenversicherung von einer breiten Mehrheit der amerikanischen Bevölkerung gewünscht und erwartet wurde. Auch wenn das ursprünglich angestrebte universelle Krankenversicherungssystem durch eine Vielzahl von Kompromissen und Zugeständnissen abgeschwächt und die von Präsident Obama zunächst favorisierte *public option* fallen gelassen werden musste, erweiterte es dennoch den Zugang für rund 90% der Nicht-Versicherten im Jahr 2009. Bis 2019 sollen sogar 94 bis 95% aller Amerikaner versichert sein.

Am 21. März 2010 stimmte schließlich das Repräsentantenhaus über die Gesundheitsreform ab; zugrunde lag der vorher vom Senat verabschiedete Gesetzesentwurf. In den Tagen vor der Abstimmung hatten der Präsident und Mitglieder der Regierung noch intensiv unter den Abgeordneten der Demokraten für das Reformpaket geworben. Die Verabschiedung des Gesetzes mit einer knappen Mehrheit von 219 zu 212 Stimmen beendete die monatelange kontroverse Debatte um die Reform. Bis zuletzt hatten die Republikaner und einflussreiche Lobbygruppen eine scharfe Kampagne gegen das Reformgesetz geführt und auch etliche Demokraten standen dem Gesetzentwurf noch ablehnend gegenüber. Trotz vieler Abstriche bedeutet das von vielen Kommentatoren als historisch bezeichnete Projekt eine grundlegende Reformierung des amerikani-

---

[18] David Brooks: „The Spirit of Sympathy", in: The New York Times, 16.03.2010, S. A21.
[19] William F. Pewen: „The Health Care Letdown", in: The New York Times 16.03.2010, S. A 21.

schen Gesundheitswesens.[20] Unmittelbar nach der Abstimmung in der zweiten Kammer bzw. dem Abgeordnetenhaus am 23. März 2010 unterzeichnete der Präsident das Gesetz.[21] Ein wichtiger Schritt in der grundlegenden Reform des amerikanischen Sozialsystems war damit erfolgreich umgesetzt.

Die Reform soll das bisherige, vorwiegend durch private Versicherung charakterisierte Vorsorgesystem durch ein an europäische und kanadische Modelle angelehntes Versicherungswesen ersetzen, in dem mindestens 95 Prozent aller US-Bürger zumindest eine Basisversicherung erhalten sollen. 32 Millionen unversicherte Amerikaner sollen künftig krankenversichert sein. Die bisherige bundesstaatliche Gesundheitsversicherung für Bedürftige, *Medicaid*, wird mit der Reform erheblich ausgeweitet. Familien mit einem Jahreseinkommen bis 88.000 US$ (65.000 Euro) sollen staatliche Unterstützung bekommen. Kinder bis zu einem Alter von 26 können zukünftig bei ihren Eltern mitversichert werden. Einen Teil der Mehrausgaben müssen die US-Bürger selbst aufbringen:Alleinlebende mit einem Einkommen von mehr als 200.000 US$ (147.600 Euro) und Ehepaare, die gemeinsam mehr als 250.000 US$ (184.500 Euro)verdienen, werden höhere Abgaben leisten müssen.

Im Vorfeld der Abstimmung hatte die Obama-Administration durch Kompromissangebote an konservative Demokraten deren Unterstützung sichern können. Unmittelbar vor der entscheidenden Abstimmung zur geplanten Gesundheitsreform unterzeichnete Präsident Obama eine Rechtsverordnung, die künftig ausschließt, dass öffentlich geförderte Krankenversicherungen Schwangerschaftsabbrüche bezahlen. Die Aussicht, Abtreibungen könnten künftig mit öffentlichen Beiträgen finanziert werden, hatte neben zahlreichen Republikanern auch mehrere Demokraten gegen die Reform aufgebracht. Der einflussreiche demokratische Abgeordnete Bart Stupak erklärte daraufhin, dass er nunmehr für die Reform stimmen könnte. Diese Stellungnahme brachte auch andere Kritiker dazu, sich hinter die Reform zu stellen.

Für die Versicherungsunternehmen bedeutet das Gesetz, dass sie einer strengeren Aufsicht der Behörden unterstellt werden. Die Anbieter in der Branche dürfen Versicherungsnehmer nicht mehr wegen ihrer Krankengeschichte ablehnen oder bestehende Verträge kündigen, wenn eine mit hohen Kosten verbundene Krankheit eintritt. Die Konzerne dürfen auch keine Aufschläge mehr wegen des Geschlechts oder des Gesundheitszustandes von Versicherten verlangen. Vertreter der Versicherungswirtschaft und von Pharma-Unternehmen hatten im Vorfeld massiv gegen das Gesetz protestiert. Um den Zugang zu Krankenversicherungen zu erleichtern und die Transparenz von Leistungen zu

---

[20] "House Democrats Claim Votes for Landmark Health Bill", in: The New York Times, 22.03.2010, S. 1
[21] "Health Care Overhaul Becomes Law of the Land", in: The New York Times, 24.03.2010, S. 1f.

erhöhen, sollen die Bundesstaaten ab 2014 sogenannte Gesundheitsbörsen einrichten, an der Amerikaner Policen vergleichen und kaufen können. Geringverdiener erhalten Steuererleichterungen. Besonders wichtig ist auch, dass der Präventionsgedanke einen größeren Stellenwert bekommt. Prävention kann durch eine Reihe von Maßnahmen der Versicherungsgeber nun gezielt mit Rabatten und ähnlichem belohnt und ausgeweitet werden.

Das Gesetz ist ein Kompromiss, der eine Reihe von Einwänden gegen die Reform aufgreift. Eine staatliche Krankenversicherung mit europäischer Versicherungspflicht, wie sie sich vor allem das linke Spektrum der Demokraten gewünscht hatte, war von der Obama-Administration schon vor der Abstimmung im Senat im Dezember 2009 fallen gelassen worden; für diese Option hätte die Regierung keine Mehrheit gewinnen können. Kritik an den mit der Reform verbundenen Kosten sowie die Zurückweisung einer staatlichen Regulierung des Krankenversicherungswesens brachten vor allem die Republikaner vor.

Keiner der republikanischen Abgeordneten stimmte schließlich für den Gesetzentwurf. Die Republikaner bekräftigten bis zuletzt ihre Ablehnung des Reformwerks. Mit der Verabschiedung der Gesundheitsreform in beiden Häusern des Kongresses hat Präsident Obama jedoch das wichtigste innenpolitische Ziel seiner Amtszeit erreicht.

5 Energie- und Umweltpolitik: Wandel eines Politikfeldes

Die Energie- und Umweltpolitik gehört zum Kernbereich der Reformpolitik, die US-Präsident Obama initiiert hat. Bereits im Wahlkampf hatte Barack Obama die Förderung alternativer bzw. grüner Technologien hervorgehoben und kurz nach der Amtsübernahme eine Rückkehr der USA in die internationalen Klimaschutzverhandlungen angekündigt. Angesichts der Wirtschafts- und Finanzkrise verfolgte er dann den Ansatz, die umwelt- und energiepolitischen Maßnahmen in das Projekt der Wirtschaftshilfen einzubetten. Die Frage der Energie- und Umweltpolitik wird daher auf das engste mit Arbeitsmarkt- und Beschäftigungsproblemen verknüpft und die energie- und umweltpolitischen Maßnahmen sollen den Weg aus der Wirtschaftkrise ebnen. Der wirtschaftliche Ansatz ist daher in der Energie- und Umweltpolitik dominant und nimmt gegenüber ökologischen Argumenten eine Vorrangstellung ein.

Neue Gesetzesinitiativen zur Energie- und Umweltpolitik im ersten Amtsjahr, fiskalische Anreize zur Förderung der Grünen Technologien (*green technologies*) und massive Investitionen in Forschung und Entwicklung von nachhaltigen Energien unterstreichen die Priorität, die die Obama-Administration der Energie- und Umweltpolitik zuweist. Mit den eingeleiteten Maßnahmen ist daher eine Wende in der Energie- und Umweltpolitik vorgenommen worden. Auch die Rückkehr der Vereinigten Staaten in die internationalen Verhandlungen zum Klimaschutz im Jahr 2009 belegen, dass es zu einem Richtungswechsel in der Klimapolitik gekommen ist. Diese Initiativen erfolgen vor dem Hintergrund, dass die USA weltweit den größten pro Kopf-Ausstoß an Emissionen erzeugen und die Energiepolitik lange Zeit auf die im Land vorhandenen fossilen Brennstoffe gesetzt hatte. Voraussetzung und Grundbedingung für einen Neuansatz der amerikanischen Politik in den internationalen Verhandlungen sind damit auch innenpolitische Weichenstellungen.

Historisch betrachtet ist die Energie- und Umweltpolitik auf nationaler Ebene ein relativ neues Politikfeld. Kennzeichnend im amerikanischen Energie- und Umweltdiskurs sind deutliche regionale Unterschiede und ausgeprägte wirtschaftliche Interessen. Große Bundesstaaten, wie beispielsweise Kalifornien sowie die Staaten im dicht besiedelten Nordosten der USA verfolgen bereits seit längerer Zeit umweltpolitische Programme. Staaten im Süden der USA haben dagegen auf eine hochintensive Ölförderung gesetzt, wobei die Bundesstaaten im Südwesten sich neben der Ölförderung immer stärker auch nachhaltigen Energieträgern, insbesondere der Solarenergie, zugewandt haben. Auch der Einsatz der Windkraft hat sich in den USA in den letzten fünf Jahren vervielfacht und die USA stehen mit der Energieproduktion aus Windkraft weltweit nach der Europäischen Union an zweiter Stelle.

Wie die Auseinandersetzungen nach der Ölkatastrophe im Golf von Mexiko im Mai 2010 zeigen, bleiben die fossilen Energieträger wie das Öl für die US-Regierung weiterhin zentral für die Energieversorgung. Die Erforschung und Förderung von Öl in Tiefseegewässern wird auch nach dem Unfall auf der Öl-Bohrinsel „Deep Water Horizon" fortgesetzt. Wirtschaftliche und ökologische Interessen stehen hier im Widerstreit und die konzeptionellen Vorstellungen für eine neue Energie- und Umweltpolitik liegen innerhalb und auch zwischen den Parteien teilweise weit auseinander. Anders als im Bereich der Gesundheitsreform erfolgte die Polarisierung von umweltpolitischen Interessengruppen auf der nationalen Ebene jedoch erst später und ihre Institutionalisierung ist auf der Bundesebene nicht so weit fortgeschritten wie im Gesundheitsbereich, in dem es, historisch betrachtet, bereits mehrere Reformbewegungen gegeben hat.

5.1 Energiepolitik und Wirtschaftsentwicklung

Vor dem Hintergrund der Wirtschafts- und Finanzkrise setzte sich die Obama-Administration dafür ein, die Wiederbelebung der Wirtschaft mit einer neuen Energiepolitik zu verbinden. So enthält der *American Recovery and Reinvestment Act* vom Februar 2009 eine Weichenstellung zugunsten einer neuen Energiepolitik. Die massive Förderung der Grünen Technologien als Kernstück der Reformpolitik verfolgt zwei Ziele. Zum einen soll damit eine Wende in der Energiepolitik eingeleitet werden, die zukünftig stärker auf erneuerbaren Energien beruhen soll. Zum anderen erwartet man eine kräftige Belebung des Arbeitsmarktes durch neue Grüne Technologien (*green collar jobs*) und deren Förderung.

Auch in der Energieversorgung sollen neue Wege beschritten werden, in dem erneuerbare Energien stärker als bisher auch von bundesstaatlicher Seite gefördert werden sollen. Dabei ist die Problematik der Energiesicherheit, d. h. die Absicherung von Energiequellen auch über die begrenzt vorhandenen fossilen Energieträger sowie die Abhängigkeit von ausländischen Ölimporten bereits seit längerem Gegenstand politischer Diskussion. Umweltkatastrophen, wie die Explosion der Ölplattform vor der Küste von Louisianna im Golf von Mexiko im April 2010 und andere Unfälle in der amerikanischen Ölindustrie zeigen dabei, dass auch die vermehrte Förderung von einheimischem Öl mit hohen Risiken verbunden ist.

Umstritten ist in der Reformpolitik daher, welchen Energiemix die Vereinigten Staaten zukünftig anstreben. Die Förderung der Grünen Technologen schließt umstrittene Projekte, wie die Wiedereinführung der Atomenergie, die von der Obama-Administration nicht grundsätzlich ausgeschlossen und vom Energieminister Steven Chu ausdrücklich unterstützt wird, ebenso wenig aus, wie die weitere Ausbeutung der Öl- und Gasreserven. Die Regierung schließt die Erweiterung der Ölförderung vor der Küste von Louisiana und Texas im Golf von Mexiko sowie in Alaska bzw. der Arktis ausdrücklich in den Energiemix ein, wie das Innenministerium unter Ken Salazar betont. So erlaubte die Obama-Administration am 31. März 2010 off-shore-Bohrungen, um weitere Ölreserven vor den Küsten der USA, vor allem im Golf von Mexiko sowie vor der Küste Virginias zu erschließen, trotz erheblicher Proteste und Bedenken. Die Regionen an der Westküste der Vereinigten Staaten und im Nordosten sollen zunächst von der weiteren Ölförderung ausgenommen werden.

Umweltschützer sowie Anwohner und die Fischereiindustrie wehren sich seit längerem gegen die weitere Erschließung der Ölreserven. Politisch besonders umstritten ist das Vorhaben, den Naturschutzpark *Alaskan Wildlife Refuge* in Alaska für die Öl-Förderung zu erschließen.[1] Anlässlich des 20. Jahrestages des Tankerunfalls „Exxon Valdez" in Alaska, bei der 11 Millionen Gallonen Öl in das Meer gelangten und rund 2.000 Kilometer Küstenlinie verseucht wurden, erinnert die „New York Times" in einem Editorial an die enormen finanziellen Kosten und die verheerenden Auswirkungen auf die natürliche Umwelt und fordert, das die Regierung bei der weiteren Erschließung von Energie- und Rohstoffquellen umweltpolitische Gesichtspunkte stärker berücksichtigen solle. [2] Gerade die Arktis mit ihrem empfindlichen Ökosystem enthalte eine einzigartige Artenvielfalt und den weltweit größten Fischreichtum, die geschützt werden sollten. Hierzu gehöre auch die Revision der noch von der Bush-Regierung verfolgten Pläne, den Arktischen Nationalpark in Alaska, *Alaskan Arctic National Wildlife Refuge*, für die Öl- und Gasförderung zu erschließen. Der Kongress hatte hierzu im März 2005 mit knapper Mehrheit eine Gesetzesvorlage verabschiedet, welche die Öl- und Gasförderung in diesem größten Wildnisgebiet der USA, welches etwa die Größe Österreichs einnimmt, erlaubt, und zwar gegen den jahrelangen, erbitterten Widerstand von Umwelt- und Tierschützern, der führenden demokratischen Politikern und der wenigen dort lebenden Menschen.

In dem von der Obama-Administration 2009 veröffentlichten Energieplan *New Energy for America* werden 150 Billionen US $ innerhalb der kommenden

---

[1] http://www.nytimes.com/2009/03/23/opinion/23mon1.html?_r=1&th&emc=th
[2] "Lessons of ExxonValdez", in: The New York Times, Editorial, 22.03.2009.

Dekade an Fördermaßnahmen für die Umstellung auf erneuerbare Energien vorgesehen. Das Ziel des neuen Maßnahmenpaketes ist es, die erneuerbaren Energien von rund 10 % im Jahr 2012 auf einen Anteil von 25% bis 2025 zu steigern.[3] Einzelne Staaten hatten dabei bereits eine Vorreiterrolle übernommen und die notwendige Konjunkturankurbelung in der Wirtschafts- und Finanzkrise 2008 mit der Förderung von nachhaltigen Energien genutzt. So verabschiedete beispielsweise der Bundesstaat Kalifornien im Dezember 2008 die erste landesweite Gesetzesvorgabe zur nachhaltigen Reduzierung von Treibhausgasen im Rahmen eines Konjunkturankurbelungsprogramms (*stimulus package*). Um dieses Gesetz hatte es zuvor harte Auseinandersetzungen gegeben; mit der wirtschaftlichen Förderung von nachhaltigen Energien und der Schadstoffausstoßbegrenzung konnte dieses Vorhaben dann allerdings, unterstützt von Gouverneur Schwarzenegger, durchgesetzt und Kalifornien so zu einem Trendsetter für staatliche Regulierung der amerikanischen Klimapolitik werden.

5.2 Energie- und Umweltschutz: Gesetzliche Maßnahmen

Grundlage für eine neue Energie- und Umweltpolitik bildet das *American Clean Energy and Security* Gesetz, welches vom Abgeordnetenhaus bereits am 26. Juni 2009 verabschiedet und im Senat zur Abstimmung ansteht, allerdings mit ungewissem Ausgang.

Bereits im Wahlkampf 2008 warb Obama mit dem *Blueprint for Change* für ein Klimafreundliches Amerika. Unmittelbar nach Amtsantritt erfolgten die ersten Schritte zur Umsetzung einer neuen Energie- und Klimapolitik. Dabei geht es *erstens* um die Berücksichtigung der Energie- und Klimapolitik im Konjunkturprogramm, *zweitens* um neue Gesetzesentwürfe zur Energie- und Klimapolitik, und *drittens* um administrative Veränderungen in Behörden und unter den präsidentiellen Beratern.

Der Richtungswechsel in der Energie- und Umweltpolitik auf der nationalen Ebene wurde unterstützt und begleitet von Veränderungen im administrativen Bereich. Die amerikanische Umweltbehörde Environmental Protection Agency (EPA) erhält seit Beginn des Jahres 2009 wieder mehr Gewicht. In einer Studie erklärte die EPA Mitte April 2009 Treibhausgase zur Gefahr für die Bevölkerung; damit ist der Regierung rechtlich die Grundlage für eine Regulierung des Schadstoffausstosses zur Abwendung von Gefahren für die Bevölkerung auf der nationalen Ebene gegeben. Diese zunächst politisch vor allem von republikanischer Seite umstrittene Erklärung wurde im Dezember 2009 recht-

---

[3] http://apps1.eere.energy.gov/news/news_detail.cfm/news_id=12194
(aufgerufen am 4.3.2010).

lich bestätigt, so dass damit der Regierung die Möglichkeit gegeben ist, auch auf nationaler Ebene den Schadstoffausstoß zu regulieren.

Zur Unterstützung der aktiven Energie- und Umweltpolitik sowie mit Blick auf die internationalen Klimaverhandlungen wurden in der Administration zudem personelle Weichen gestellt. Im Kabinett sowie im Beraterkreis des Präsidenten finden sich heute anerkannte Wissenschaftler und Klimapolitikexperten. So wird z.B. das Energieministerium von Steven Chu, einem Nobelpreisträger und Professor der Klimaforschung geleitet; zu den Beratern des Präsidenten gehören der Klimaforscher John Holdren sowie der in Energie- und Umweltfragen erfahrene Jonathan Pershing. Bereits im Januar 2009 berief Außenministerin Hillary Clinton den bereits in der Clinton-Administration in internationalen Klimapolitikverhandlungen engagierten Todd Stern als Sonderbeauftragten für internationale Verhandlungen zum Klimawandel, der auch die amerikanische Delegation beim Klimagipfel in Kopenhagen 2009 leitete.

Auch auf der zivilgesellschaftlichen Ebene zeichnet sich ein neuer Umweltaktivismus ab. So werden die Problematik der begrenzten Ressourcen fossiler Energien, notwendige Veränderungen der amerikanischen Lebensweise und die Entwicklung neuer Konzepte in der Energie- und Umweltpolitik auch auf kommunaler Ebene erörtert.[4]

Vor dem Hintergrund der Wirtschafts- und Finanzkrise sah die Obama-Administration die Krise selbst als Chance für einen neuen Kurs auf der Bundesebene. Das US-Konjunkturprogramm von 2009, der *American Recovery and Reinvestment Act*, enthielt an zentraler Stelle Maßnahmen zur Förderung der grünen Technologien. Umwelttechnologien und erneuerbare Energien sollten durch direkte finanzielle Unterstützung sowie durch fiskalische Vorgaben gefördert und unterstützt werden. Neben umweltpolitischen Argumenten werden dabei auch eine aktive Arbeitsplatzbereitstellung, Strukturentwicklung und Wettbewerbsfähigkeit sowie die Reduzierung der Abhängigkeit vom Öl, insbesondere auch von ausländischen Ölvorkommen, angeführt.

Das Kernstück der neuen Energie- und Umweltpolitik ist daher die Förderung von „green technologies", die gleich mehrere Funktionen erfüllen sollen, wie die Schaffung neuer Arbeitsplätze, die Steigerung der internationalen Wettbewerbsfähigkeit und die Umstellung auf neue Energien. In einem 2007 veröffentlichten Energiebericht *Outlook On Renewable Energy In America* wird dementsprechend bereits zur Umstellung in der Energiepolitik aufgerufen und eine aktive und koordinierte Politik auf der Bundesebene gefordert: „America needs energy that is secure, reliable, improves public health, protects the envi-

---

[4] Ein Beispiel ist die umweltpolitische Bewegung *Transition*, die nach einem Vorbild in Großbritannien vor allem auf der kommunalen Ebene Basisbewegungen zum ökologisch verträglichen Lebensstil anstoßen will. Vgl. z. B. www.transitioncch.org.

ronment, addresses climate change, creates jobs, and provides technological leadership. America needs renewable energy. If renewable energy is to be developed to its full potential, America will need coordinated, sustained federal and state policies that expand renewable energy markets; promote and deploy new technology; and provide appropriate opportunities to encourage renewable energy use in all critical energy market sectors: wholesale and distributed electricity generation, thermal energy applications, and transportation."[5]

Der *American Clean Energy and Security Act* (ACES) von 2009, auch als Waxman-Markey-Bill bekannt, sieht im Kern vor, das „cap and trade"- Prinzip für klimaschädliche Gasemissionen einzuführen.[6] Dieser Emissionshandel, der in Europa bereits 2005 als Maßnahme in Kraft getreten ist, um die Klimaschutzziele des Kyoto-Protokolls zu erreichen[7], war bislang auf der Bundesebene nicht vorgesehen. Das Gesetz wurde am 26. Juni 2009 mit einer Mehrheit von 219 zu 212 Stimmen im Abgeordnetenhaus verabschiedet. Bislang ist allerdings unklar, ob es den Senat passieren und damit in Kraft treten kann.

Zusammengefasst enthält das Gesetz folgende Bestimmungen:

- Bis 2020 sollen Elektrizitätsversorger 20% ihrer Energieleistung aus erneuerbaren Energien beziehen.
- Neue, saubere Technologien sowie Maßnahmen zur Energieeffizienz werden staatlich subventioniert; vorgesehen sind für erneuerbare Energien $90 Milliarden bis 2025, Kohlendioxid-Abscheidung und Speicherung $60 Milliarden, Entwicklung von Elektroantriebs- und anderen neuen Technologien für Autos $20 Milliarden, sowie für Grundlagenforschung und Entwicklung $20 Milliarden.
- Konsumenten sollen von drastischen Preisanstiegen für Energie geschützt werden.
- Die vorgesehenen Zielvorgaben für die Reduktion schädlicher Emissionen von Kohlendioxid, Methan, und anderen Treibhausgasen wird höher festgelegt, als in Präsident Obamas Vorschlägen. Das Gesetz schreibt eine 17% Reduktion des Niveaus von 2005 bis 2020 fest; der Präsident hatte ur-

---

[5] American Council On Renewable Energy (2007): The Outlook on Renewable Energy in America Volume II: Joint Summary Report, S. 7.

[6] Das Gesetz ist benannt nach den Abgeordneten Henry A. Waxman aus Kalifornien und Edward J. Markey aus Massachussetts. Beide gehören den Demokraten an. Waxman ist der Vorsitzende des Energie- und Handelsausschusses, Markey Vorsitzender des Unterausschusses für Energie und Umwelt. Der Präsident selbst hatte sich bei dem Gesetzentwurf zurückgehalten, um den Abgeordneten selbst größeren Einfluss zu geben.

[7] Das "European Union Emission Trading System" (EU ETS) wurde 2003 vom Europäischen Parlament und vom Rat der EU beschlossen und begrenzt das EU ETS den Kohlendioxidausstoß von rund 12.000 Anlagen in 30 europäischen Ländern.

sprünglich 14% bis 2020 vorgeschlagen. Bis 2050 sollen die Emissionen um etwa 80% reduziert werden.
- 20% der Energieversorgung soll bis 2020 durch erneuerbare Energien erfolgen, darunter Wind- und Solarenergie sowie geothermale Energie.

Darüber hinaus sieht das Gesetz eine Modernisierung der Elektroleitungen, Energiesparmaßnahmen in Gebäuden, Häusern und Elektrogeräten vor.

Die Finanzierung der Subventionen soll über die Einsparmaßnahmen im Energiebereich erfolgen. Eine Studie des *Congressional Budget Office* kommt dabei zu dem Schluss, dass die Einnahmen- Ausgaben-Bilanz sich die Waage halten werden. Es heißt dort: „...enacting the legislation would increase revenues by $873 billion over the 2010-2019 period and would increase direct spending by $864 billion over that 10-year period. In total, CBO and JCT estimate that enacting the legislation would reduce future budget deficits by about $4 billion over the 2010-2014 period and by about $9 billion over the 2010-2019 period...“[8]

In der Debatte um dieses Gesetz, das eine Reduzierung der jährlichen Emission zunächst um 6.0% bis 2012, und um 20% bis 2020 vorsieht, wurde deutlich, wie komplex die Interessenlage der Abgeordneten und der Bundesstaaten ist. Eine Parteidisziplin besteht dabei nicht, vielmehr sind regionale politische Voraussetzungen für die Positionierung der Politiker ausschlaggebend. So können selbst eigene Parteimitglieder aufgrund der Bindung an ihre Wahlkreise und Staaten offen gegen eine Wende in der Energie- und Klimapolitik opponieren, wenn die Interessen ihrer Wählerschaft hiervon negativ betroffen sein können, wie z. B. die als „Dirty Democrats" bezeichnete Gruppe von Abgeordneten aus Kohleförderstaaten. In der Debatte um die Wende in der Klimapolitik positionieren sich daher Traditionalisten aus Kohle- und Ölförderstaaten gegen Innovationsstaaten, in denen erneuerbare Energien bereits in größerem Umfang erzeugt und genutzt werden. 27 Bundesstaaten zählen zu den Kohleförderstaaten, wie Montana mit 25% der gesamten Kohleförderung, Illinois, Wyoming oder West Virginia. Zu den größten Ölförderstaaten gehören Louisiana, Texas, Alaska und Kalifornien. Erneuerbare Energien machen rund 10.4% der Energieversorgung aus, die vor allem aus Wasserkraft, zunehmend auch aus Windenergie wie in Texas, Iowa und Kalifornien, oder Solarenergie gewonnen wird. Bereits jetzt gewinnt Kalifornien beispielsweise rund ein Drittel aller Energie aus erneuerbaren Energiequellen.

In der Abstimmung im Abgeordnetenhaus votierten allein 44 Demokraten gegen den Gesetzesentwurf, vor allem aus eher konservativen Wahlkreisen, die traditionell republikanisch beeinflusst sind. Diese als *Blue Dog Democrats* be-

---

[8] http://www.cbo.gov/ftpdocs/102xx/doc10262/hr2454.pdf

zeichneten Abgeordneten mit eigener, konservativer Gruppenidentität lassen sich nur schwer in die von der Obama-Administration angestrebten Energie- und Umweltpolitischen Ziele einbinden. Auf der anderen Seite stimmten acht Republikaner dem Gesetzesentwurf zu, darunter mehrheitlich neue Abgeordnete.

Aber nicht nur regional unterschiedliche Interessen und differierende Logiken des politischen Handelns erschweren die Durchsetzung einer staatlich regulierten Energie- und Umweltpolitik. Gerade klimapolitische Argumente sind in der amerikanischen Öffentlichkeit heftig umstritten. Auf der einen Seite positionieren sich Umwelt- und Interessengruppen für eine noch konsequentere Wende in der Klima- und Umweltpolitik, wie der *Sierra Club* und der *Environmental Defense Fund*, welche das Klimagesetz nachdrücklich unterstützen. Auf der anderen Seite stehen Gruppen wie *Friends of the Earth*, die das Klimaschutzgesetz von 2009 stark kritisieren, weil es ihnen nicht weit genug geht. Besonders das „cap-and-trade"-System wird als problematisch zurückgewiesen, da es durch den Emissionshandel einen informellen Markt für Kohlendioxidemissionen (*subprime carbon market*) schaffe, der, ähnlich wie in der Immobilienkrise mit den *subprime loans* zu kontraproduktiven Ergebnissen führen und die Umweltbelastung eher erhöhen könnte.

Entscheidend ist darüber hinaus die Positionierung der großen Industrie- und Handelsverbände sowie der Firmen und Unternehmen. Die Verabschiedung des Klimaschutzgesetzes im Abgeordnetenhaus wäre ohne einen Gesinnungswandel in wichtigen Unternehmen nicht möglich gewesen. Etliche große Unternehmen, wie beispielsweise Dow Chemical und Ford, unterstützten das Gesetz. Gegen das Gesetz traten die Industrie- und Handelskammer (*Chamber of Commerce*) sowie die *National Association of Manufacturers* auf. Damit war die Unternehmenslobby gleichsam gespalten.

Auch gibt es noch Senatoren und Abgeordnete, die den Klimawandel grundsätzlich in Zweifel ziehen und die wissenschaftlichen Belege für nicht ausreichend halten. Opposition kommt auch von konservativ-religiösen und rechten Gruppierungen, die den Klimawandel generell anzweifeln oder sich aus ideologischen Gründen gegen staatliche Regulierungen des Energiemarktes wenden.

Ein Beispiel ist die von konservativ-religiösen Gruppierungen seit jüngerer Zeit verfolgte Linie, den Klimawandel öffentlich und auch im Schulunterricht in Frage zu stellen. Eine ähnliche Debatte wurde bereits um die Evolutionslehre geführt, die in der Schul- und Bildungsdiskussion für heftige Kritik gesorgt hatte und die unter Berufung auf das Prinzip der Trennung von Kirche und Staat schließlich von Gerichten zugunsten der Evolutionslehre und gegen die Kreationisten entschieden wurde. In der Klimaschutzdebatte werden dabei Ergebnisse von Studien in Frage gestellt, die das Ausmaß und die Ursachen des Klimawandels aufzeigen. Wissenschaftliche Ergebnisse, die den Zusammenhang zwischen der Erderwärmung und menschlichen Aktivitäten untersuchen, und aufgrund der Hochrechnungen ein gezieltes Gegensteuern in der Energiepolitik fordern, werden dabei grundsätzlich zurückgewiesen. So forderten Aktivisten konservativer Gruppen in verschiedenen Staaten, in den Schulen ähnlich wie im Bereich der Evolutionslehre, gegen die sich die Kreationisten seit Jahren wenden, auch in der Diskussion um die Ursachen des Klimawandels verschiedene Deutungen anzubieten. Zweifel an wissenschaftlichen Ergebnissen, wie jüngst an einem mit Mängeln versehenen Bericht zum Klimawandel, dienen dabei den konservativen Verfechtern einer anti-Klimapolitik zum Vorwand für eine breite Kampagne im Bildungsbereich, die globale Erderwärmung im Sinne einer Freiheit von Wissenschaft in Schulen und Bildungseinrichtungen mit konkurrierenden Interpretationen vorzustellen.

So berichtete die New York Times, dass es in einer Entschließung des Parlaments in South Dakota heißt, dass der Ausstoß von Kohlendioxid als natürlicher und höchst nützlicher Prozess dargestellt werden solle.[9] Ähnlich wurde auch in Texas vom Ausschuss für Erziehungsfragen gefordert, dass Schulen sowohl in der Frage der Evolution als auch beim Klimawandel unterschiedliche Positionen darstellen sollten. Religiös- konservative Gruppierungen, die sich mit der Forderung den Kreationismus als gleichwertig neben der Evolutionslehre zu lehren aufgrund der verfassungsrechtlich vorgegebenen Trennung von Kirche und Staat nicht durchsetzen konnten, erhoffen sich von dieser Verknüpfung der Themenfelder eine höhere Legitimation beim Kampf für ihre Forderungen. Diese auf Glaubensgrundsätzen basierende ideologische Polarisierung erschwert die Durchsetzung einer öffentlichen Akzeptanz einer aktiven Klimapolitik.

Analysiert man den Diskurs zur Umwelt- und Klimapolitik und die Debatten im Kongress so zeigt sich, dass wirtschaftspolitische Argumentationen, auch bei Klimaschutzbefürwortern, gegenüber Argumentationen, die von der Idee kollektiver Güter ausgehen und Umweltschutz als gemeinschaftliche Aufgabe begreifen, überwiegen und auch die Obama-Administration vor allem mit wirtschaftspolitischen Argumenten für einen Richtungswechsel wirbt. Ob das Gesetzesvorhaben zum Klimaschutz schließlich im Senat verabschiedet wird, ist ein Jahr nach Beginn des Gesetzesprozesses noch völlig offen.

---

[9] Leslie Kaufman: "Darwin Foes Add Global Warming to the Target List", in: The New York Times, 04.03. 2010, S. 1.

5.3 Internationale Klimaschutzverhandlungen

Bereits in den 1990er Jahren hatte internationale Klimapolitik eine wichtige Rolle in der US-Außenpolitik gespielt. So unterstützten die USA während der Clinton-Administration die Vorbereitungen zur UN-Klimakonferenz in Kyoto und beteiligten sich aktiv an den damaligen Verhandlungen zum Kyoto-Abkommen (1997). Allerdings wurde dieses Abkommen aufgrund des innenpolitischen Drucks schließlich von den USA nicht ratifiziert und die folgende Bush-Administration unternahm keine Initiativen, den Klimaschutz auf der nationalen und internationalen Ebene voranzutreiben.

Während dieser Zeit formierten sich in mehreren Bundesstaaten Basisbewegungen zum Umweltschutz. Auch auf der nationalen Ebene setzten sich führende Persönlichkeiten, wie der ehemalige Vize-Präsidentschaftskandidat Al Gore, für einen nachhaltigen Klimaschutz ein. Ein koordiniertes politisches Vorgehen auf der nationalen Ebene bleib jedoch ebenso aus, wie eine von der Regierung beförderte aktive Klima- und Umweltpolitik auf der internationalen Ebene. Vielmehr blockierten die republikanische Administration und der Kongress Initiativen im Bereich der Energie- und Umweltpolitik, die von der Bush-Administration als unangemessener Eingriff in den Wirtschaftsprozess zurückgewiesen wurden. Insofern trat die Obama-Administration mit einer staatlich regulierten Umwelt- und Klimapolitik ein schwieriges Erbe an.

Internationale Umweltexperten sind sich darin einig, dass eine globale Reduzierung der Emissionen ohne Beteiligung der USA an völkerrechtlich verbindlichen Abkommen nicht denkbar ist. Die neue Klimapolitik verdient daher auch aus der internationalen Perspektive verstärkte Aufmerksamkeit.

In keinem anderen Politikfeld ist der Zusammenhang zwischen Innen- und Außenpolitik so ausgeprägt, wie im Bereich der internationalen Verhandlungen zur Umweltpolitik. Das zentrale Scharnier für eine aktive Beteiligung an internationalen Klimaschutzverhandlungen und einem Umdenken in der Energiepolitik ist die innenpolitische Kräftekonstellation. Gerade im Bereich der Klimapolitik zeigt sich die starke Fragmentierung des politischen Systems der Vereinigten Staaten. So beruht der Gesetzgebungsprozess auf dem Zwei-Kammer-System von Senat und Kongress. Selbst wenn in beiden Kammern eine Mehrheit für die Partei des Präsidenten vorhanden ist, so folgen die Abgeordneten und Senatoren einer Eigenlogik, die durch ihre Wählerbasis bzw. die Herkunftsstaaten bzw. Wahlkreise bestimmt wird. Zudem unterscheidet sich die Wahlperiode, indem die Senatoren alle sechs Jahre, die Abgeordneten jedoch alle zwei Jahre zur Wahl stehen, so dass deren Interessen stärker durch die Wählerbindung und rationales Kalkül, als durch Ideen von gemeinschaftlichen Gütern geprägt werden. In beiden Häusern gilt zudem ein starker Einfluss von Lobby und Interessengruppen, der dem amerikanischen pluralistischen System entspricht. So benötigt der Präsident nicht nur die Unterstützung seiner Partei, sondern auch die einer Vielzahl von nationalen und regionalen Interessengruppen und Lobbys. Das System des starken Föderalismus begünstigt zudem die Profilierung regionaler Interessen.

Die UN-Klimakonferenz in Kopenhagen im Dezember 2009 war vor allem in Europa von hohen Erwartungen geprägt, dass man ein international verbindliches Folgeabkommen zum Kyoto-Abkommen verhandeln würde. Die Beschlüsse blieben allerdings hinter den Erwartungen von Klimaschützern und Bürgern zurück; die Erklärung von Kopenhagen enthält weder bindende Vereinbarungen noch einen konkreten Zeitplan für die Entwicklung von konkreten Maßnahmen zur Begrenzung von Emissionen. In der komplexen Verhandlungssituation stellt die Rückkehr der Vereinigten Staaten in die internationalen Verhandlungen zum Klimaschutz jedoch einen wichtigen Zwischenschritt dar. Schließlich reiste auch der Präsident zum Abschlussgipfel an, um damit auch politisch die Aufgabe einer zehnjährigen Blockadehaltung zu symbolisieren. Bei den Verhandlungen in Kopenhagen setzen sich die Vereinigten Staaten nachdrücklich für eine internationale Koordination des Klimaschutzes ein und traten gemeinsam mit den anderen OECD-Ländern dafür ein, auch die Schwellen- und Entwicklungsländer stärker in das internationale Umweltregime einzubeziehen. Allerdings folgten die USA der von den europäischen Ländern vertretenen Linie nicht, ein Nachfolgeabkommen zu Kyoto mit konkreten Normen und Richtwerten zur Begrenzung von Emissionen festzulegen.

Ob die USA zukünftig als Vorreiter oder als Bremser auftreten werden, bleibt von der innenpolitischen Interessenlage abhängig. Das im Juni 2008 im Abgeordnetenhaus verabschiedete Klimagesetz sollte im Sommer 2010 auch im Senat beraten werden. Allerdings zeigen die Debatten um die Energiereform, wie polarisiert und wenig parteiübergreifend der innenpolitische Diskurs geworden ist, ein Umstand, der sich im Wahljahr 2010 noch verstärkt. In den internationalen Verhandlungen zur Klimapolitik werden die Vereinigten Staaten jedoch weiter vertreten sein. Sowohl in den Verhandlungen zwischen den 16 wirtschaftlich wichtigsten Staaten, als auch im bilateralen Dialog mit den aufsteigenden Wirtschaftsmächten, insbesondere mit klimapolitisch wichtigen Staaten wie China sind die USA weiterhin aktiv.

US-Präsident Obama hat zweifellos entscheidende Weichen für eine neue Energierevolution im eigenen Land auf den Weg gebracht. Diese erfolgt mittels fiskalischer Anreize und massiven Investitionen in Forschung und Entwicklung. Am deutlichsten ist die Innovation auf der regionalen und Einzelstaatlichen Ebene zu beobachten. Diese Innovation durch Anreize entspricht dem dezentralen Politikmodell im Unterschied zur zentralen staatlichen Regulierung, die in europäischen Ländern vorherrschend ist. Das amerikanische Modell setzt auf föderale und dezentrale Lösungen. Die Beteiligung von Unternehmen (*economic approach*) sowie lokaler Organisationen als eigenständige Akteure werden favorisiert. Auch zivilgesellschaftliche Organisationen spielen eine wichtige Rolle. Dieses Modell ist komplex und zeitaufwendig. Der Zeithorizont wird daher ein wichtiger Faktor einer differenzierten, multilateralen Klimapolitik sein.

6 Schwerpunkt Bildungspolitik

Bereits während des Wahlkampfes hatte Barack Obama die Bedeutung eines neuen Ansatzes in der Bildungspolitik hervorgehoben. In einer Grundsatzrede wenige Wochen nach dem Amtsantritt legte er die Kernpunkte der Bildungsreform dar.[1] Konzeptionell zielt die Obama-Administration auf eine grundlegende Korrektur des von der Bush-Administration verabschiedeten Bildungsgesetzes *No Child Left Behind* ab. Eine bessere staatliche Unterstützung von Problemschulen sowie die Förderung von sozial benachteiligten Kindern und Jugendlichen stehen dabei im Mittelpunkt. Darüber hinaus strebt die Obama-Administration an, die College-Ausbildung zu fördern und, beispielsweise durch fiskalpolitische Maßnahmen besonders für Familien der Mittel- und Arbeiterschicht, einen Ausgleich für die gestiegenen Studiengebühren anzubieten.[2] Im März 2010 wurden per Gesetz darüber hinaus Struktur und Zugang zu College-Stipendien verändert. Kredite für Studienzwecke werden fortan nicht mehr von Banken, sondern von einer staatlichen Agentur vergeben. Dadurch können die Kredite zu niedrigeren Zinsen vergeben und der Verwaltungsaufwand erleichtert werden. In der Forschungspolitik vertritt die Obama-Administration eine forschungsfreundliche Politik. Forschungsaktivitäten amerikanischer Hochschulen und Forschungseinrichtungen sollen intensiviert und Beschränkungen, etwa in der Stammzellenforschung, aufgehoben werden.

Das amerikanische Bildungssystem wird oftmals als eines der besten der Welt gerühmt. Zu diesem Ruf tragen vor allem exzellente Hochschulen, wie Harvard, Yale oder NYU, bei. Tatsächlich befinden sich diese auf einem international hohen Niveau und transportieren den Ruf einer modernen Wissensgesellschaft. Anders hingegen sieht es im amerikanischen Schulwesen aus, wo tiefgreifende Probleme einen Gegensatz zur „Bildungsrepublik" darstellen.

Historisch ist die Bildungspolitik stets der Bereich gewesen, durch die der amerikanische Ansatz der Chancengleichheit und der sozialen Integration unterschiedlicher sprachlicher und ethnischer Minderheiten in die amerikanische Gesellschaft unterstützt werden sollten. Bildung ist in der amerikanischen Kultur tief verwurzelt und geht einher mit der Überzeugung, dass man es mit Fleiß, guter Bildung und Talent sehr weit bringen kann. Dieser Grundgedanke des

---

[1] „Obama Outlines Plan for Education Overhaul", in: The New York Times, 11.03.2009, S. A11ff.
[2] Vgl. dazu http://www.whitehouse.gov/agenda/education/ (aufgerufen am 23.03.2010).

American Dream resultiert in eine weit verbreitete Bildungsbegeisterung und gehört zu den Grundpfeilern des amerikanischen Sozialvertrags. Bereits die Gründungsväter der USA sahen in einer guten Bildung den Schlüssel für ein Leben in Wohlstand und Freiheit in einer modernen Demokratie. Dass es die Vereinigten Staaten zu einer führenden Wirtschaftsmacht gebracht haben, begründet der politische Journalist David Brooks beispielsweise damit, dass hier ein Bekenntnis zur Bildung mit harter Arbeit und wirtschaftlicher Freiheit kombiniert werden. „The best short answer is that a ferocious belief that people have the power to transform their own lives gave Americans an unparalleled commitment to education, hard work and economic freedom."[3]

Öffentliche Bildungseinrichtungen koexistieren in den Vereinigten Staaten neben einer Vielzahl an privaten Schulen und Colleges. Während der Bush-Administration wurde der Wettbewerb der Schulen untereinander durch externe Anreiz- und Begutachtungssysteme gefördert. Schulen in strukturschwachen Gebieten und in den inneren Städten gerieten allerdings in den vergangenen Jahren immer mehr ins Hintertreffen. Hinzu kam eine ideologische Polarisierung in der Bildungspolitik und im Zusammenhang mit den Bildungsinhalten, wie die Debatte um den Kreationismus zeigt.

In den letzten Jahren dem zunehmenden Druck einer ideologischen Polarisierung ausgesetzt und durch regionale Unterschiede stark ausdifferenziert, steht die Bildungspolitik heute vor einer schwierigen Situation. Das Ziel der gleichen Chancen gerät durch die starke Ausdifferenzierung und wachsende Unterschiede zwischen wohlhabenden und ärmeren Schichten der Bevölkerung ins Hintertreffen. Hinzu kommt, dass die Bundesregierung nur begrenzten Einfluss auf die von Einzelstaaten und Kommunen getragenen öffentlichen Schulen hat. Das Föderalismusprinzip sowie die Finanzierungsstruktur durch die Steuereinnahmen der Kommunen haben die großen Ungleichheiten noch vertieft. Angesichts der zunehmenden Bedeutung von Bildung in der Wissensgesellschaft sollen staatliche Rahmenprogramme und Vorgaben nunmehr größere Chancengleichheit bewirken und Innovationen fördern.

---

[3] Brooks zitiert nach Schreiterer, Ulrich: online: Eine Frage des Geldes: http://www.bpb.de/themen/LBOPRG,0,0,Eine_Frage_des_Geldes.html, (aufgerufen am 19.04.2009).

6.1 Neue Bildungsoffensive

Ist in Zeiten der Wirtschafts- und Finanzkrise die Bildungspolitik auch nicht an erster Stelle der Prioritätenliste, so ist das Thema dennoch von hoher Relevanz für die amerikanische Bevölkerung. Bereits im Wahlkampf griff Barack Obama dieses Thema auf und erstellte einen detaillierten Plan zur Verbesserung der schulischen und universitären Ausbildung. Bereits vor den offiziellen Vorwahlen, im November 2007, erwähnte Obama in einer seiner Reden, dass: „We are the nation that has always understood that our future is inextricably linked to the education of our children – all of them" und zitierte nach Thomas Jeffersons Deklaration, dass „...talent and virtue, needed in a free society, should be educated regardless of wealth or birth."[4]

In seiner Ansprache zur Lage der Nation, der „State of the Union Address", führte Obama in der gemeinsamen Sitzung beider Kammern des Kongresses am 24. Februar 2009 aus, wie der Neuansatz in der Bildungspolitik gestaltet werden sollte. Diese Vorstellungen wurden in den folgenden Monaten weiter konkretisiert.

Die Reformvorhaben teilen sich in drei verschiedene Projekte auf: dem „Zero to Five-Plan" (*Early Childhood Education*), dem „K-12-Plan" sowie der College- und Universitätsausbildung.[5] In der *frühkindlichen Bildung* der null- bis fünfjährigen setzt Obama vor allem auf die Förderung der Kinderbetreuung in den Kinderkrippen und Kindergärten sowie in den Vorschulen (*kindergarten*). Der Schwerpunkt liegt dabei auf der gemeinsamen Hilfestellung für Kinder und ihre Eltern. Bessere Betreuung in den frühkindlichen Einrichtungen (*nurseries*) bedeutet für Obama gleichzeitig einen verbesserten Übergang in die Vorschule. Der Plan sieht ebenfalls eine Erweiterung des *Early Head Start* (EHS) und des *Head Starts*- Programm vor. Der Etat des EHS soll vervierfacht sowie eine Aufstockung der Gelder für das *Head Start*-Programm erwirkt werden.

In diesen Bereich fällt die geplante Qualitätsverbesserung und Steigerung der Kinderbetreuungsplätze, die speziell berufstätigen Familien zugute kommen soll. Im vorschulischem Bereich sollen mit dem „Early Learning Challenge Programm" mehrere Vorschulen entstehen, bei dem der Staat die Länder finanziell für die Errichtung solcher vorschulischer Bildungsstätten unterstützt.

Der „K-12-Plan" beinhaltet eine Reform des *No Child Left Behind*- Gesetzes, dessen Ziele laut Obama richtig seien. Falsch daran sei aber, dass die Bush-

---

[4] Obama, Barack: Speeches on Education:
http://origin.barackobama.com/issues/education/index.php (aufgerufen am 03.04.2010).
[5] Vgl. http://www.whitehouse.gov/agenda/education/

Regierung diese Programme unterfinanziert hätte. „The fact is, No Child Left Behind has done more to stigmatize and demoralize our students and teachers in struggling schools than it has to marshal the talent and the determination and the resources to turn them around."[6] Für ein Programm wie dieses müsse mehr Geld zur Verfügung gestellt werden, um die Qualität an Schulen nachhaltig verbessern zu können. Lehrer sollen ihren Schülern qualitativ hochwertigen Unterricht anbieten, und nicht nur auf die standardisierten Tests blicken.

Ein weiteres wichtiges Anliegen ist die Bekämpfung der hohen Schulabbrecher-Quote. Vor dem Hintergrund, dass der High School Abschluss der erste Bildungsabschluss ist, sind Abbrecherquoten von bis zu einem Drittel der Schüler in einigen Gegenden untragbar, zumal der Berufsausbildungsbereich für diese Schüler nur wenige Chancen bietet und das Fehlen eines dualen Berufsausbildungssystems lebenslange Bildungslücken entstehen lässt.

Die Senkung der Schulabbrecher-Quote soll zum einen durch die Zusammenarbeit von Lehrern und Eltern gemeinsam erreicht werden. Als weitere intervenierenden Maßnahmen gegen die „dropout crisis" sollen stärkere Förderungen in den Bereichen Mathematik und Naturwissenschaften erfolgen, intensive Lernphasen geschaffen, sowie Mentoring-Programme eingeleitet werden. Um mehr Kinder auch nachmittags zu fördern, sollen „afterschool programs" finanziell unterstützt werden. Für die Gewährleistung einer besseren Schulausbildung sieht der Obama-Plan vor, mehr Geld in die Ausbildung neuer Lehrer zu investieren. Diese sollen nach ihrem Graduate-Abschluss entweder eine weitere lehrerspezifische Ausbildung erhalten oder diejenigen, die bereits im Dienst angestellt sind, zu einer Weiterbildung animiert werden.

Die High School zu beenden bzw. die hohe Abbrecherquote zu senken verfolgt wirtschaftliche und politische Ziele. Wirtschaftlich, so die Obama-Administration, belasten die Abbrecher nicht nur das Schulsystem, sondern sie verpassen auch ihre Chance, in der durch raschen Wandel und Innovation gekennzeichneten Zeit wirtschaftlich und sozial erfolgreich zu sein. Die gesellschaftlichen Nachteile werden in klaren Aussagen politisch vermittelt. „Quitting high school is quitting on your country. In a global economy where the most valuable skill you can sell is your knowledge, a good education is no longer just a pathway to opportunity--it is a prerequisite. And yet, we have one of the highest high school dropout rates of any industrialized nation. And half of the students who begin college never finish. This is a prescription for economic decline. So tonight, I ask every American to commit to at least one year or more of higher education or career training. This can be community college or a four-

---

[6] Obama, Barack: Speeches on Education:
http://origin.barackobama.com/issues/education/index.php (aufgerufen am 19.04.2009).

year school; vocational training or an apprenticeship. But every American will need to get more than a high school diploma. And dropping out of high school is no longer an option. It's not just quitting on yourself, it's quitting on your country. That's why we will provide the support necessary for all young Americans to complete college and meet a new goal: By 2020, America will once again have the highest proportion of college graduates in the world."[7]

Bei entsprechender Leistung sieht die Bildungsreform auch eine gesteigerte Vergütung für Lehrer vor. Dies trifft vor allem auf Lehrer zu, die in den sozialen Brennpunkten der inneren Städte sowie in Gebieten mit signifikantem Lehrermangel ihren Schuldienst aufnehmen. Bei der Rekrutierung und Ausbildung sollen vor allem diejenigen gefördert werden, die ein Studium in Mathematik oder Naturwissenschaften absolviert haben. Um die Lehrer länger an das Amt zu binden, sollen zudem Mentoring-Programme für junge Lehrkräfte eingeführt werden, die einen gemeinsam geführten Unterricht von neuen und älteren Pädagogen vorsieht.

Im Bereich der *Höheren Bildung* befürwortet Obama ein System, das jedem Studenten ermöglicht, ein Studium, unabhängig von seiner Herkunft und seinen finanziellen Mittel, aufzunehmen. Durch den *American Opportunity Tax Credit* werden Studiengebühren in Höhe von etwa 4.000 US$ pro Jahr gefördert, wobei die ersten 4.000 US$ des Kredits vom Staat komplett erlassen werden. Auch der Zugang zu Stipendien und die Anzahl der Stipendien soll erleichtert bzw. erhöht werden, um mehr Studenten eine höhere Ausbildung zu ermöglichen und um mehr Chancengleichheit innerhalb des Systems herzustellen.

Von dem beschlossenen *American Recovery and Reinvestment Act* entfallen circa 53 Milliarden Euro auf den amerikanischen Bildungssektor, wobei von den geplanten Steuerleichterungen weitere 25 Milliarden für den Bildungsbereich vorgesehen sind.[8] Diese bereitgestellten Mittel sollen einerseits dazu dienen, die Wirtschaftsentwicklung wieder voran zu treiben, anderseits soll das amerikanische Bildungssystem wieder Anschluss an die Weltspitze finden. Der Stimulus-Plan sieht eine bundesstaatliche Förderung von Schulen vor, die es ihnen ermöglichen soll, mehr Lehrer einzustellen, die Qualität der Schulprogramms und der Abschlüsse zu verbessern. Bildungspolitiker mehrerer Bundesstaaten, beispielsweise in Kalifornien und Rhode Island, drängten dementsprechend darauf, klare staatliche Richtlinien zu entwickeln um sicher zu stellen, dass die finanziellen Mittel von den Bundesstaaten für die diese Zwecke und nicht zum Ausgleich für vorgesehene Kürzungen in einzelnen Staaten verwendet werden.[9]

---

[7] Barack Obama: 2009 State of the Union address Feb 24, 2009
[8] Vgl. http://www.recovery.gov/?q=content/investments.
[9] "No Time for Budgetary Gains", Editorial, in: The New York Times, 26.03.2009, S. A22.

Die Schwerpunkte des Bildungsreformprogramms liegen auf der Förderung der Chancengleichheit und der Verminderung der Bildungsbenachteiligung von bildungsfernen Schichten. Dieser Plan enthält viele der oben erwähnten Reformvorhaben Obamas, wie der Gewährleistung von Stipendien für mehr Studenten, gerade aus unterprivilegierten Schichten, und investiert in qualifizierte und leistungsorientierte Lehrkräfte. Darüber hinaus soll die Verbesserung der Lerntechnologien einen qualitativ besseren Unterricht ermöglichen.[10] In einem im März 2009 vorgestellten Reformplan der Bildungspolitik griff Obama seine zu Beginn des Wahlkampfes vorgestellten Reformpläne auf, erweiterte diese aber, mit dem Verweis auf Südkorea, um die Überprüfung der langen Ferienzeiten und relativ kurzen Schultage in den USA, welche im internationalen Vergleich relativ hoch seien.

Die Bildungsreform wird in den USA von allen Parteien als notwendig angesehen, einzelne Punkte der Reform werden dennoch auch kritisch bewertet. Speziell Lehrerverbände weisen darauf hin, dass eine Bezahlung der Lehrer nach Leistung ebenso uneffektiv sei wie eine bloße Reform des NCLB- Acts. Durch Tests könne keine genaue Bildungsdiagnose erzielt werden und durch die Beibehaltung der Tests würde weiterhin nur für die Tests unterrichtet werden. Der Ansatz, neue Testformen zu entwickeln, die die Entwicklung der Schulleistungen über einen längeren Zeitraum hinweg und nicht die Momentaufnahme erfassen, sowie die Förderpolitik gezielt auf die Problemschulen zu richten und diese nicht mit Schließung zu drohen, werden inzwischen als vielversprechende Reformansätze diskutiert.[11]

Durch das föderalistische Prinzip werden den Bundesstaaten durch die einzelnen Programme und Steuerzuwendungen Zugeständnisse erteilt, um die Reformprojekte der Bundesregierung auch tatsächlich in die Tat umzusetzen, denn Amerika, so Obama,"[…] need to do more than put the American dream on a firmer foundation. Every American has the right to pursue their dreams. But we also have the responsibility to make sure that our children can reach a little further and rise a little higher than we did. […]That means early childhood education. That means recruiting an army of new teachers, and paying them better, and supporting them more so they're not just teaching to test, but teaching to teach.[…] It's time to reclaim the American dream."[12] Diese Unterstützung wird mit einem Appell an zivilgesellschaftliche Traditionen verknüpft. Wie Obama betont, sollten Staatskredite und Stipendien von den Studenten mit Ge-

---

[10] Vgl. http://www.ed.gov/policy/gen/leg/recovery/factsheet/overview.html
[11] Sam Dillon: "Array of Hurdles Awaits New Education Agenda", in: The New York Times, 16.03.2010, S. A16.
[12] Obama, Barack: Speeches on Education:
http://origin.barackobama.com/issues/education/index.php, (aufgerufen am 19.04.2009).

meinschaftsarbeit verbunden werden. „Volunteer in your neighborhood and we help pay for college. I know that the price of tuition is higher than ever, which is why if you are willing to volunteer in your neighborhood or give back to your community or serve your country, we will make sure that you can afford a higher education. And to encourage a renewed spirit of national service for this and future generations, I ask Congress to send me the bipartisan legislation that bears the name of Senator Orrin Hatch & Senator Edward Kennedy."[13]

Die Bildungsreforminitiative trat ein schwieriges Erbe an. Dem amerikanischen Konsens entspricht eine minimalistische bundesstaatliche Regulierung, bei gleichzeitiger Dezentralisierung auf einzelstaatlicher und kommunaler Ebene. Auf dieser Ebene wurden während der Bush-Administration erbitterte Richtungskämpfe ausgetragen. Unter dem Einfluss sozialkonservativer und rechter Gruppierungen wurden Erziehungsfragen seit Ende der 1990er Jahre weniger vor dem Hintergrund von sozialen oder ökonomischen Problemen behandelt, sondern als moralische Fragen betrachtet, zumal die religiöse Rechte seit den achtziger Jahren eine größere Bedeutung in Nachbarschaften und Schulen erlangt hatte, was sich in einer Vielzahl von neu entstandenen Familienorganisationen und Beratungsgruppen ausdrückte. Diese Strömungen haben in der republikanischen Partei größeren Einfluss erzielen können, deren Strategie sich vornehmlich auf Bildungs- und Erziehungsfragen in einem sich sozial rasch wandelnden Umfeld konzentrierte, während die Demokraten mehrheitlich ein der säkularen, pluralistischen und ethnisch diversifizierten Gesellschaft verpflichtetes Konzept vertraten.

Wie der Soziologe Stephen Kalberg zeigt, bilden die puritanisch-religiösen Traditionen der Vereinigten Staaten eine Wurzel gesellschaftlicher Identität und zivilgesellschaftlicher Aktivitäten.[14] In Zeiten gesellschaftlichen Wandels fungieren diese Traditionen als eine Grundlage für die Deutung gesellschaftlicher Veränderungen und die Entwicklung von gesellschaftlichen Problemlösungsmustern. Religiosität steht daher auch für den Wunsch nach einer Erhaltung der bzw. Rückkehr zu traditionellen amerikanischen Lebensweisen. Die Verunsicherungen aufgrund des raschen sozialen Wandels im Zuge der Globalisierungsprozesse haben auch im Bildungsbereich ihre Spuren hinterlassen. Neue Technologie und die Möglichkeit eines raschen Austausches wissenschaftlicher Erkenntnisse beschleunigen sozialen Wandel. Zudem sind neue Forschungsmethoden und die Entwicklung neuer Technologien stets auch mit ethischen Orientierungs- und Richtungsstreitigkeiten Fragen verknüpft. Die Obama-Adminis-

---

[13] State of the Union address Feb 24, 2009.
[14] Stephen Kalberg (2009): American Civic Sphere. Its Origins, Expansion, and Oscillations, in: Journal of Classic Sociology, Vol. 9 (1), S. 117-141.

tration vertritt hier einen liberalen Ansatz und unterstützt die Erforschung neuer Wege in der Forschung.

Mit der Bildungsreform strebt die Obama-Administration sowohl strukturell als auch inhaltlich an, die progressiven und säkularen zivilgesellschaftlichen Traditionen zu stärken und an die Wiederherstellung der Rolle von Bildung als Voraussetzung von Chancengleichheit anzuknüpfen.

6.2 Erweiterte Bildungschancen

Die Bildungsoffensive verfolgt ein Kernziel der Obama-Administration, die Chancengleichheit in der Gesellschaft wiederherzustellen und die jüngere Generation so auszubilden und zu fördern, dass sie im globalen Zeitalter mit Gleichaltrigen in Ländern mit aufsteigenden Ökonomien konkurrieren können. Im Zentrum steht dabei die Förderung der breiten Mittelklasse sowie benachteiligter Bildungsschichten. Dass die Schul- und Hochschulausbildung von Minderheiten ebenfalls gefördert werden soll, zeigen die differenziert abgestimmten Programme zur frühkindlichen Erziehung an. Wie Studien zeigen, sind nicht nur sprachliche Probleme, insbesondere bei Kindern von Einwanderern ein Problem. Vielmehr führen geringe materielle Möglichkeiten in Haushalten von Minderheiten zu erheblichen Nachteilen.

Die USA belegen im OECD-Bildungsvergleich von vierzig Staaten einen der vorderen Plätze. Begründet ist dies darin, dass 39 Prozent aller Amerikaner zwischen 25 und 64 Jahren ein Studium absolviert haben. Einen Highschool-Abschluss besitzen zudem rund 85 Prozent der 21- jährigen.[15] Im tertiären Bildungssektor benennen diese Zahlen allerdings alle College- Abschlüsse einschließlich derer der Berufsfachschulen; einen international vergleichbaren Abschluss wie den Bachelor besitzen hingegen nur 27,6 Prozent der Amerikaner. In der PISA-Studie schneiden die USA hingegen unterdurchschnittlich ab und liegen sogar noch unter dem Durchschnitt aller OECD-Länder.[16] Gerade in den Bereichen Mathematik und den Naturwissenschaften weisen viele Schüler gravierende Mängel auf. In den USA ist gerade die PISA-Studie bei einigen Forschern in die Kritik geraten, da sie sich nicht auf alle Bundesstaaten gleichermaßen übertragen lasse und die Fragen laut dem US-Forscher Tom Loveless zu

---

[15] Vgl. Ulrich Schreiterer: online: Eine Frage des Geldes:
http://www.bpb.de/themen/LBOPRG,0,0,Eine_Frage_des_Geldes.html,
(aufgerufen am 19.04.2009).
[16] Spiegel online zur PISA-Studie:
http://www.spiegel.de/fotostrecke/fotostrecke-37200.html#backToArticle=591040 (aufgerufen am 20.04.2009).

ideologisch seien. Laut Schreiterer sind solche internationalen Vergleiche aber notwendig, um das eigene System hinterfragen zu können und zu verbessern.[17]

Die an der Studie nun sichtbar gewordenen Mängel beklagte der damalige Senator Barack Obama im November 2007 in seiner Rede „Our kids, our future" in Manchester, NH: „I do not accept this future for America. I do not accept an America where we do nothing about six million students who are reading below their grade level – an America where sixty percent of African-American fourth graders aren't even reading at the basic level. I do not accept an America where only twenty percent of our students are prepared to take college-level classes in English, math, and science – where barely one in ten low-income students will ever graduate from college."[18] Er fasste damit treffend die Probleme des amerikanischen Bildungssystems zusammen. Viele der Schüler, welche die High School ohne Abschluss verlassen, gehören der unteren Bildungsschicht an. Unter ihnen befinden sich viele Kinder und Jugendliche mit Migrationshintergrund.

Ein wichtiger Grund für das Leistungsgefälle besteht sicher darin, dass es im föderalistischen System keine vereinheitlichten Leistungsstandards gibt, die ein Mindestmaß an Anforderungen und zu beherrschenden Lehrinhalten beinhalten. Viele der Highschool-Abgänger können nicht richtig lesen und vielen Studenten fällt es schwer, den Lehrinhalten an der Universität zu folgen. Hier benötigen fast 30% im ersten Semester bereits Nachhilfeunterricht.[19] Zudem werden die Gelder, die in das Bildungssystem investiert werden, immerhin 3,8% des Bruttoinlandsprodukts, ungleich verteilt. Den reichen Kommunen stehen gute bis sehr gute Unterrichtsmaterialien und Lehrvoraussetzungen zur Verfügung, ärmeren Bezirken fehlt es meist an den nötigsten Materialien, um angemessen unterrichten zu können. Die Lehrerausbildung ist zudem in den USA nicht vereinheitlicht und ist nicht tiefgreifend genug. Von denjenigen, die anfangs als Lehrer arbeiten, beenden 30% bereits nach fünf Jahren die pädagogische Laufbahn. Oftmals werden die vom Programm vorgesehenen Förderangebote für schwächere Schüler aufgrund von Geld- oder Personalmangel nicht angeboten. Eine Intelligenzeinteilung der Schüler nach Multiple-Choice-Tests, die in den Klassen drei bis acht durchgeführt werden, erscheint ebenso fragwürdig. Ein weiteres Problem besteht in dem hohen Zuwachs an Kindern aus Einwandererfamilien, die wenig bis gar kein Englisch sprechen. Der Unterricht wird oft nicht auf die Bedürfnisse dieser Schüler angepasst und durch weniger

---

[17] Vgl. Ulrich Schreiterer: online: Eine Frage des Geldes: http://www.bpb.de/themen/LBOPRG,0,0,Eine_Frage_des_Geldes.html, S. 8 (aufgerufen am 19.04.2009).
[18] Vgl. Barack Obama: Speeches on Education: http://origin.barackobama.com/issues/education/index.php,(aufgerufen am 19.04.2009).
[19] Vgl. http://change.gov/agenda/education_agenda/.

Bildungschancen bleibt diesen Kindern somit oftmals ein sozialer Aufstieg zumindest erschwert.

Der neue Bildungsansatz der Obama-Administration entspricht einem historisch-kulturellen Selbstverständnis, in dem die Demokratisierung der Gesellschaft über einen offenen Zugang zur Bildung erfolgen soll. Damit folgt er einer amerikanischen Tradition, in der Bildung als Schlüssel für die soziale Integration gilt.

Auch in der Rechtssprechung wurde einer frühen Demokratisierung sowie dem Bildungsbedarf Rechnung getragen. Exemplarisch wird dies bereits deutlich in der Anerkennung der Bildung als ein demokratisches Bürgerrecht im Jahre 1844, als einem Kläger in Vermont vor Gericht das Recht auf den Besuch einer allgemeinbildenden Schule zugesprochen wurde.[20] 1926 wurde dies von einem Gericht in Washington bestätigt, welches auch den Besuch eines Colleges als Notwendigkeit ansah. Die Bildungsexpansion verlief in den USA parallel mit der fortschreitenden Demokratisierung. Besonders zutage trat dieser Prozess mit den dezentral gesteuerten Bildungsreformen wie dem „Common School Movement" im 19. Jahrhundert, welches eine Vereinheitlichung des Primarsektors und eine Trennung von Kirche und Staat vorsah sowie Anfang des 20. Jahrhunderts dem „Progressive Movement", welches eine Neuausrichtung der Bildung sowie eine „Universalisierung der Sekundarbildung" beinhaltete. Erfolge schienen diese Neuerungen dahingehend auszuweisen, dass bereits vor dem Zweiten Weltkrieg ein Sekundarschulabschluss den Normalfall darstellte.

Im Jahr 1944 wurde durch das als *GI-Bill* bekannt gewordene Gesetz (*Servicemen's Readjustment Act*) besonders das Hochschulwesen in Bezug auf einen erleichterten Zugang zur Ausbildung in einem großen Umfang revolutioniert. Mit diesem Gesetz wurde es Kriegsveteranen, kostenfrei sowie durch Stipendien, ermöglicht, ein Hochschulstudium aufzunehmen.[21] Ohne das Gesetz hätten Schätzungen zufolge bis zu einem Viertel von ihnen kein College besuchen können. Diese Regelung ermöglichte erstmals auch vielen Afro-Amerikanern den Zugang zur College-Ausbildung.

Präsident Eisenhower brachte das *Federal-aid-to-Education*-Programm auf den Weg, mit welchem Optimierungen im gesamten Bildungssektor erreicht werden sollten. Wenige Jahre später, im Jahr 1954, sprach der US Supreme Court allen, einschließlich der afro-amerikanischen Bevölkerung, das gleiche Recht auf Bildung zu. Die Rassendiskriminierung im Bildungssektor wurde

---

[20] Vgl. Marius R. Busemeyer: Bildungspolitik in den USA. Eine historisch-institutionalistische Perspektive auf das Verhältnis von öffentlichen und privaten Bildungsinstitutionen, in: ZSR 53 (2007), Heft 1, S. 57-78.
[21] Laut Busemeyer nahmen rund 2,2 Millionen Veteranen die Förderung wahr. Ebenda, S. 57f.

somit für verfassungswidrig erklärt. Obwohl nur gegen große Widerstände durchgesetzt, öffnete diese Entscheidung die Tür zu einer breiten Demokratisierung des Bildungszugangs für die bisher benachteiligten Afro-Amerikaner.[22]

In den 1960er Jahren rief Präsident Lyndon B. Johnson schließlich zu einem gezielten Kampf gegen die Armut auf (*war on poverty*). Als Teil der Armutsbekämpfung wurde das Vorschulprogramm *Head Start* ins Leben gerufen. Ziel dieser kompensatorischen, kognitiven Förderung soll es bis heute sein, die Bildungschancen der Kinder aus sozial schwachen Familien zu erhöhen bei gleichzeitiger Minimierung der allgemeinen Benachteiligung dieser Kinder. Hierzu werden die Kinder mit Hausaufgabenbetreuungen, Lesenachmittagen und kulturellen Angeboten unterstützt. Erreicht werden neben den Kindern aber auch die Eltern, denen ebenfalls Hilfestellungen bei der Erziehung ihrer Kinder oder bei Problemen aller Art von *Head Start*- Mitarbeitern angeboten werden. Die Langzeitwirkung dieses Programms wurde von Kritikern jedoch angezweifelt, da neben der gezielten Betreuung der Kinder auch das soziale Umfeld des Kindes optimiert werden müsse, damit sich Erfolge nachhaltig einstellen. Nach wie vor sind Kinder der Afro-Amerikaner und der Spanisch sprechenden Minderheit sowie Kinder in Schulen der inneren Städte und der ärmeren ländlichen Gebiete, einschließlich der Indianerreservate, benachteiligt.

Im Jahr 2008 investierte die Bundesregierung nach Angaben des US-Department of Health and Human Services rund 6.9 Milliarden US$ in das Förderprogramm. Die strukturelle und inhaltliche Erneuerung des Bildungssystems steht jedoch erst am Anfang. Inwieweit sich die Reformvorstellungen der Obama-Administration umsetzen lassen, hängt nicht nur von den Einzelstaaten, sondern auch von einer Reihe professioneller Organisationen, wie der Lehrerverbände ab. Obwohl bereits eingebunden in das Stimulus-Paket der Regierung vom Februar 2009 muss auch die Finanzierung der Reformmaßnahmen weiter beraten werden.

6.3 Aktive Forschungspolitik

Obwohl die Forschungspolitik ein dezentral und durch eine Vielzahl von Forschungseinrichtungen und Universitäten getragener Bereich ist, hat sie in den vergangenen Jahren auch in der öffentlichen politischen Diskussion auf Bundesebene eine zunehmende Rolle gespielt, denn zum einen versucht die Bundesregierung durch eine gezielte Forschungsförderung internationale Spitzenleistungen zu unterstützen, um die USA im globalen Wettbewerb konkurrenzfähig zu

---

[22] Vgl. Z. B. John Hope Franklin (2005): Mirror to America. The Twentieth Century Fight for Civil Rights, New York.

halten, und zum anderen konkurrieren die Einzelstaaten um bundesstaatliche Zuwendungen. Über die Zuwendung von Mitteln hat die Bundesregierung daher einen direkten Einfluss auf die Rahmengestaltung von Forschungsbedingungen. Forschungspolitik ist daher von nationalem Interesse und regelmäßig auch Gegenstand politischer Wahlkämpfe.

Der Bruch mit der Bush-Administration wird gerade auf dem Feld der Forschungsförderung deutlich. Dieses soll im Folgenden an einem besonders umstrittenen Beispiel aufgezeigt werden. Bereits kurz nach der Amtsübernahme traf Präsident Obama eine richtungsweisende Entscheidung bezüglich der Stammzellenforschung, indem er das während der Bush-Administration verfügte Verbot, staatliche Mittel zur Förderung der Forschung mit embryonalen Stammzellen einzusetzen, durch eine Anordnung aufhob.[23] Zur Begründung führte er an, dass die weltanschaulich begründete Restriktion im Interesse der Forschung zum Wohl von Patienten mit schweren Erkrankungen aufgehoben und die Forschung von ideologischen Zwängen befreit werden müsse.

Während der Bush-Administration waren unter dem Druck einer breiteren Koalition aus religiösen und sozialkonservativen Gruppen sowie Abtreibungsgegnern verschiedene Restriktionen in der Forschungspolitik eingeführt worden. Religiös begründete Beschränkungen und Richtlinien wurden vor allem an neue medizinische Forschungsfelder angelegt, wie die Stammzellenforschung und das sogenannte therapeutische Klonen. Hatte sich die religiös-moralische Polarisierung durch die erstarkte Rechte in den USA in der Vergangenheit vor allem an der Frage der Rechtmäßigkeit von Schwangerschaftsabbrüchen entzündet, so wurde sie nun auf das Gebiet der Stammzellenforschung ausgedehnt, wobei es nicht nur um ethische Fragen, sondern vor allem auch um Fragen der staatlichen Finanzierung von Forschung ging.

Bereits während der Bush-Administration spaltete sich die Forschergemeinde. Nachdem sich der ehemalige Präsident Bush zu Beginn seiner ersten Amtszeit zunächst gegen jegliche Form dieser neuen Forschungsrichtungen ausgesprochen hatte, unterzeichnete er schließlich doch ein Gesetz, das die Zuwendung von Bundesmitteln zur Forschung mit Stammzellen, in stark eingeschränktem Rahmen, ermöglichte. Danach war nur die Arbeit mit bereits vorhandenen Stammzellkulturen zugelassen, wenn staatliche Zuwendungen erfolgten, eine Position, die sich auch in der republikanischen Wahlplattform von 2004 wiederfindet, worin lediglich die Forschung mit adulten Stammzellen aufgenommen wird. Das Thema selbst war im Wahlkampf 2004 stark polari-

---

[23] Demetri Sevastopulo/Clive Cookson: "Obama gives go-ahead for stem cell funds", in: Financial Times, 09.03. 2009
http://www.ft.com/cms/s/0/fc6499d8-0ccc-11de-a555-0000779fd2ac.html (aufgerufen am 09.03.2009)

siert. Dabei sprachen sich nicht nur führende Demokraten unterstützend für die Stammzellenforschung aus, vielmehr kamen auch Patientenorganisationen, Selbsthilfegruppen, Leiter von Forschungseinrichtungen und andere Persönlichkeiten des öffentlichen Lebens zu Wort. Im Gegensatz zu den Republikanern sprachen sich viele Demokraten für eine liberale und offene Forschungspolitik aus, die auch staatliche Förderung für die Erforschung von Heilungsmöglichkeiten von Krankheiten wie Alzheimer oder Parkinson mit embryonalen Stammzellen vorsieht.[24] Diese Position findet in Demokratischen Partei heute breite Unterstützung und die Verabschiedung der präsidentiellen Anordnung im Jahr 2009 fand hier breite Zustimmung.

Aber auch innerhalb der republikanischen Partei blieb die restriktive Position der Bush-Administration, die in einigen Bundesstaaten sogar durch noch restriktivere Gesetze übertroffen wird, nicht unwidersprochen. Bereits frühzeitig unterstützte beispielsweise der republikanische Gouverneur Arnold Schwarzenegger mit einer breiten Koalition aus Gesundheitsexperten, Vertretern von Pharmaindustrie, Forschungseinrichtungen und Patientenorganisationen in Kalifornien ein Gesetz, welches eine großzügige Förderung der Forschung mit Stammzellen ermöglicht, wobei Argumente zum Wohl schwer- oder unheilbar kranker Patienten, aber auch die Sorge um die Wettbewerbsfähigkeit der stark forschungsorientierten kalifornischen Wirtschaft im Vordergrund standen. Die Bewilligung von drei Milliarden Dollar binnen zehn Jahren für Universitäten und Privatkliniken, die aufgrund der damaligen gesetzlichen Lage keine Bundesmittel erhalten hatten, sollte damit die Stammzellenforschung in größerem Umfang fördern.[25] So ist in Kalifornien ausdrücklich eine Ausdehnung über die begrenzten zwanzig Stammzellkulturen hinaus erlaubt, die die Bush-Regierung seinerzeit zuließ. Zugelassen wurde auch das sogenannte therapeutische Klonen zur Erforschung und Heilung bestimmter Krankheiten wie Diabetes, Parkinson, Alzheimer oder von Herzkrankheiten. Die Bewilligung staatlicher Gelder für diese Forschung verleiht Kalifornien eine Spitzenposition in der Stammzellenforschung. Experten gehen davon aus, dass Kalifornien damit eine Vorreiterrolle im gesamten Gesundheitsbereich einnehmen wird.

Meinungsumfragen zufolge teilte die Mehrheit der amerikanischen Öffentlichkeit die christlich-fundamentalistischen Positionen der Bush-Administration nicht. Einer repräsentativen Umfrage des unabhängigen *Pew Research Center*

---

[24] „President Bush has rejected the calls from Nancy Reagan, Christopher Reeve and Americans across the land for assistance with embroynic stemm cell research. We will reverse this wrongheaded policy… We will pursue this research under the strictest ethical guidelines, but we will not walk away from the chance to save lives and reduce human suffering." „Excepts from the Party Platforms: Democratic Platform", in: The New York Times, 31.08. 2004, S. P4.

[25] Dabei handelt es sich um Proposition 71 (2004). Ausführlicher vgl. z.B. The New York Times, 23.09.2004.

zufolge gaben im August 2004 rund 52 Prozent der Befragten an, dass es wichtig sei, Stammzellenforschung durchzuführen, um neue Behandlungsmethoden für schwere Krankheiten zu entwickeln; 34 Prozent sagten dagegen, es sei wichtiger zu verhindern, dass ein mögliches Leben eines Embryos zerstört werde und lehnten die Stammzellenforschung ab. Zwei Jahre zuvor, als man das Thema erstmals öffentlich diskutierte, waren die Meinungen etwa gleich verteilt mit 43 Prozent für die Stammzellenforschung und 38 Prozent dagegen.[26]

Die forschungsfreundliche Politik der Obama-Administration trifft auf eine breitere Zustimmung in der Bevölkerung. Allerdings bestehen große regionale Unterschiede; während die liberalen Gegenden der West- und der Ostküste die Forschungspolitik breiter nutzen können, da sich hier die großen Forschungseinrichtungen konzentrieren, besteht in den Regionen des Mittleren Westens sowie in den ländlichen Gebieten des Südens und Südwestens der USA nach wie vor größere Skepsis und Ablehnung.

---

[26] Andrew Kohut: „A Political Victory that Wasn´t", in: The New York Times, 23. 03. 2005, S. A23.

7 Neue Außenpolitik: Perzeptionen, Konzepte und Schwerpunkte

Im Bereich der Außen- und Sicherheitspolitik, dem traditionellen Kernbereich politischer Handlungskompetenz amerikanischer Präsidenten, ließ Barack Obama von Anbeginn seiner Amtszeit keinen Zweifel daran, dass er mit der Vorgängerregierung brechen und einen neuen Ansatz in der Außenpolitik entwickeln würde. Vor allem in Europa wurde dieser Neuanfang begrüßt und es herrschte die Erwartung vor, dass sich eine gemeinsame Herangehensweise an globale Probleme im Rahmen von internationalen Organisationen durchsetzen würde.

Die Perzeption des Neuanfangs wurde zunächst geprägt durch die Herkunft und das charismatische Auftreten Barack Obamas. Besonders die deutschen Medien betrachteten die multikulturelle Herkunft als bemerkenswerten Hinweis auf eine neue Weltoffenheit der Vereinigten Staaten.[1] Der Bruch mit der eher nationalistisch ausgerichteten Bush-Administration schien daher schon in der Person Obamas sichtbar und die Rhetorik des Wandels durch die in biografischer Form selbst vorgelegten Narrative unterstützt.[2] Zudem erschien Obama, der bislang auf der nationalen politischen Bühne nur eine randständige Rolle gespielt hatte, sich dann aber rasch einen breiten Unterstützerkreis erobern konnte, als kooperativ und konsensfähig.

Auch die ersten Akzente, die in zentralen außen- und sicherheitspolitischen Fragen von der Obama-Administration gesetzt wurden, deuteten auf einen Richtungswechsel hin. Bereits in der viel beachteten öffentlichen Rede Barack Obamas in Berlin im Juni 2008, also noch vor der offiziellen Nominierung zum Präsidentschaftskandidaten, hatte er die engen Beziehungen zwischen den Vereinigten Staaten und Europa und das Eintreten für gemeinsame Ziele und Werte hervorgehoben. Die Anordnung der Schließung des Gefangenenlagers in Guantánamo Bay kurz nach der Amtsübernahme, die deliberative Strategie des Dialogs mit der arabischen Welt in der Kairoer Rede im Sommer 2009, sowie

---

[1] Vgl. Z. B. „Obama – ein Geschenk der Geschichte. Der erste globale Präsident in Zeiten der Globalisierung, ein Schwarzer in einem bunten Land, der Vater aus Kenia, die Mutter aus Kansas, der Name arabisch – endlich könnte Amerika wieder Trendsetter sein, wie einst in der Raumfahrt und im Rock´n Roll, in der Filmwelt wie im Cyberspace, ein Land, das die Welt immer träumen ließ." Jan Christoph Wiechmann „Sehnsucht nach dem Erlöser" in: Stern, 14.2. 2008, S. 55.
[2] Vgl. Zur Biographie auch David Remnick (2010): The Bridge. The Life and Rise of Barack Obama, New York: Alfred A. Knopf.

die Ankündigung des Wiedereinstiegs in die internationalen Klimaschutzverhandlungen wurden in der internationalen Gemeinschaft und besonders in Europa begrüsst und als Neuanfang gewertet. Der Kampf gegen den Terrorismus wurde nicht aufgegeben, aber in eine neue Strategie eingebettet, zu der auch die Annäherung an die islamische Welt sowie eine neue Friedensinitiative im Nahen Osten gehören. Mit der Verleihung des Friedensnobelpreises an Barack Obama im Dezember 2009 hatte die internationale Gemeinschaft zudem der Erwartung Ausdruck verliehen, dass die Obama-Administration eine konstruktive Rolle in der Abrüstungs- und Sicherheitspolitik und der Wahrung des Weltfriedens spielen würde.

Analytisch zeigt sich, dass die Frage, welche Konzepte in der Außen- und Sicherheitspolitik vertreten werden, nicht nur auf der deklamatorischen und der strategischen Ebene beurteilt werden kann. So werden in Europa in der Regel die Wichtigkeit der innenpolitischen Konstellation mit der bedeutenden Rolle des Kongresses, der Interessengruppen und der öffentlichen Meinung ebenso unterschätzt, wie die historisch geformten Leitbilder in der Außenpolitik. Die Tragfähigkeit gemeinsamer konzeptioneller Lösungsansätze beruht zudem auf kulturell vermittelten Wahrnehmungs- und Deutungsmustern. Letztere sind, wie verschiedene Arbeiten zeigen, durch unterschiedliche politisch-kulturelle Zusammenhänge und historische Erfahrungen auf beiden Seiten des Atlantiks beeinflusst.[3]

Die amerikanische Erfahrung unterscheidet sich dabei grundlegend von den europäischen Erfahrungen, die sich aufgrund von geschichtlichen Entstehungsbedingungen und politischen Machtverhältnissen ergeben haben. Die jeweiligen Leitbilder gründen auf Handlungsmustern und Mentalitäten, deren historisch-kulturelle Spuren bis in die Gründungsphase der Vereinigten Staaten zurückreichen und die politischen Optionen in der Außenpolitik bis heute beeinflussen.[4] Freiheit und Unabhängigkeit, die im Kontext des Gründungsprozesses der Vereinigten Staaten ihre gesellschaftliche Fundierung erhalten haben, spielen beispielsweise im Kontext der amerikanischen Außenpolitik bis heute eine große Rolle. Auch der amerikanische Patriotismus reicht, ebenso wie der Pragmatis-

---

[3] Vgl. insbesondere in Anlehnung an Max Weber die Argumentation von Stephen Kalberg (2003): „The Influence of Political Culture upon Cross-Cultural Misperceptions and Foreign Policy: The United States and Germany", in: German Politics and Society, Vol. 21, No. 3, S. 1-23; sowie Jarausch, Konrad H.: „Cultural Dimensions of the Transatlantic Estrangement", in: Kurthen, Hermann/Antonio V. Menéndez-Alarcón/ Stefan Immerfall (Hg.): Safeguarding German-American Relations in the New Century. Understanding and Accepting Mutual Differences, Lanham et. al.: Rowman and Littlefield 2006, S. 12-32

[4] Unterschiedliche Perzeptionen auf beiden Seiten des Atlanktik prägen auch den Begriff des Politischen. Vgl. z. B. Ulrich Haltern (2009): Obamas Politischer Körper, Berlin: Berlin University Press.

Sicherheitspolitik und Multilateralismus 115

mus, der die Außenpolitik der Obama-Administration kennzeichnet, weit in die
Geschichte der USA zurück.

Eine fundierte abschließende Bewertung von Kontinuität und Wandel in
der Außenpolitik sowie der Erfolge in der Umsetzung der von der Obama-
Administration entwickelten Zielsetzungen ist aufgrund des kurzen Zeithori-
zonts nicht möglich. Auch waren die ersten Monate der Amtszeit Präsident
Obamas dadurch gekennzeichnet, dass die Administration zunächst zentrale
innenpolitische Projekte in Angriff genommen hat. Diese Schwerpunktsetzung
ist vor dem Hintergrund der Legitimation des neuen Politikansatzes zu verstehen, auch wenn es angesichts dringender Probleme, etwa im Bereich des Klimaschutzes, zunächst für die internationale Gemeinschaft, und hier insbesondere
für die europäischen Länder enttäuschend war, wie wenig greifbare, konkrete
Ergebnisse sich im Bereich der Außenpolitik verzeichnen liessen.[5] Erst am Ende
der Amtszeit lässt sich sicher beurteilen, inwiefern die neue Außenpolitik den
Zielvorstellungen entsprochen und tragfähige Problemlösungen geliefert hat.
Jedoch lassen sich auf konzeptioneller Ebene sowie hinsichtlich der personellen
und strukturellen Entscheidungen Veränderungen in der Außen- und Sicherheitspolitik aufzeigen, die im Folgenden aufgegriffen und erörtert werden.

7.1 Sicherheitspolitik und Multilateralismus

Die Wahl Präsident Obamas wurde vor allem in Europa sehr positiv aufgenommen.[6] Insbesondere erhoffte man sich eine stärke multilaterale Ausrichtung der
Außenpolitik sowie ein gemeinsames Vorgehen bei globalen Herausforderungen, wie in der Sicherheits- und der Klimapolitik. War die außenpolitische Ausrichtung der USA in den Jahren der Bush-Administration durch eine robuste
Machtpolitik und ein unilaterales Vorgehen in der internationalen Politik gekennzeichnet, so zeigte sich die Obama-Administration entschlossen, weltpoliti-
schen Herausforderungen mit multilateralem Engagement zu begegnen.

Der konzeptionelle und strategische Neuanfang, den die Obama-Administration anstrebt, ist als Antwort auf die tiefe Legitimitätskrise zu verstehen, in
der sich die USA am Ende der Amtszeit von G. W. Bush weltpolitisch befan-

---

[5] So hatte sich die Obama-Administration während der internationalen Klimakonferenz in Kopenhagen nicht den Forderungen der Europäischen Länder angeschlossen, konkrete Normen für die Regulierung von Emissionen zur Eindämmung der Erderwärmung zu verabschieden. Auch hinsichtlich
der Schließung des Gefangenenlagers in Guantánamo Bay verlief die Umsetzung der Anordnung
schleppend und war von größeren Widerständen und rechtlichen Auseinandersetzungen verbunden.
[6] Zu den konzeptionellen sowie regionalen Schwerpunkten der neuen Außenpolitik in den ersten
Monaten vgl. auch Peter Rudolf (2010): Das „neue" Amerika. Außenpolitik unter Barack Obama,
Frankfurt a. M..

den. Wie aus Grundsatzreden Obamas hervorgeht, geht es der neuen Administration vor allem darum, das Ansehen der Vereinigten Staaten in der Welt wiederherzustellen.[7] Politische Entscheidungen in den internationalen Beziehungen sollen durch internationales Recht legitimiert und für andere Akteure nachvollziehbar werden. Der Vertrauensverlust, den die Vereinigten Staaten vor allem im arabischen Raum und im Nahen und Mittleren Osten sowie in Teilen der Dritten Welt erlitten haben, sollen durch eine Politik des Dialogs und der konkreten Verhandlungen ausgeglichen und die Beziehungen auf eine neue Grundlage gestellt werden. Anders als die republikanische Administration ist die Obama-Administration schließlich auch in den transatlantischen Beziehungen an einem deutlichen Richtungswechsel zugunsten eines multilateralistischen Vorgehens in der internationalen Politik interessiert.

Die Absetzung von der Bush-Administration wurde bereits im Präsidentschaftswahlkampf deutlich. In einer Gegenüberstellung der unterschiedlichen konzeptionellen Vorstellungen Barack Obamas und John McCains im Wahlkampf 2008 zeigt der Österreichische Politikwissenschaftler Heinz Gärtner auf, inwieweit sich die außenpolitischen Vorstellungen unterscheiden.[8] Während sich McCain vor allem in der Tradition der starken militärischen Präsenz und außenpolitischen Stärke sah, hob Obama immer wieder hervor, dass die Außen- und Sicherheitspolitik auch diplomatische und kommunikative Mittel einsetzen müsse, um den Sicherheitsherausforderungen zu begegnen. Auch strebte die Obama-Administration an, die multilateralen internationalen Organisationen zu stärken und sich mit den Verbündeten, also auch den Europäern, besser auf gemeinsame Strategien zu verständigen. Die These von einer neuen Außenpolitik gewann so bereits im Wahlkampf Konturen und wurde weiter durch die ersten Maßnahmen der neuen Regierung sowie die Reden Obamas zu Kernfragen der Außenpolitik untermauert.

Einen besonderen Schwerpunkt legte die Obama-Administration auf eine Wende in der internationalen Terrorismusbekämpfung. Vor allem in den Beziehungen zur arabischen Welt setzte die Obama-Administration andere Akzente. So stellt er einen Zusammenhang zwischen der Lösung des Nahost-Konflikts und der Bekämpfung terroristischer Gruppen her. In seiner vielbeachteten Rede in Kairo im Juni 2009 betonte der Präsident, dass er für einen verstärkten Dialog mit den arabischen Ländern eintrete, um einen Neuanfang zu suchen. „Ich bin nach Kairo gekommen, um einen Neuanfang zwischen den Vereinigten Staaten und den Muslimen überall auf der Welt zu beginnen. Einen Neuanfang, der auf gemeinsamen Interessen und gegenseitiger Achtung beruht und auf der Wahr-

---

[7] So die Ausführungen von Präsident Obama in seiner Rede zum Amtsantritt (Inauguration-Speech) sowie in der Rede in Kairo 2009 (vgl. Anhang).
[8] Heinz Gärtner: Obama - Weltmacht was nun ? Außenpolitische Perspektiven, Münster 2008.

heit, dass die Vereinigten Staaten und der Islam die jeweils andere Seite nicht ausgrenzen und auch nicht miteinander konkurrieren müssen. Stattdessen überschneiden sich beide und haben gemeinsame Grundsätze – Grundsätze der Gerechtigkeit und des Fortschrittes, der Toleranz und der Würde aller Menschen."[9]

Bereits vorher hatte sich in der öffentlichen Meinung ein Umdenken in der Außen- und Sicherheitspolitik abgezeichnet, indem dem militärischen Engagement in anderen Ländern in der amerikanischen Bevölkerung mit schwindender Unterstützung begegnet wurde. Während die Befragten einer Erhebung des Pew-Research Centers im Jahr 2007 zufolge immer häufiger der Aussage zustimmten, dass die innenpolitischen Probleme der USA verstärkt bearbeitet werden sollten, zeigte der Trend hinsichtlich des globalen Engagements der USA deutlich in Richtung auf eine größere Zurückhaltung innerhalb der amerikanischen Bevölkerung. Eine starke Militärmacht wurde der Umfrage zufolge nicht mehr so häufig als bester Weg zur Friedenssicherung angesehen. Während die Zustimmung zur militärischen Stärke kurz nach den Terroranschlägen vom 11. September 2001 noch bei 62% lag, stimmten 2007 weniger als die Hälfte der Befragten der Aussage zu, dass militärische Stärke am besten Frieden sichern könne.

---

[9] Barack Obama, Rede in Kairo, 4. Juni 2009 (vgl. Anhang).

Quelle: Pew Research Center Pew Research Center: „Trends in Political Values and Core Attitudes", 22. März 2007. http://people-press.org/report/ ?reportid=3

Der Rückzug der Kampftruppen aus dem Irak, den die Obama-Administration bereits kurz nach Amtsantritt ankündigte, traf daher auf breitere Zustimmung in der Bevölkerung. Auch für den Krieg in Afghanistan entschloss sich die Obama-Administration, eine Rückzugsperspektive aufzeigen. Der von der Obama-Administration beschlossene kurzfristige Aufbau einer größeren Truppenstärke sollte diesem Ziel ein Stück näher kommen.

Auch in personeller Hinsicht setzte der Präsident nach seiner Wahl deutliche Akzente. Mit der Nominierung des außen- und sicherheitspolitischen Teams und wichtiger Berater wolllte die Obama-Administration den Richtungswechsel unterstreichen. Zwar zeigte die Ernennung von Robert Gates zum Verteidigungsminister, welcher bereits in der Bush-Regierung dieses Amt bekleidet hatte, Kontinuität an. Hintergrund für diese Entscheidung waren die Erfahrungen in der Krisenregion im Mittleren und Nahen Osten, in der Obama hoffte, durchgreifende Erfolge zu erzielen und den angekündigten Rückzug amerikanischer Kampftruppen aus Irak und Afghanistan umzusetzen. Mit der Nominierung Hillary Clintons als Außenministerin und der Vorstellung ihrer außenpolitischen Konzepte gewann eine neue amerikanische Außenpolitik an Profil. Clinton hatte stets ihre Vorstellung eines starken Multilateralismus betont und in den Anhörungen im Kongress amerikanische Machtausübung im internationalen Bereich mit dem Einsatz von *smart power* begründet.

Dieses Konzept geht auf den Harvard-Politologen und ehemaligen Politikberater von Bill Clinton, Joseph Nye, zurück, der drei Formen der Machtausübung unterscheidet: *hard power*, welche vornehmlich auf militärischer und wirtschaftlicher Macht und Strategien der Machterzwingung beruht, *soft power*, die auf Überzeugen, langfristige Sozialisation und Kommunikation setzt, und die *smart power*, die als Kombination von beiden im außenpolitischen Bereich am wirksamsten eingesetzt werden kann.[10] Wie Hillary Clinton in der Anhörung im Kongress betonte, sollten in der Außenpolitik verschiedene Strategien zum Tragen kommen, der Diplomatie dabei aber stets Vorrang gegeben werden.[11]

Im Umfeld der Außenministerin überwiegen darüber hinaus Berater, die der neo-institutionalistischen Denkschule der amerikanischen Außenpolitik nahe stehen und damit das Konzept des Multilateralismus befürworten. Bereits kurz nach ihrer Amtsübernahme im Januar 2009 ernannte Hillary Clinton die renommierte Professorin für Internationale Beziehungen an der Princeton University Anne-Marie Slaughter zur Direktorin für „Policy Planning" im Außenministerium. Sie übernimmt mit der Leitung der internen Planungsgruppe damit eine Schlüsselposition in der Konzeptionalisierung der Außenpolitik. Ausgebildet in Oxford und Harvard ist Anne-Marie Slaughter der institutionalistischen Denkschule in den Internationalen Beziehungen verbunden. Sie hatte bereits während der Bush-Administration gemeinsam mit dem Politologen Robert Keohane die Außen- und Sicherheitspolitik der Bush-Regierung kritisiert. So hatten sich in deutlicher Absetzung von neokonservativen Konzepten an verschiedenen Forschungseinrichtungen und Universitäten Expertengruppen gebildet, die dem unilateralen und nationalistischen Ansatz der Bush-Regierung kritisch gegenüberstanden und ein größeres Engagement der Vereinigten Staaten in internationalen und multilateralen Verhandlungen gefordern.

---

[10] Joseph S. Nye: The Powers to Lead, Oxford 2008.
[11] "I believe that American leadership has been waning, but is still wanted. We must use what has been called "smart power": the full range of tools at our disposal -- diplomatic, economic, military, political, legal, and cultural -- picking the right tool, or combination of tools, for each situation.With smart power, diplomacy will be the vanguard of foreign policy. This is not a radical idea. The ancient Roman poet Terence, who was born a slave and rose to become one of the great voices of his time, declared that "in every endeavor, the seemly course for wise men is to try persuasion first." The same truth binds wise women as well." Hillary Clinton: Nomination Hearing To Be Secretary of State. Statement Before the Senate Foreign RelationsComimittee, Washington D.C. 13.01.2009 (online: www.state.gov./secretary/rm/2009a/ 01/115196.htm; aufgerufen am 13.05. 2010).

Im September 2006 legte beispielsweise das „Princeton Project on National Security", das von einer überparteilichen Gruppen renommierter Außenpolitik-Experten durchgeführt wurde, in einem umfassenden Bericht eine neue globale Sicherheitsstrategie dar. Entstanden in kritischer Auseinandersetzung mit den neokonservativen außenpolitischen Grundauffassungen der Bush-Administration ist er als Gegenentwurf und alternativer Strategieplan zu verstehen.[12] Die amerikanische außenpolitische Strategie müsse, einem Schweizer Taschenmesser („Swiss Army knife") entsprechend, multidimensional ausgelegt und flexibel sein, „ able to deploy different tools for different situations on a moments notice."[13] Dabei solle der Diplomatie bzw. internationalen Verhandlungen Vorrang geben werden.

Ziel der nachhaltigen Sicherheitsstrategie, so der unter Leitung von John Ikenberry und Anne-Marie Slaughter verfasste Bericht, sei die Schaffung einer auf den Prinzipien des internationalen Rechts und der Förderung von Demokratie und Freiheitsrechten basierenden Politik („Forging A World of Liberty Under Law"). Die Verfasser fordern, dass sich die Vereinigten Staaten aktiv und multilateral für die in internationalen Vereinbarungen und Verträgen festgelegten Grundsätze engagieren und diese in ihren internationalen Beziehungen mit anderen Ländern zugrunde legen müssten. Anknüpfend an institutionalistische und regimetheoretische Argumentationsmuster geht der Bericht davon aus, dass die Welt durch die Stärkung liberaler freiheitlicher Demokratien sicherer würde. Eine nachhaltige Sicherheit für die Vereinigten Staaten würde durch drei Aufgabenkomplexe erzielt werden: „1. Bringing governments up to PAR (Popular, Accountable, Rights-Regarding); 2. Building a liberal order through reform of existing international institutions and the creation of new ones, such as the Concert of Democracies; and 3. Rethinking the role of force in light of the threats of the 21st century."[14] Auch die Vorstellungen der Bush-Regierung über die Förderung von Demokratisierung in verschiedenen Teilen der Welt wurden zurückgewiesen. So zogen die Kritiker in Zweifel, dass eine Demokratie, wie im Fall des Iraks und Afghanistans, von außen bzw. über eine militärische Intervention, aufgebaut werden könne. Die innenpolitischen und institutionellen Dimensionen von Demokratisierung, so im Fall des Iraks sowie in Afghanistan, seien in der moralisch argumentierenden Zielvorstellung der Bush-Administration ungenügend berücksichtigt worden. Nur durch pluralistische Ausdifferenzierung, zivil-

---

[12] G. John Ikenberry/Anne-Marie Slaughter (Hg.) (2006): Forging A World of Liberty Under Law: U.S. National Security in the 21st Century. Final Report on the Princeton Project on National Security, http://www.princeton.edu/~ppns/report/FinalReport.pdf (aufgerufen am 01.03.2008).
[13] Ebenda, S. 6.
[14] G. John Ikenberry/Anne-Marie Slaughter (Hg.) (2006): Forging A World of Liberty Under Law: U.S. National Security in the 21st Century. Final Report on the Princeton Project on National Security, http://www.princeton.edu/~ppns/report/FinalReport.pdf (aufgerufen am 01.03.2008), S. 6ff.

gesellschaftliche Entwicklungen und die Förderung gesellschaftlicher Toleranz werde eine Demokratisierung gefördert. Priorität sollte dem Aufbau von gesellschaftlichen Strukturen gegeben werden, die Pluralismus förderten, wie Gewaltenteilung, Rechtsstaatlichkeit und Transparenz. Politische Erneuerung könne letztlich nur aus den Gesellschaften selbst und nicht durch äußere Intervention entstehen.[15]

Die Obama-Administration knüpft an die Position der Institutionalisten an, indem sie sicherheitspolitische Prioritäten überprüft und verändert sowie neue Strategien, etwa im Bereich der Abrüstung und der Terrorismusbekämpfung, sowie bezüglich der Problematik von Demokratisierung in Ländern mit prekärer Staatlichkeit entwickelt.

Kernziel der neuen Außenpolitik ist die Wiederherstellung des Ansehens der Vereinigten Staaten. Außen- und Sicherheitspolitik soll auf dem Grundsatz der Legitimität international ausgerichtet und auf die Unterstützung von wichtigen Verbündeten und Vertragspartnern abgestimmt sein. Der Anspruch, eine globale Führungsfunktion zu übernehmen, wird nicht aufgegeben, jedoch soll diese Führungsrolle in Einklang mit den eigenen Ressourcen gebracht werden.

Dabei ist im amerikanischen wissenschaftlich-öffentlichen Diskurs umstritten, inwiefern die Vereinigten Staaten angesichts globaler wirtschafts- und finanzpolitischer Probleme auch zukünftig eine Führungsrolle übernehmen können. Der renommierte amerikanische Journalist Fareed Zakaria spitzte die These vom Führungsverlust der Vereinigten Staaten mit der Formel der „post-American world" zu.[16] Der rasch wachsende Einfluss neuer Mächte wie Indien oder China („rise of the rest") führe zu einem nachlassenden weltweiten Einfluss der USA. Sowohl im wirtschaftlichen, aber auch im politischen und kulturellen Bereich löse sich die hegemoniale Position der Vereinigten Staaten auf und damit auch ihre Gestaltungsmacht durch Außenpolitik.

Wird Außenpolitik allerdings als Netzwerk verstanden, so ließe sich die Position der Vereinigten Staaten durchaus als vorteilhaft bezeichnen. Davon geht zumindest Anne-Marie Slaughter, die Direktorin der „Policy Planning" Gruppe im Außenministerium aus. Sie widerspricht der These Zakarias und argumentiert, dass die Führungsqualitäten der Vereinigten Staaten zukünftig

[15] Vgl. z. B. Robert Keohane, Anne-Marie Slaughter: Bush's Mistaken View of U.S. Democracy. In: International Herald Tribune, 23. Juni 2004.
(Online-Version: http://www.newamericanstrategies.org/articles/display.asp?fldArticleID=59, Download vom 23. Juni 2004) Anne-Marie Slaughter: A Covenant to Make Global Governance Work, http://www.opendemocracy.net/globalization-vision_reflections/covenant_3141.jsp (aufgerufen am 04.04.2010).
[16] Vgl. Fareed Zakaria (2008): The Post-American World, Oxford: Oxford University Press.

nicht ab- sondern eher zunehmen werden.[17] Ausgangspunkt ihrer Überlegungen ist die These, dass die Macht der Vereinigten Staaten in der neuen globalen Konstellation auf der Fähigkeit basiere, Verbindungen (*connectedness*) herzustellen: „We live in a networked world...In this world, the measure of power is connectedness."[18] Ihrer Auffassung zufolge sind die Vereinigten Staaten in der heutigen global vernetzen Welt aufgrund ihrer demografischen Entwicklung, der geografischen Position und ihrer Kultur besser positioniert als andere Länder. Demografisch, weil die Bevölkerung der Vereinigten Staaten aufgrund der anhaltenden Zuwanderung heterogen und, im Unterschied zu China und Indien, diese Heterogenität, gerade durch die Zuwanderung aus dem asiatischen Raum, als Vorteil begriffen werde. „To this end, the United States should see its immigrants as living links back to their home countries and encourage a two-way flow of people, products, and ideas."[19] Geografisch seien die Vereinigten Staaten in der atlantischen Hemisphere (*Atlantic hemisphere*) als Teil eines größeren globalen Raumes und durch eine Vielzahl von Institutionen mit anderen Regionen verbunden. Aufgrund ihrer im Vergleich zu den aufsteigenden Mächten China und Indien eher horizontalen Sozialstruktur, ihrer Kultur des Unternehmertums (*culture of entrepreneurship*) und ihrer Innovationsfähigkeit werden die USA als ein Land mit einer höchst dynamischen Entwicklung beschrieben. „In the twenty-first-century world of networks, the measures of state's power is its ability to turn connectivity into innovation and growth. ...In a networked world, the United States has the potential to be the most connected country; it will also be connected to other power centers that are themselves widely connected."[20]

Zu den außenpolitischen Strategien, die nun stärker profiliert werden sollen, zählt die Aufwertung Internationaler Organisationen. So ist die Vertreterin bei den Vereinten Nationen, Susan Rice, Mitglied im Kabinett des Präsidenten. Zu wichtigen internationalen Verhandlungen im Rahmen der Vereinten Nationen, wie dem Klimaschutzgipfel in Kopenhagen, wurden hochrangige profilierte Vertreter entsandt. Für die Verhandlungen im Nahen Osten wurden ebenfalls ein Sonderbeauftragter, George Mitchell, sowie erfahrene und durchsetzungsfähige Berater eingesetzt. Im Rahmen der Vereinten Nationen soll auch die Abrüstungs- und Sicherheitspolitik vorangetrieben, wobei die USA wieder eine Führungsrolle übernehmen sollen. Die Vereinten Nationen sind nach Auffassung amerikanischer Analysten wieder Teil einer neuen institutionellen Ordnung.

---

[17] Anne-Marie Slaughter: "America's Edge. Power in the Networked Century", in: Foreign Affairs, January/ February 2009, Vol. 88, No. 1, S. 94-113.
[18] Ebenda, S. 94.
[19] Ebenda, S. 95.
[20] Ebenda, S. 113.

„Some would argue that the United States´ window of opportunity for fostering institutional chance has closed. In today´s ´post-American world´ the thinking goes, surely only an idealist would suggest that Washington retains the power to lead the way out of the current institutional impasse. And even if the United States were somehow able to come up with enough hard power to spearhead reform, sceptics question whether a hegemon that has squandered so much goodwill in eight years of unilateralism and rule breaking would have many followers. Nonetheless, there are hardheaded reasons to believe that the United States has the means and the emotive to spearhead the foundation of a new institutional order."[21] Die Vereinigten Staaten hätten, so die Autoren, auch die notwendige Legitimität Reformen der Internationalen Organisationen voranzutreiben und sollten, etwa in der Frage der Verbreitung von Nuklearwaffen, nicht zögern, ihre Macht einzusetzen, um koordinierte und abgestimmte Reformen durchzusetzen.

Der multilaterale Ansatz in der Außen- und Sicherheitspolitik beruht also einerseits auf einer klaren Formulierung nationaler Interessen. Andrerseits müssen die Vereinigten Staaten ihr Engagement in Übereinstimmung mit den eigenen Ressourcen bringen. Die weitere Entwicklung hängt sowohl von den innenpolitischen Reformen und der Erneuerungsfähigkeit der amerikanischen Gesellschaft als auch von dem Verhalten von Verbündeten ab.

7.2 Neue Phase transatlantischer Beziehungen?

Bereits während der ersten Wochen nach dem Regierungswechsel in Washington stellte die Obama-Administration heraus, dass für sie eine Neubelebung der transatlantischen Beziehungen von größter Bedeutung sei, um globalen Herausforderungen zu begegnen. Die Beziehungen zwischen den Vereinigten Staaten und Europa sind dabei auf verschiedenen Ebenen angesiedelt und umfassen neben allgemein politischen und kulturellen Beziehungen vor allem wirtschaftliche und sicherheitspolitische Themen. Aus amerikanischer Sicht stehen hier die Abstimmung über die Bewältigung der Wirtschafts- und Finanzkrise, sowie die Zusammenarbeit bei der Bearbeitung sicherheitspolitischer Probleme im Vordergrund, wobei von vorrangiger Bedeutung der Nuklearkonflikt mit dem Iran, der Nahost-Konflikt sowie der Krieg in Afghanistan sind.

Auf der allgemeinpolitischen und auf der *kulturellen* Ebene erzeugte der Regierungswechsel in vielen Ländern ein neues Interesse an den Vereinigten Staaten. Nach Umfragen des German Marshall Funds wuchs die Unterstützung

---

[21] Stephen G. Brooks/William C. Wohlforth (2009): Reshaping the World Order. How Washington Should Reform International Institutions, in: Foreign Affairs Vol. 88, No.2, S. 50- 63.

für den US-Präsidenten nach der Wahl in Deutschland auf 80 Prozent, in Frankreich auf 77 und in Italien und Portugal auf 64 Prozent. Die Außenpolitik Obamas trifft in Europa auf vier Mal so große Zustimmung wie jene von G. W. Bush. Er ist in der EU populärer als in den USA (77 bzw. 57 Prozent Zustimmung). Im Jahr 2009 unterstützte eine Mehrheit der befragten Europäer (42%) engere Beziehungen mit den USA; noch ein Jahr zuvor trat eine Mehrheit für eine größere Unabhängigkeit von den USA ein.[22]

Die *wirtschaftlichen Beziehungen* zwischen den Vereinigten Staaten und Europa sind nach dem Ende des 2. Weltkriegs auf eine breite Basis gestellt worden. Hierdurch entstand ein dichtes europäisch-amerikanisches System vielschichtiger politisch-ökonomischer Interaktionen zwischen Konkurrenz und Annäherung.[23] Der Außenhandel der EU-Länder mit USA macht den größten Teil der Außenhandelsbeziehungen aus und auch die Vereinigten Staaten sehen in Europa einen wichtigen Handelspartner, auch wenn sie ihre Interessen in den vergangenen zwanzig Jahren stärker in den asiatisch-pazifischen Raum und hier vor allem in Richtung China ausgebaut haben.

Die Wirtschafts- und Finanzkrise 2008/09 stellte die transatlantischen Beziehungen vor eine Bewährungsprobe. Das Ende des Neo-Liberalismus als hegemonialer Denkschule und die Suche nach Konzepten zur Bewältigung der Wirtschafts- und Finanzkrise führten zum Aufbrechen unterschiedlicher ordnungspolitischer Traditionen. Ein Konfliktpunkt in den transatlantischen Beziehungen, an dem sich unterschiedliche Herangehensweisen zeigten, ergab sich bereits Anfang des Jahres 2009 im Rahmen der Bewältigung der Wirtschafts- und Finanzkrise. Während die amerikanische Regierung ein umfassendes Stimulusprogramm zur Rettung der Wirtschaft verabschiedete, welches zwar eine mögliche Verschuldung von bis zu 10% des GDP (gross domestic product) bedeuten kann, ein Defizit, das jedoch als unmittelbarer Stimulus in Kauf genommen wurde, und auch Großbritannien ein umfangreiches Stimuluspaket verabschiedete, wollten andere europäische Länder, unter ihnen Deutschland und Frankreich, aus finanzpolitischen Gründen und der Furcht vor Inflation weitaus zurückhaltender verfahren.[24] Erst mit der Euro-Krise im Frühjahr 2010 als Folge des Staatsankrotts in Griechenland zeigten sich die europäischen Län-

---

[22] German Marshall Fund of the United States u.a.: Transatlantic Trends. Key Findings 2009 (online: www.gmfus.org/trends/2009/docs/2009_English_Key.pdf; aufgerufen am 12.05. 2010). Vgl. auch Daniel S. Hamilton: "Obama und Europa", in: Aus Politik und Zeitgeschichte, 4/2010, 5. Januar 2010, S. 20-32.

[23] Vgl. S. McGuire/M. Smith: The European Union and the United States: Competition and Convergence in the Global Arena, Basingstoke: Palgrave Macmillan 2008.

[24] Dabei ging der Internationale Währungsfond I.M.F. davon aus, dass die Krise in den Ländern der Euro-Zone tiefer ausfallen werde, als in den USA. Vgl. „Grand Bargain", Editorial, The New York Times. 26.03.2009, A 22.

der auf Drängen der französischen Regierung bereit, politisch einzugreifen und umfangreiche Hilfsmaßnahmen für das in Bedrängnis geratene Mitgliedsland der EU zu ergreifen, um eine weitere Ausbreitung der Krise zu verhindern. Diese Maßnahme, die auch von der amerikanischen Regierung positiv beurteilt und unterstützt wurde, erzeugte allerdings in den Vereinigten Staaten tiefe Skepsis über die Zukunft der europäischen Währungsunion.[25]

Während die Obama-Administration mit Blick auf den Wirtschaftsgipfel der G20-Gruppe im April 2009 auf eine Koordination beim Stimulus-Paket drängte, zeigten sich die Länder der Europäischen Union mit Verweis auf die weitergehenden sozialen Absicherungen und höheren Sozialleistungen, die die Krise für die Durchschnittsbevölkerung abfedere, zurückhaltender. In dieser Kontroverse wurden politisch-kulturelle Unterschiede besonders deutlich sichtbar. So berichtete die New York Times im Vorfeld des G 20-Gipfels: „The Europeans say they have no need for further stimulus right now because their social safety nets, derided in good times by free market disciples as sclerotic impediments to growth, are automatically providing the spending programs that the United States Congress has to legislate." [26] Vor allem Regelungen zur Kurzarbeit um Entlassungen zu vermeiden, eine längere Arbeitslosenversicherung und die Abwrackprämie, die allein im Februar 2009 zu einem Anstieg der Neuwagenanmeldungen um 22% geführt hatten, sind Regelungen, die in der Presse der Vereinigten Staaten einige Aufmerksamkeit fanden.[27]

Aus amerikanischer Sicht wurde kritisiert, dass das Stimuluspaket, welches Deutschland sowie andere Länder verabschiedet hatten, zu gering ausgefallen sei. Deutsche Stellungnahmen wiederum betonten, dass das Hilfspaket, gemessen an der Wirtschaftsleistung, durchaus dem der USA vergleichbar sei. Nach Angaben des IMF hatte Deutschland 2009 beispielsweise ein Soforthilfe Stimulus-Paket verabschiedet, das 2% des GDP entspricht, in Frankreich waren dies 07.% und in den USA 2%. Während die deutsche Wirtschaft rund 19% der Wirtschaftskraft der EU ausmacht, ist der Anteil von 37% am Gesamtstimulusprogramm in der EU vergleichsweise hoch. Dennoch, so meinten Kritiker in Washington, sei dies nicht genug. „As a hugely export dependent economy, they have the most to gain from others´ fiscal effort," meint etwa Adam S. Posen vom Peterson Institute for International Economics in Washington D. C., „and the most at risk if the global trade contracts further – worse if they are accused

[25] Vgl. Z. B. David Marsh: "The Euro´s Lost Promise", in: The New York Times, Op-Ed, 18.05.2010, S. A 23.
[26] Nicholas Kulish: "Aided by Safety Nets, Europe Resists Stimulus", in: The New York Times, 27.03.2009, S. A 9.
[27] Im Frühjahr 2009 verabschiedete der Kongress jedoch ein "cash for clunkers"-Programm, das der Abwrackprämie ähnlich ist.

of free-riding on leakage from other's programs."[28] Der Bericht fährt fort zu schildern, dass die sozialen Erfahrungen in Deutschland im Unterschied zu den USA anders und die Krise, zumindest zu diesem Zweitpunkt, im Alltagsleben nicht so deutlich spürbar sei wie in den Vereinigten Staaten, in denen vor allem auch die normalen Hauseigentümer betroffen waren. „Indeed, to travel between the United States and Germany is to find two countries experiencing the economic slowdown completely differently. The severity of the downturn does not appear to have sunk in yet in for Germans. There was no real estate bubble here, and few people have a substantial portion of their savings and retirement accounts invested in the stock market. The unemployment rate has risen more than a percentage point, to 8.5 percent in February, from 7.1 percent last November. But, significantly, the latest figure is still lower than it was just a year ago."[29] Dementsprechend, so die New York Times, habe Kanzlerin Merkel das deutsche Sozialsystem im Unterschied zu den USA als gut und überlegen bezeichnet.

Ob die positive Bewertung des europäischen Wirtschafts- und Währungsraumes angesichts der Staatsschulden-Krise in Griechenland und ihrer Auswirkungen noch haltbar ist, bleibt zweifelhaft. Bereits vor dieser Krise im Frühjahr 2010 wurde in den Vereinigten Staaten aufmerksam verfolgt, inwiefern die Europäische Union sich politisch einigen und eine gemeinsame Strategie zur Bewältigung der globalen Finanzkrise entwickeln kann. Die Europäische Union habe sich, so Beobachter, als größter Wirtschaftsraum etabliert, aber sie habe Schwierigkeiten, auch politisch mit einer Stimme zu sprechen.[30] Die Auswirkungen der Wirtschafts- und Finanzkrise belasten nicht nur die Sozialsysteme der europäischen Länder, sondern sie haben tief greifende Konsequenzen für die politische Entwicklung durch neue Konfliktlinien um Umverteilung und Repräsentanz, soziale Gerechtigkeit und Fairness sowie um das Wirtschaftsmodell moderner Gesellschaft. Der Ökonom Paul Krugman akzentuiert die Unterschiede zwischen Europa und den USA bei der Bewältigung der Wirtschafts- und Finanzkrise; ein Hauptproblem wirtschaftlicher Wiederbelebung in Europa sei, dass die politische Integration Europas nicht so weit fortgeschritten ist, wie die wirtschaftliche und finanzpolitische Integration. „Europe's economic and monetary integration has run too far ahead of its political institutions. The economies of Europe's many nations are almost as

---

[28] Zitiert nach Kulish (2009), ebenda, S. 9.

[29] Nicholas Kulish (2009), ebenda, S. 9.

[30] Vgl. Z. B. Steven Erlanger/Stephen Castle: European Leader Assails American Stimulus Plan, in The New York Times, 26.03.2009, S. A 8. Die Äußerung des tschechischen Ministerpräsidenten und EU-Ratspräsidenten Mirek Topolanek, Präsident Obama's Soforthilfeprogramm sei „a way to hell" stieß dementsprechend auf erhebliche Irritation.

tightly linked as the economies of America's many states – and most of Europe shares a common currency. But unlike America, Europe doesn't have the kind of continent wide institutions needed to deal with a continent wide crisis." [31] Auch die Prognosen über die Tiefe der Krise auf beiden Kontinenten weichen voneinander ab. Während sich die amerikanische Bevölkerung aufgrund der Auswirkungen auf dem Immobilienmarkt unmittelbar von der Krise betroffen fühlte, zeigte sich die der europäischen Länder zunächst weniger negativ beeinflusst; erst mit der ernsten Krise des Euro und der umfangreichen staatlichen Sicherheitsgrantien wuchsen in europäischen Ländern, so auch in Deutschland als Hauptlastenträger des Stützungsprogramms Befürchtungen über die langfristigen Auswirkungen der Staatsschuldenkrise. Derweil haben die Vereinigten Staaten die von vielen Ökonomen geforderte schärfere Regulierung der Finanzmärkte mit einer Kontrolle spekulativer Gewinne weiter vorangetrieben, nachdem auch der Senat einer Beratung über die Gesetzesvorlage zugestimmt hatte. [32]

Konzeptionell nähern sich die Vereinigten Staaten trotz der unterschiedlichen Herangehensweise an die Wirtschafts- und Finanzkrise jedoch der Sichtweise des liberalen Institutionalismus an, der die wachsende Rolle Europas bzw. der EU und die komplementäre Aufgabenteilung zwischen Europa und den Vereinigten Staaten bei der Bewältigung globaler Herausforderungen betont. So forderten Institutionalisten für die Vereinigten Staaten eine realistische Sicht auf die Rolle Europas, die den neuen internationalen Verhältnissen mit einer sich auch politisch profilierenden EU besser gerecht werden könne. [33] Die strukturelle Machtungleichheit könne zwar nicht aufgehoben, aber durch die wechselseitige Anerkennung der Verschiedenheit in neue Bewegungsformen überführt werden. Vor allem müsse Europa, bzw. die EU, als Akteur ernst genommen werden.

Ähnlich argumentiert auch der Politikwissenschaftler und Europa-Spezialist Andrew Moravscik, dass die Vereinigten Staaten ihr machtpolitisches Potenzial für allgemeine globale Ziele besser nutzen sollten, während die europäischen Länder ihre Beiträge zur Friedenserhaltung, Konfliktprävention und

---

[31] Paul Krugman, A Continent Adrift, Op-Ed, New York Times, 16.03.2009. http://www.nytimes.com/2009/03/16/opinion/16krugman.html?_r=1 (aufgerufen am 16.03. 2009)

[32] Der Ökonom und Nobelpreisträger Robert Solow hatte in seiner Kritik an der Wirtschafts- und finanzpolitik der Bush-Administration bereits vor einiger Zeit eine stärkere Kontrolle der Finanzmärkte gefordert. Vgl. Robert M. Solow "Rethinking Fiscal Policy", in: Oxford Review of Economic Policy, Vol. 21, No. 4 (2005), S. 509-514.

[33] Vgl. auch Kupchan, Charles A.: „Recasting the Atlantic Bargain". In: Bernhard May, Michaela Hönicke Moore (Hg.): The Uncertain Superpower. Domestic Decisions of US Foreign Policy after the End of the Cold War. Opladen 2003a, 83-92; Kupchan, Charles A.: „The Rise of Europe, America's Changing Internationalism, and the End of US Primacy". In: Political Science Quarterly, vol. 118 (2003b), No. 2 (summer), 205-231.

zum demokratischen Wiederaufbau im multilateralen Engagement optimieren könnten. Diese komplementäre Aufgabenteilung würde nicht nur einen globalen Zugewinn an Sicherheit und Wohlstand bedeuten, sondern die transatlantischen Beziehungen auch aus der Polarisierung herausführen und sie nachhaltig verbessern, da diesseits und jenseits des Atlantiks parallele Ziele verfolgt würden. Die historisch wiederholt den transatlantischen Diskurs prägende Formel vom *burden sharing* erhält damit wieder größere Bedeutung.

In der öffentlichen Meinung und im wissenschaftlichen Diskurs wurde bereits vor der Wahl 2008 eine bessere Verständigung zwischen den europäischen Ländern und den Vereinigten Staaten, etwa beim Wiederaufbau des Iraks sowie im Vorgehen gegen die Atompolitik des Iran und selbst in der angestrebten Abstimmung in der China-Politik deutlich. Auch zeigten Meinungsumfragen, dass eine Mehrheit der Bevölkerung auf beiden Seiten des Atlantiks bessere Beziehungen zwischen Europa und den USA wünschte.[34] Erst mit der Wahl Barack Obamas kann jedoch von einem Neuanfang der transatlantischen Beziehungen ausgegangen werden.

Der amerikanische Politikwissenschaftler Daniel Hamilton schreibt dazu, dass die Regierung Obama Europa eine „einmalige Chance" biete, eine „atlantische Partnerschaft zu schmieden, die besser gewappnet ist, den Möglichkeiten und Herausforderungen einer neuen Mächteverteilung auf der Welt zu begegnen."[35] Die neuen transatlantischen Beziehungen sollten sich vor allem folgenden aktuellen Herausforderungen gemeinsam widmen: der Bewältigung der Wirtschaftskrise, den Sichheitsproblemen in Afghanistan und Irak („AfPak") sowie weiteren sicherheitspolitischen Herausforderungen im Iran und bei der nuklearen Abrüstung, den koordinierten Beziehungen zu Russland, der Frage der EU-Erweiterung, dem Kampf gegen terroristische Organisationen wie Al-Qaida, sowie dem Problem des Klimawandels. Diese sieben „Eckpunkte", wie Hamilton sie bezeichnet, sollten zielgerichtet und nüchtern angegangen werden. Die Obama-Administration betrachte die transatlantische Partnerschaft ohnehin sehr viel pragmatischer und aus einem weniger eurozentrischen Blick.

Auch in den transatlantischen Beziehungen zeigt sich demzufolge, dass die Obama-Administration zwar rhetorisch emphatisch, konzeptionell und strategisch jedoch vor allem einen pragmatischen Realismus walten lässt. Konflikte sind daher auch in Zukunft trotz des wiederhergestellten engeren Dialogs nicht auszuschließen.

---

[34] Vgl. German Marshall Fund of the United States u.a.: Transatlantic Trends. Key Findings 2009 (online: www.gmfus.org/trends/2009/docs/2009_English_Key.pdf; aufgerufen am 12.05.2010).
[35] Daniel S. Hamilton: "Obama und Europa", in: Aus Politik und Zeitgeschichte, 4/2010, 5. Januar 2010, S. 20-32.

8 Schlussbetrachtung

Die Bilanz des von der Obama-Administration eingeleiteten Richtungswechsels ergibt ein widersprüchliches Bild. Die deutlichsten Veränderungen zeigen sich im Bereich der Innenpolitik, auf die sich die Obama-Administration nach dem Machtwechsel im Weißen Haus konzentriert hat.

Im Bereich der Wirtschafts- und Finanzpolitik lassen sich kurzfristige und langfristige politische Maßnahmen unterscheiden. Die unmittelbaren Wirtschaftshilfen während der Krise 2008/09 sind pragmatisch angelegt und finden breitere Unterstützung der politischen Eliten. Die Reform des Finanz- und Bankenwesens blieb zunächst bei den wirtschaftsliberal orientierten Republikanern umstritten. Erst nach längerer politischer Auseinandersetzung stimmte der Senat der Regulierung der Finanzdienste durch die Finanzmarktreform zu.

Konzeptionell verfolgt die amerikanische Regierung unter Barack Obama langfristige Ziele, die dem Keynesianischen Wirtschaftsmodell entsprechen. Über das Stimulus-Paket und die Finanzmarktreform hinaus sollen über die Förderung von Grünen Technologien, Infrastruktur und Forschung langfristig neue Arbeitsplätze geschaffen und die Transformation der globalisierten Ökonomie zum Vorteil für den amerikanischen Binnenmarkt und vor allem für die Förderung und Unterstützung der amerikanischen Mittelklasse genutzt werden, deren Lage sich im letzten Jahrzehnt teilweise drastisch verschlechtert hatte. Auch die Reformen in der Bildungspolitik zielen auf eine eher langfristige Veränderung. Hierfür wird kurzfristig auch eine relativ hohe Haushaltsverschuldung in Kauf genommen; langfristig strebt die Obama-Administration jedoch eine Haushaltskonsolidierung an, denn ein Problempunkt bleibt das während der Bush-Administration enorm angewachsene Haushaltsdefizit, welches der rückgängigen Steuereinnahmen in Kombination mit der Finanzierung der Kriege im Irak und in Afghanistan geschuldet ist und den Rahmen beispielsweise für sozialpolitische und infrastrukturelle Reformen begrenzt. Über die langfristigen Auswirkungen des Richtungswechsels in der amerikanischen Wirtschafts- und Finanzpolitik lässt sich daher nur in Ansätzen bilanzieren.

Die Wende in der Energie- und Umweltpolitik stellt einen deutlichen Richtungswechsel auf der Bundesebene dar. Sie wird zum einen durch die Wirtschaftskrise vorangetrieben, die zur gezielten Förderung von erneuerbaren Energien als staatlich geförderter Wachstumsbranche geführt hat. Zum anderen zeigt sich aber auch ein Nachholbedarf in staatlicher Energie- und Umweltpolitik. Die lange Phase der staatlichen Deregulierung in der Umweltpolitik soll beendet und eine aktive, gestaltende Rolle des Bundesstaates angestrebt werden.

Konzeptionell wird die Energie- und Umweltpolitik dabei vor allem durch ökonomische Argumente angetrieben, während umweltpolitische und ökologische Aspekte auf der Bundesebene eher schwach entwickelt sind. Auch die Reaktion der Obama-Regierung auf die Ölkatastrophe im Golf von Mexiko im April 2010 zeigt, dass sie an einer Abkehr von fossilen Energieträgern wie dem Öl nicht prinzipiell interessiert ist. Zivilgesellschaftliche Basisbewegungen sowie Einzelstaatliche Initiativen fordern dementsprechend ein Umdenken durch eine Abkehr von Risikotechnologien ein, sind allerdings eher lokal und regional verwurzelt.

Der durchgreifendste Reformschritt ist zweifellos mit der Gesundheitsreform gelungen. Dieser tief greifende Richtungswechsel findet nicht nur breite gesellschaftliche Akzeptanz. Vielmehr verändert er das Sozialsystem der Vereinigten Staaten strukturell sowie konzeptionell. Allerdings zeigt sich im Zusammenhang mit der Gesundheitsreform, wie polarisiert die amerikanische Gesellschaft um grundlegende gesellschaftliche Fragen ist. Ein Sozialstaat nach europäischen Vorbild wird auch von der Obama-Administration nicht errichtet werden; jedoch strebt diese mehr staatliche Verantwortung bei der Gesundheitspolitik sowie im Bildungsbereich als Schaltstelle für die Chancengleichheit in der Gesellschaft an.

Eine komplexe wirtschaftliche Interessenstruktur, der große Einfluss von Interessengruppen in der Politik, sowie Mentalitäts- und Deutungsmuster in der Gesellschaft belassen die Reformpolitik in einem widersprüchlichen Feld widerstreitender Wirkungsmechanismen. Auf der politischen Ebene fällt die deutliche Polarisierung der beiden großen politischen Parteien ins Gewicht. Während beide großen Parteien auf unterschiedlichen politischen Strömungen beruhen, zeigen sich sowohl in der Gesundheitsreform als auch bei anderen großen Reformvorhaben wie der Finanzreform und der Energiedebatte ein deutlich entlang von Parteilinien gezogenes Abstimmungsverhalten. Das Zweiparteiensystem der USA wird „Europäisiert" bzw. die Tendenz, eine Parteidisziplin bei Gesetzesdebatten einzufordern, scheint in beiden Parteien heute stärker ausgeprägt. Zugleich sind beide Parteien durch eine große Heterogenität gekennzeichnet. Das Wählerverhalten bleibt dementsprechend volatil.

Auf der gesellschaftlichen Ebene zeigt sich, dass die aktive Rolle des Staates vor allem im sozial- und gesundheitspolitischen Bereich mehrheitlich befürwortet wird. Lediglich konservativ-religiöse Gruppen, deren Einfluss während der Bush-Administration durch eigene Medienpräsenz deutlich zugenommen hatte, sowie ein libertärer Flügel unter den Republikanern und den parteiunabhängigen Wählern (*Independents*) kritisieren die aktive Staatsrolle und setzen auf die Ideologie der Selbstverantwortlichkeit; eine paradoxe Position wenn man bedenkt, dass sich gerade die Kirchen traditionell in einer sozialen Verantwortung sehen.

Ein Problem stellt die abnehmende Zustimmung der amerikanischen Bevölkerung zur Amtsführung von Obama dar. Zwar wird weiterhin ein grundlegender politischer Wandel erwartet, jedoch lässt sich ein abnehmendes Vertrauen in politische Institutionen insgesamt beobachten, wozu die komplexe Interessenstruktur mit starken Lobbygruppen, die ständige Einforderung von Kompromissen, und die insgesamt hohe Fragmentierung und Unübersichtlichkeit der Politik erheblich beigetragen haben.

Die Obama-Administration wird weiterhin mit starkem innenpolitischem Widerspruch zu rechnen haben. Die Erneuerungsfähigkeit der amerikanischen Politik hat sie zwar bereits unter Beweis gestellt, dennoch muss auch ein reformorientierter Präsident stets Kompromisse aushandeln und sich häufig mit Teilreformen zufrieden geben.

Auch in den internationalen Beziehungen gilt, dass die amerikanische Regierung zwar einerseits einen klaren konzeptionell-programmatischen Kurswechsel vorgenommen hat. Ihr Engagement muss sie jedoch mit den innengesellschaftlichen Konstellationen in Einklang bringen. Gerade auf außenpolitischem Gebiet gilt, dass eine enge Verknüpfung von Innen- und Außenpolitik den Handlungsspielraum eingrenzt, wie beispielsweise im Bereich der internationalen Klimaschutzpolitik. Ein radikaler Kurswechsel ist daher in der Energie- und Klimapolitik nicht zu erwarten.

Zudem hat die Obama-Administration aus der Bush-Administration ein schweres Erbe durch die zwei Kriege im Irak und in Afghanistan übernommen. Während der Rückzug von Kampftruppen aus dem Irak weitgehend abgeschlossen ist, bleibt das Engagement der US-Regierung in Afghanistan weiter bestehen. Konkrete Erfolge in der Umsetzung der Konzeption von *smart power*, d. h. eines stärkeren Einsatzes von Diplomatie in den internationalen Beziehungen und die Verfolgung von multilateralen Strategien bei globalen Problemen, sind angesichts der Kürze der Amtszeit der Obama-Regierung noch nicht zu erwarten.

In der Substanz ist die Außenpolitik der Obama-Administration als global orientiert und pragmatisch zu bezeichnen. Für die europäische Perspektive stellt sie jedoch vor allem in symbolischer und kommunikativer Hinsicht eine deutliche Abkehr von der Bush-Administration dar, die den Weg für einen Neuanfang in der Außen- und Sicherheitspolitik öffnet.

Anhang

Barack Obama Inauguration Speech
Washington D. C. 20. Januar 2009

My fellow citizens:

I stand here today humbled by the task before us, grateful for the trust you have bestowed, mindful of the sacrifices borne by our ancestors. I thank President Bush for his service to our nation, as well as the generosity and cooperation he has shown throughout this transition.

Forty-four Americans have now taken the presidential oath. The words have been spoken during rising tides of prosperity and the still waters of peace. Yet, every so often, the oath is taken amidst gathering clouds and raging storms. At these moments, America has carried on not simply because of the skill or vision of those in high office, but because We the People have remained faithful to the ideals of our forebearers, and true to our founding documents.

So it has been. So it must be with this generation of Americans.

That we are in the midst of crisis is now well understood. Our nation is at war, against a far-reaching network of violence and hatred. Our economy is badly weakened, a consequence of greed and irresponsibility on the part of some, but also our collective failure to make hard choices and prepare the nation for a new age. Homes have been lost; jobs shed; businesses shuttered. Our health care is too costly; our schools fail too many; and each day brings further evidence that the ways we use energy strengthen our adversaries and threaten our planet.

These are the indicators of crisis, subject to data and statistics. Less measurable but no less profound is a sapping of confidence across our land – a nagging fear that America's decline is inevitable, and that the next generation must lower its sights.

Today I say to you that the challenges we face are real. They are serious and they are many. They will not be met easily or in a short span of time. But know this, America: They will be met.

On this day, we gather because we have chosen hope over fear, unity of purpose over conflict and discord.

On this day, we come to proclaim an end to the petty grievances and false promises, the recriminations and worn-out dogmas, that for far too long have strangled our politics.

We remain a young nation, but in the words of Scripture, the time has come to set aside childish things. The time has come to reaffirm our enduring spirit; to choose our better history; to carry forward that precious gift, that noble idea, passed on from generation to generation: the God-given promise that all are equal, all are free, and all deserve a chance to pursue their full measure of happiness.

In reaffirming the greatness of our nation, we understand that greatness is never a given. It must be earned. Our journey has never been one of shortcuts or settling for less. It has not been the path for the fainthearted – for those who prefer leisure over work, or seek only the pleasures of riches and fame. Rather, it has been the risk-takers, the doers, the makers of things – some celebrated, but more often men and women obscure in their labor – who have carried us up the long, rugged path toward prosperity and freedom.

For us, they packed up their few worldly possessions and traveled across oceans in search of a new life.

For us, they toiled in sweatshops and settled the West; endured the lash of the whip and plowed the hard earth.

For us, they fought and died, in places like Concord and Gettysburg; Normandy and Khe Sahn.

Time and again, these men and women struggled and sacrificed and worked till their hands were raw so that we might live a better life. They saw America as bigger than the sum of our individual ambitions; greater than all the differences of birth or wealth or faction.

This is the journey we continue today. We remain the most prosperous, powerful nation on Earth. Our workers are no less productive than when this crisis began. Our minds are no less inventive, our goods and services no less needed than they were last week or last month or last year. Our capacity remains undiminished. But our time of standing pat, of protecting narrow interests and putting off unpleasant decisions – that time has surely passed. Starting today, we must pick ourselves up, dust ourselves off, and begin again the work of remaking America.

For everywhere we look, there is work to be done. The state of the economy calls for action, bold and swift, and we will act – not only to create new jobs, but to lay a new foundation for growth. We will build the roads and bridges, the electric grids and digital lines that feed our commerce and bind us together. We will restore science to its rightful place, and wield technology's wonders to raise health care's quality and lower its cost. We will harness the sun and the winds and the soil to fuel our cars and run our factories. And we will transform our schools and colleges and universities to meet the demands of a new age. All this we can do. And all this we will do.

Now, there are some who question the scale of our ambitions – who suggest that our system cannot tolerate too many big plans. Their memories are short. For they have forgotten what this country has already done; what free men and women can achieve when imagination is joined to common purpose, and necessity to courage.

What the cynics fail to understand is that the ground has shifted beneath them – that the stale political arguments that have consumed us for so long no longer apply. The question we ask today is not whether our government is too big or too small, but whether it works – whether it helps families find jobs at a decent wage, care they can afford, a retirement that is dignified. Where the answer is yes, we intend to move forward. Where the answer is no, programs will end. And those of us who manage the public's dollars will be held to account – to spend wisely, reform bad habits, and do our business in the light of day – because only then can we restore the vital trust between a people and their government.

Nor is the question before us whether the market is a force for good or ill. Its power to generate wealth and expand freedom is unmatched, but this crisis has reminded us that without a watchful eye, the market can spin out of control – and that a nation cannot prosper long when it favors only the prosperous. The success of our economy has always depended not just on the size of our gross domestic product, but on the reach of our prosperity; on our ability to extend opportunity to every willing heart – not out of charity, but because it is the surest route to our common good.

As for our common defense, we reject as false the choice between our safety and our ideals. Our Founding Fathers, faced with perils we can scarcely imagine, drafted a charter to assure the rule of law and the rights of man, a charter expanded by the blood of generations. Those ideals still light the world, and we will not give them up for expedience's sake. And so to all other peoples and governments who are watching today, from the grandest capitals to the small village where my father was born: Know that America is a friend of each nation and every man, woman and child who seeks a future of peace and dignity, and that we are ready to lead once more.

Recall that earlier generations faced down fascism and communism not just with missiles and tanks, but with sturdy alliances and enduring convictions. They understood that our power alone cannot protect us, nor does it entitle us to do as we please. Instead, they knew that our power grows through its prudent use; our security emanates from the justness of our cause, the force of our example, the tempering qualities of humility and restraint.

We are the keepers of this legacy. Guided by these principles once more, we can meet those new threats that demand even greater effort – even greater cooperation and understanding between nations. We will begin to responsibly leave Iraq to its people, and forge a hard-earned peace in Afghanistan. With old friends and former foes, we will work tirelessly to lessen the nuclear threat, and roll back the specter of a warming planet. We will not apologize for our way of life, nor will we waver in its defense, and for those who seek to advance their aims by inducing terror and slaughtering innocents, we say to you now that our spirit is stronger and cannot be broken; you cannot outlast us, and we will defeat you.

For we know that our patchwork heritage is a strength, not a weakness. We are a nation of Christians and Muslims, Jews and Hindus – and nonbelievers. We are shaped by every language and culture, drawn from every end of this Earth; and because we have tasted the bitter swill of civil war and segregation, and emerged from that dark chapter stronger and more united, we cannot help but believe that the old hatreds shall someday pass; that the lines of tribe shall soon dissolve; that as the world grows smaller, our common humanity shall reveal itself; and that America must play its role in ushering in a new era of peace.

To the Muslim world, we seek a new way forward, based on mutual interest and mutual respect. To those leaders around the globe who seek to sow conflict, or blame their society's ills on the West: Know that your people will judge you on what you can build, not what you destroy. To those who cling to power through corruption and deceit and the silencing of dissent, know that you are on the wrong side of history; but that we will extend a hand if you are willing to unclench your fist.

To the people of poor nations, we pledge to work alongside you to make your farms flourish and let clean waters flow; to nourish starved bodies and feed hungry minds. And to those nations like ours that enjoy relative plenty, we say we can no longer afford indifference to suffering outside our borders; nor can we consume the world's resources without regard to effect. For the world has changed, and we must change with it.

As we consider the road that unfolds before us, we remember with humble gratitude those brave Americans who, at this very hour, patrol far-off deserts and distant mountains. They have something to tell us today, just as the fallen heroes who lie in Arlington whisper through the ages. We honor them not only because they are guardians of our liberty, but because they embody the spirit of service; a willingness to find meaning in something greater than themselves. And yet, at this moment – a moment that will define a generation – it is precisely this spirit that must inhabit us all.

For as much as government can do and must do, it is ultimately the faith and determination of the American people upon which this nation relies. It is the kindness to take in a stranger when the levees break, the selflessness of workers who would rather cut their hours than see a friend lose their job which sees us through our darkest hours. It is the firefighter's courage to storm a stairway filled with smoke, but also a parent's willingness to nurture a child, that finally decides our fate.

Our challenges may be new. The instruments with which we meet them may be new. But those values upon which our success depends – hard work and honesty, courage and fair play, tolerance and curiosity, loyalty and patriotism – these things are old. These things are true. They have been the quiet force of progress throughout our history. What is demanded then is a return to these truths. What is required of us now is a new era of responsibility – a recognition, on the part of every American, that we have duties to ourselves, our nation and the world; duties that we do not grudgingly accept but rather seize gladly, firm in the knowledge that there is nothing so satisfying to the spirit, so defining of our character, than giving our all to a difficult task.

This is the price and the promise of citizenship.

This is the source of our confidence the knowledge that God calls on us to shape an uncertain destiny.

This is the meaning of our liberty and our creed – why men and women and children of every race and every faith can join in celebration across this magnificent Mall, and why a man whose father less than 60 years ago might not have been served at a local restaurant can now stand before you to take a most sacred oath.

So let us mark this day with remembrance, of who we are and how far we have traveled. In the year of America's birth, in the coldest of months, a small band of patriots huddled by dying campfires on the shores of an icy river. The capital was abandoned. The enemy was advancing. The snow was stained with blood. At a moment when the outcome of our revolution was most in doubt, the father of our nation ordered these words be read to the people:

„Let it be told to the future world ... that in the depth of winter, when nothing but hope and virtue could survive... that the city and the country, alarmed at one common danger, came forth to meet [it]."

America. In the face of our common dangers, in this winter of our hardship, let us remember these timeless words. With hope and virtue, let us brave once more the icy currents, and endure what storms may come. Let it be said by our children's children that when we were tested, we refused to let this journey end, that we did not turn back, nor did we falter; and with eyes fixed on the horizon and God's grace upon us, we carried forth that great gift of freedom and delivered it safely to future generations.

Quelle: http://edition.cnn.com/2009/POLITICS/01/20/obama.politics/

Barack Obama´s Speech on Race
Philadelphia, 18.03.2008

„We the people, in order to form a more perfect union ..." – 221 years ago, in a hall that still stands across the street, a group of men gathered and, with these simple words, launched America's improbable experiment in democracy. Farmers and scholars, statesmen and patriots who had traveled across an ocean to escape tyranny and persecution finally made real their declaration of independence at a Philadelphia convention that lasted through the spring of 1787.

The document they produced was eventually signed but ultimately unfinished. It was stained by this nation's original sin of slavery, a question that divided the colonies and brought the convention to a stalemate until the founders chose to allow the slave trade to continue for at least 20 more years, and to leave any final resolution to future generations.

Of course, the answer to the slavery question was already embedded within our Constitution – a Constitution that had at its very core the ideal of equal citizenship under the law; a Constitution that promised its people liberty and justice and a union that could be and should be perfected over time.

And yet words on a parchment would not be enough to deliver slaves from bondage, or provide men and women of every color and creed their full rights and obligations as citizens of the United States. What would be needed were Americans in successive generations who were willing to do their part – through protests and struggles, on the streets and in the courts, through a civil war and civil disobedience, and always at great risk – to narrow that gap between the promise of our ideals and the reality of their time.

This was one of the tasks we set forth at the beginning of this presidential campaign – to continue the long march of those who came before us, a march for a more just, more equal, more free, more caring and more prosperous America. I chose to run for president at this moment in history because I believe deeply that we cannot solve the challenges of our time unless we solve them together, unless we perfect our union by understanding that we may have different stories, but we hold common hopes; that we may not look the same and we may not have come from the same place, but we all want to move in the same direction – toward a better future for our children and our grandchildren.

This belief comes from my unyielding faith in the decency and generosity of the American people. But it also comes from my own story.

I am the son of a black man from Kenya and a white woman from Kansas. I was raised with the help of a white grandfather who survived a Depression to serve in Patton's Army during World War II and a white grandmother who worked on a bomber assembly line at Fort Leavenworth while he was overseas.

I've gone to some of the best schools in America and lived in one of the world's poorest nations. I am married to a black American who carries within her the blood of slaves and slaveowners – an inheritance we pass on to our two precious daughters. I have brothers, sisters, nieces, nephews, uncles and cousins of every race and every hue, scattered across three continents, and for as long as I live, I will never forget that in no other country on Earth is my story even possible.

It's a story that hasn't made me the most conventional of candidates. But it is a story that has seared into my genetic makeup the idea that this nation is more than the sum of its parts – that out of many, we are truly one.

Throughout the first year of this campaign, against all predictions to the contrary, we saw how hungry the American people were for this message of unity. Despite the temptation to view my candidacy through a purely racial lens, we won commanding victories in states with some of the whitest populations in the country. In South Carolina, where the Confederate flag still flies, we built a powerful coalition of African-Americans and white Americans.

This is not to say that race has not been an issue in this campaign. At various stages in the campaign, some commentators have deemed me either „too black" or „not black enough." We saw racial tensions bubble to the surface during the week before the South Carolina primary. The press has scoured every single exit poll for the latest evidence of racial polarization, not just in terms of white and black, but black and brown as well.

And yet, it has only been in the last couple of weeks that the discussion of race in this campaign has taken a particularly divisive turn.

On one end of the spectrum, we've heard the implication that my candidacy is somehow an exercise in affirmative action; that it's based solely on the desire of wide-eyed liberals to purchase racial reconciliation on the cheap. On the other end, we've heard my former pastor, Jeremiah Wright, use incendiary language to express views that have the potential not only to widen the racial divide, but views that denigrate both the greatness and the goodness of our nation, and that rightly offend white and black alike.

I have already condemned, in unequivocal terms, the statements of Reverend Wright that have caused such controversy and, in some cases, pain. For some, nagging questions remain. Did I know him to be an occasionally fierce critic of American domestic and foreign policy? Of course. Did I ever hear him make remarks that could be considered controversial while I sat in the church? Yes. Did I strongly disagree with many of his political views? Absolutely – just as I'm sure many of you have heard remarks from your pastors, priests, or rabbis with which you strongly disagreed.

But the remarks that have caused this recent firestorm weren't simply controversial. They weren't simply a religious leader's efforts to speak out against perceived injustice. Instead, they expressed a profoundly distorted view of this country – a view that sees white racism as endemic, and that elevates what is wrong with America above all that we know is right with America; a view that sees the conflicts in the Middle East as rooted primarily in the actions of stalwart allies like Israel, instead of emanating from the perverse and hateful ideologies of radical Islam.

As such, Reverend Wright's comments were not only wrong but divisive, divisive at a time when we need unity; racially charged at a time when we need to come together to solve a set of monumental problems – two wars, a terrorist threat, a falling economy, a chronic health care crisis and potentially devastating climate change – problems that are neither black or white or Latino or Asian, but rather problems that confront us all.

Given my background, my politics, and my professed values and ideals, there will no doubt be those for whom my statements of condemnation are not enough. Why associate myself with Reverend Wright in the first place, they may ask? Why not join another church? And I confess that if all that I knew of Reverend Wright were the snippets of those sermons that have run in an endless loop on the television sets and YouTube, or if Trinity United Church of Christ conformed to the caricatures being peddled by some commentators, there is no doubt that I would react in much the same way.

But the truth is, that isn't all that I know of the man. The man I met more than 20 years ago is a man who helped introduce me to my Christian faith, a man who spoke to me about our obligations to love one another, to care for the sick and lift up the poor. He is a man who served his country as a United States Marine; who has studied and lectured at some of the finest universities and seminaries in the country, and who for over 30 years has led a church that serves the community by doing God's work here on Earth – by housing the homeless, ministering to the needy, providing day care services and scholarships and prison ministries, and reaching out to those suffering from HIV/AIDS.

In my first book, *Dreams From My Father*, I describe the experience of my first service at Trinity:

„People began to shout, to rise from their seats and clap and cry out, a forceful wind carrying the reverend's voice up into the rafters. And in that single note – hope! – I heard something else: At the foot of that cross, inside the thousands of churches across the city, I imagined the stories of ordinary black people merging with the stories of David and Goliath, Moses and Pharaoh, the Christians in the lion's den, Ezekiel's field of dry bones. Those stories – of survival and freedom and hope – became our stories, my story. The blood that spilled was our blood, the tears our tears, until this black church, on this bright day, seemed once more a vessel carrying the story of a people into future generations and into a larger world. Our trials and triumphs became at once unique and universal, black and more than black. In chronicling our journey, the stories and songs gave us a meaning to reclaim memories that we didn't need to feel shame about – memories that all people might study and cherish, and with which we could start to rebuild."

That has been my experience at Trinity. Like other predominantly black churches across the country, Trinity embodies the black community in its entirety – the doctor and the welfare mom, the model student and the former gangbanger. Like other black churches, Trinity's services are full of raucous laughter and sometimes bawdy humor. They are full of dancing and clapping and screaming and shouting that may seem jarring to the untrained ear. The church contains in full the kindness and cruelty, the fierce intelligence and the shocking ignorance, the struggles and successes, the love and, yes, the bitterness and biases that make up the black experience in America.

And this helps explain, perhaps, my relationship with Reverend Wright. As imperfect as he may be, he has been like family to me. He strengthened my faith, officiated my wedding, and baptized my children. Not once in my conversations with him have I heard him talk about any ethnic group in derogatory terms, or treat whites with whom he interacted with anything but courtesy and respect. He contains within him the contradictions – the good and the bad – of the community that he has served diligently for so many years.

I can no more disown him than I can disown the black community. I can no more disown him than I can disown my white grandmother – a woman who helped raise me, a woman who sacrificed again and again for me, a woman who loves me as much as she loves anything in this world, but a woman who once confessed her fear of black men who passed her by on the street, and who on more than one occasion has uttered racial or ethnic stereotypes that made me cringe.

These people are a part of me. And they are part of America, this country that I love.

Some will see this as an attempt to justify or excuse comments that are simply inexcusable. I can assure you it is not. I suppose the politically safe thing to do would be to move on from this episode and just hope that it fades into the woodwork. We can dismiss Reverend Wright as a crank or a demagogue, just as some have dismissed Geraldine Ferraro, in the aftermath of her recent statements, as harboring some deep-seated bias.

But race is an issue that I believe this nation cannot afford to ignore right now. We would be making the same mistake that Reverend Wright made in his offending sermons about America – to simplify and stereotype and amplify the negative to the point that it distorts reality.

The fact is that the comments that have been made and the issues that have surfaced over the last few weeks reflect the complexities of race in this country that we've never really worked through – a part of our union that we have not yet made perfect. And if we walk away now, if we simply retreat into our respective corners, we will never be able to come together and solve challenges like health care or education or the need to find good jobs for every American.

Understanding this reality requires a reminder of how we arrived at this point. As William Faulkner once wrote, „The past isn't dead and buried. In fact, it isn't even past." We do not need to recite here the history of racial injustice in this country. But we do need to remind ourselves that so many of the disparities that exist between the African-American community and the larger American community today can be traced directly to inequalities passed on from an earlier generation that suffered under the brutal legacy of slavery and Jim Crow.

Segregated schools were and are inferior schools; we still haven't fixed them, 50 years after Brown v. Board of Education. And the inferior education they provided, then and now, helps explain the pervasive achievement gap between today's black and white students.

Legalized discrimination – where blacks were prevented, often through violence, from owning property, or loans were not granted to African-American business owners, or black homeowners could not access FHA mortgages, or blacks were excluded from unions or the police force or the fire department – meant that black families could not amass any meaningful wealth to bequeath to future generations. That history helps explain the wealth and income gap between blacks and whites, and the concentrated pockets of poverty that persist in so many of today's urban and rural communities.

A lack of economic opportunity among black men, and the shame and frustration that came from not being able to provide for one's family contributed to the erosion of black families – a problem that welfare policies for many years may have worsened. And the lack of basic services in so many urban black neighborhoods – parks for kids to play in, police walking the beat, regular garbage pickup, building code enforcement – all helped create a cycle of violence, blight and neglect that continues to haunt us.

This is the reality in which Reverend Wright and other African-Americans of his generation grew up. They came of age in the late '50s and early '60s, a time when segregation was still the law of the land and opportunity was systematically constricted. What's remarkable is not how many failed in the face of discrimination, but how many men and women overcame the odds; how many were able to make a way out of no way, for those like me who would come after them.

For all those who scratched and clawed their way to get a piece of the American Dream, there were many who didn't make it – those who were ultimately defeated, in one way or another, by discrimination. That legacy of defeat was passed on to future generations – those young men and, increasingly, young women who we see standing on street corners or languishing in our prisons, without hope or prospects for the future. Even for those blacks who did make it, questions of race and racism continue to define their worldview in fundamental ways. For the men and women of Reverend Wright's generation, the memories of humiliation and doubt and fear have not gone away; nor has the anger and the bitterness of those years. That anger may not get expressed in public, in front of white co-workers or white friends. But it does find voice in the barbershop or the beauty shop or around the kitchen table. At times, that anger is exploited by politicians, to gin up votes along racial lines, or to make up for a politician's own failings.

And occasionally it finds voice in the church on Sunday morning, in the pulpit and in the pews. The fact that so many people are surprised to hear that anger in some of Reverend Wright's sermons simply reminds us of the old truism that the most segregated hour of American life occurs on Sunday morning. That anger is not always productive; indeed, all too often it distracts attention from solving real problems; it keeps us from squarely facing our own complicity within the African-American community in our condition, and prevents the African-American community from forging the alliances it needs to bring about real change. But the anger is real; it is powerful. And to simply wish it away, to condemn it without understanding its roots, only serves to widen the chasm of misunderstanding that exists between the races.

In fact, a similar anger exists within segments of the white community. Most working- and middle-class white Americans don't feel that they have been particularly privileged by their race. Their experience is the immigrant experience – as far as they're concerned, no one handed them anything. They built it from scratch. They've worked hard all their lives, many times only to see their jobs shipped overseas or their pensions dumped after a lifetime of labor. They are anxious about their futures, and they feel their dreams slipping away. And in an era of stagnant wages and global competition, opportunity comes to be seen as a zero sum game, in which your dreams come at my expense. So when they are told to bus their children to a school across town; when they hear an African-American is getting an advantage in landing a good job or a spot in a good college because of an injustice that they themselves never committed; when they're told that their fears about crime in urban neighborhoods are somehow prejudiced, resentment builds over time.

Like the anger within the black community, these resentments aren't always expressed in polite company. But they have helped shape the political landscape for at least a generation. Anger over welfare and affirmative action helped forge the Reagan Coalition. Politicians routinely exploited fears of crime for their own electoral ends. Talk show hosts and conservative commentators built entire careers unmasking bogus claims of racism while dismissing legitimate discussions of racial injustice and inequality as mere political correctness or reverse racism.

Just as black anger often proved counterproductive, so have these white resentments distracted attention from the real culprits of the middle class squeeze – a corporate culture rife with inside dealing, questionable accounting practices and short-term greed; a Washington dominated by lobbyists and special interests; economic policies that favor the few over the many. And yet, to wish away the resentments of white Americans, to label them as misguided or even racist, without recognizing they are grounded in legitimate concerns – this too widens the racial divide and blocks the path to understanding.

This is where we are right now. It's a racial stalemate we've been stuck in for years. Contrary to the claims of some of my critics, black and white, I have never been so naïve as to believe that we can get beyond our racial divisions in a single election cycle, or with a single candidacy – particularly a candidacy as imperfect as my own.

But I have asserted a firm conviction – a conviction rooted in my faith in God and my faith in the American people – that, working together, we can move beyond some of our old racial wounds, and that in fact we have no choice if we are to continue on the path of a more perfect union.

For the African-American community, that path means embracing the burdens of our past without becoming victims of our past. It means continuing to insist on a full measure of justice in every aspect of American life. But it also means binding our particular grievances – for better health care and better schools and better jobs – to the larger aspirations of all Americans: the white woman struggling to break the glass ceiling, the white man who has been laid off, the immigrant trying to feed his family. And it means taking full responsibility for our own lives – by demanding more from our fathers, and spending more time with our children, and reading to them, and teaching them that while they may face challenges and discrimination in their own lives, they must never succumb to despair or cynicism; they must always believe that they can write their own destiny.

Ironically, this quintessentially American – and yes, conservative – notion of self-help found frequent expression in Reverend Wright's sermons. But what my former pastor too often failed to understand is that embarking on a program of self-help also requires a belief that society can change.

The profound mistake of Reverend Wright's sermons is not that he spoke about racism in our society. It's that he spoke as if our society was static; as if no progress had been made; as if this country – a country that has made it possible for one of his own members to run for the highest office in the land and build a coalition of white and black, Latino and Asian, rich and poor, young and old – is still irrevocably bound to a tragic past. But what we know – what we have seen – is that America can change. That is the true genius of this nation. What we have already achieved gives us hope – the audacity to hope – for what we can and must achieve tomorrow.

In the white community, the path to a more perfect union means acknowledging that what ails the African-American community does not just exist in the minds of black people; that the legacy of discrimination – and current incidents of discrimination, while less overt than in the past – are real and must be addressed, not just with words, but with deeds, by investing in our schools and our communities; by enforcing our civil rights laws and ensuring fairness in our criminal justice system; by providing this generation with ladders of opportunity that were unavailable for previous generations. It requires all Americans to realize that your dreams do not have to come at the expense of my dreams; that investing in the health, welfare and education of black and brown and white children will ultimately help all of America prosper.

In the end, then, what is called for is nothing more and nothing less than what all the world's great religions demand – that we do unto others as we would have them do unto us. Let us be our brother's keeper, scripture tells us. Let us be our sister's keeper. Let us find that common stake we all have in one another, and let our politics reflect that spirit as well.

For we have a choice in this country. We can accept a politics that breeds division and conflict and cynicism. We can tackle race only as spectacle – as we did in the O.J. trial – or in the wake of tragedy – as we did in the aftermath of Katrina – or as fodder for the nightly news. We can play Reverend Wright's sermons on every channel, every day and talk about them from now until the election, and make the only question in this campaign whether or not the American people think that I somehow believe or sympathize with his most offensive words. We can pounce on some gaffe by a Hillary supporter as evidence that she's playing the race card, or we can speculate on whether white men will all flock to John McCain in the general election regardless of his policies.

We can do that.

But if we do, I can tell you that in the next election, we'll be talking about some other distraction. And then another one. And then another one. And nothing will change.

That is one option. Or, at this moment, in this election, we can come together and say, „Not this time." This time, we want to talk about the crumbling schools that are stealing the future of black children and white children and Asian children and Hispanic children and Native American children. This time, we want to reject the cynicism that tells us that these kids can't learn; that those kids who don't look like us are somebody else's problem. The children of America are not those kids, they are our kids, and we will not let them fall behind in a 21st century economy. Not this time.

This time we want to talk about how the lines in the emergency room are filled with whites and blacks and Hispanics who do not have health care, who don't have the power on their own to overcome the special interests in Washington, but who can take them on if we do it together.

This time, we want to talk about the shuttered mills that once provided a decent life for men and women of every race, and the homes for sale that once belonged to Americans from every religion, every region, every walk of life. This time, we want to talk about the fact that the real problem is not that someone who doesn't look like you might take your job; it's that the corporation you work for will ship it overseas for nothing more than a profit.

This time, we want to talk about the men and women of every color and creed who serve together and fight together and bleed together under the same proud flag. We want to talk about how to bring them home from a war that should have never been authorized and should have never been waged. And we want to talk about how we'll show our patriotism by caring for them and their families, and giving them the benefits that they have earned.

I would not be running for President if I didn't believe with all my heart that this is what the vast majority of Americans want for this country. This union may never be perfect, but generation after generation has shown that it can always be perfected. And today, whenever I find myself feeling doubtful or cynical about this possibility, what gives me the most hope is the next generation – the young people whose attitudes and beliefs and openness to change have already made history in this election.

There is one story in particularly that I'd like to leave you with today – a story I told when I had the great honor of speaking on Dr. King's birthday at his home church, Ebenezer Baptist, in Atlanta.

There is a young, 23-year-old white woman named Ashley Baia who organized for our campaign in Florence, S.C. She had been working to organize a mostly African-American community since the beginning of this campaign, and one day she was at a roundtable discussion where everyone went around telling their story and why they were there.

And Ashley said that when she was 9 years old, her mother got cancer. And because she had to miss days of work, she was let go and lost her health care. They had to file for bankruptcy, and that's when Ashley decided that she had to do something to help her mom.

She knew that food was one of their most expensive costs, and so Ashley convinced her mother that what she really liked and really wanted to eat more than anything else was mustard and relish sandwiches – because that was the cheapest way to eat. That's the mind of a 9-year-old.

She did this for a year until her mom got better. So she told everyone at the roundtable that the reason she joined our campaign was so that she could help the millions of other children in the country who want and need to help their parents, too.

Now, Ashley might have made a different choice. Perhaps somebody told her along the way that the source of her mother's problems were blacks who were on welfare and too lazy to work, or Hispanics who were coming into the country illegally. But she didn't. She sought out allies in her fight against injustice.

Anyway, Ashley finishes her story and then goes around the room and asks everyone else why they're supporting the campaign. They all have different stories and different reasons. Many bring up a specific issue. And finally they come to this elderly black man who's been sitting there quietly the entire time. And Ashley asks him why he's there. And he does not bring up a specific issue. He does not say health care or the economy. He does not say education or the war. He does not say that he was there because of Barack Obama. He simply says to everyone in the room, „I am here because of Ashley."

„I'm here because of Ashley." By itself, that single moment of recognition between that young white girl and that old black man is not enough. It is not enough to give health care to the sick, or jobs to the jobless, or education to our children.

But it is where we start. It is where our union grows stronger. And as so many generations have come to realize over the course of the 221 years since a band of patriots signed that document right here in Philadelphia, that is where the perfection begins.

Quelle: http://www.npr.org/templates/story/story.php?storyId=88478467

State of the Union Address (Auszüge)
Joint session of Congress, 24. 02.2009
2009 address to joint session of Congress: on Energy & Oil

Barack Obama: $15B in clean energy; plus market-based cap on carbon
We know the country that harnesses the power of clean, renewable energy will lead the 21st century.

We will double this nation's supply of renewable energy in the next three years. We've also made the largest investment in basic research funding in American history – an investment that will spur not only new discoveries in energy, but breakthroughs in medicine and science and technology.

But to truly transform our economy, to protect our security, and save our planet from the ravages of climate change, we need to ultimately make clean, renewable energy the profitable kind of energy. So I ask this Congress to send me legislation that places a market-based cap on carbon pollution and drives the production of more renewable energy in America. And to support that innovation, we will invest $15 billion a year to develop technologies like wind power and solar power, advanced biofuels, clean coal, and more efficient cars and trucks built right here in America.

Barack Obama: FactCheck: US imports less oil today than in 2005
Given the widespread concern about foreign oil, one line certainly sounded plausible: Obama said, „We have known for decades that our survival depends on finding new sources of energy, yet we import more oil today than ever before."

Not true. We're importing less than we were just a few years ago. Imports reached a high point of 15 million barrels per day on Nov. 4, 2005. Most recently, they totaled 11.5 million on Feb. 20, 2009. Monthly and annual imports show the same trend.
Source: FactCheck.org on 2009 State of the Union address Feb 24, 2009

Barack Obama: FactCheck: Chevy Volt uses Korean battery, but Ford's don't
Obama gave a few examples of how the U.S. isn't leading when it comes to „clean, renewable energy," saying at one point that „new plug-in hybrids roll off our assembly lines, but they will run on batteries made in Korea."

He's partly right. The Chevy Volt, if it comes to market as scheduled in 2010, would be the first American-made, plug-in hybrid car, and General Motors recently announced that the Volt will use battery systems from South Korea's LG Chem Ltd.

But the U.S. isn't a complete laggard in this department. Ford said earlier this month that batteries for its hybrid, due to be available in 2012, will be supplied by a joint venture between a U.S. company, Johnson Controls Inc., and France's Saft. At least initially, though, the battery cells will be made in France; they will be assembled into power packs in the U.S.
Source: FactCheck.org on 2009 State of the Union address Feb 24, 2009

Bobby Jindal: More renewables; more nuclear power, more drilling
We need urgent action to keep energy prices down. All of us remember what it felt like to pay $4 at the pump and unless we act now, those prices will return. To stop that from happening, we need to increase conservation, increase energy efficiency, increase the use of alternative and renewable fuels, increase our use of nuclear power, and increase drilling for oil and gas here at home. We believe that if we unleash the innovative spirit of our citizens, we can achieve energy independence.
Source: GOP response to the 2009 State of the Union address Feb 24, 2009
Quelle: http://www.ontheissues.org/SOTU_2009.

"State of the Union Address"
24.02.2009 Joint session of Congress: on Health Care

Barack Obama: FactCheck: Healthcare costs cause one bankruptcy per minute
Obama said, „We must also address the crushing cost of health care. This is a cost that now causes a bankruptcy in America every 30 seconds."
Data show about 934,000 personal bankruptcies in FY 2008. There are about 32 million seconds in a year. So someone filed for bankruptcy roughly every 30 seconds last year. But even a very high estimate would only attribute half of those personal bankruptcies to medical expenses. So that's one health-related bankruptcy every minute at most.
Quelle: FactCheck.org on 2009 State of the Union address Feb 24, 2009

Bobby Jindal: Universal access, but not government-run
Republicans believe in a simple principle: No American should have to worry about losing their health coverage--period. We stand for universal access to affordable health care coverage. What we oppose is universal government-run health care. Health care decisions should be made by doctors and patients, not by government bureaucrats. If we put aside partisan politics and work together, we can make our system of private medicine affordable and accessible for every one of our citizens.
Source: GOP response to the 2009 State of the Union address Feb 24, 2009
Quelle: http://www.ontheissues.org/SOTU_2009.

President Obama Addresses Muslim World (Kairo-Speech)
Kairo, 4. Juni 2009

I am honored to be in the timeless city of Cairo, and to be hosted by two re-markable institutions. For over a thousand years, Al-Azhar has stood as a bea-con of Islamic learning, and for over a century, Cairo University has been a source of Egypt's advancement. Together, you represent the harmony between tradition and progress. I am grateful for your hospitality, and the hospitality of the people of Egypt. I am also proud to carry with me the goodwill of the American people, and a greeting of peace from Muslim communities in my country:

assalaamu alaykum.

We meet at a time of tension between the United States and Muslims around the world – tension rooted in historical forces that go beyond any current policy debate. The relationship between Islam and the West includes centuries of co-existence and cooperation, but also conflict and religious wars. More re-cently, tension has been fed by colonialism that denied rights and opportunities to many Muslims, and a Cold War in which Muslim-majority countries were too often treated as proxies without regard to their own aspirations. Moreover, the sweeping change brought by modernity and globalization led many Muslims to view the West as hostile to the traditions of Islam. Violent extremists have ex-ploited these tensions in a small but potent minority of Muslims. The attacks of September 11th, 2001 and the continued efforts of these extremists to engage in violence against civilians has led some in my country to view Islam as inevita-bly hostile not only to America and Western countries, but also to human rights. This has bred more fear and mistrust. So long as our relationship is defined by our differences, we will empower those who sow hatred rather than peace, and who promote conflict rather than the cooperation that can help all of our people achieve justice and prosperity. This cycle of suspicion and discord must end.

I have come here to seek a new beginning between the United States and Muslims around the world; one based upon mutual interest and mutual respect; and one based upon the truth that America and Islam are not exclusive, and need not be in competition. Instead, they overlap, and share common principles – principles of justice and progress; tolerance and the dignity of all human beings.

I do so recognizing that change cannot happen overnight. No single speech can eradicate years of mistrust, nor can I answer in the time that I have all the complex questions that brought us to this point. But I am convinced that in order to move forward, we must say openly the things we hold in our hearts, and that too often are said only behind closed doors.

There must be a sustained effort to listen to each other; to learn from each other; to respect one another; and to seek common ground. As the Holy Koran tells us, „Be conscious of God and speak always the truth." That is what I will try to do – to speak the truth as best I can, humbled by the task before us, and firm in my belief that the interests we share as human beings are far more powerful than the forces that drive us apart.

Part of this conviction is rooted in my own experience. I am a Christian, but my father came from a Kenyan family that includes generations of Muslims. As a boy, I spent several years in Indonesia and heard the call of the azaan at the break of dawn and the fall of dusk. As a young man, I worked in Chicago communities where many found dignity and peace in their Muslim faith. As a student of history, I also know civilization's debt to Islam. It was Islam – at places like Al-Azhar University – that carried the light of learning through so many centuries, paving the way for Europe's Renaissance and Enlightenment. It was innovation in Muslim communities that developed the order of algebra; our magnetic compass and tools of navigation; our mastery of pens and printing; our understanding of how disease spreads and how it can be healed. Islamic culture has given us majestic arches and soaring spires; timeless poetry and cherished music; elegant calligraphy and places of peaceful contemplation. And throughout history, Islam has demonstrated through words and deeds the possibilities of religious tolerance and racial equality.

I know, too, that Islam has always been a part of America's story. The first nation to recognize my country was Morocco. In signing the Treaty of Tripoli in 1796, our second President John Adams wrote, „The United States has in itself no character of enmity against the laws, religion or tranquility of Muslims." And since our founding, American Muslims have enriched the United States. They have fought in our wars, served in government, stood for civil rights, started businesses, taught at our Universities, excelled in our sports arenas, won Nobel Prizes, built our tallest building, and lit the Olympic Torch. And when the first Muslim-American was recently elected to Congress, he took the oath to defend our Constitution using the same Holy Koran that one of our Founding Fathers – Thomas Jefferson – kept in his personal library.

So I have known Islam on three continents before coming to the region where it was first revealed. That experience guides my conviction that partnership between America and Islam must be based on what Islam is, not what it isn't. And I consider it part of my responsibility as President of the United States to fight against negative stereotypes of Islam wherever they appear. But that same principle must apply to Muslim perceptions of America. Just as Muslims do not fit a crude stereotype, America is not the crude stereotype of a self-interested empire. The United States has been one of the greatest sources of progress that the world has ever known.

We were born out of revolution against an empire. We were founded upon the ideal that all are created equal, and we have shed blood and struggled for centuries to give meaning to those words – within our borders, and around the world. We are shaped by every culture, drawn from every end of the Earth, and dedicated to a simple concept: E pluribus unum: „Out of many, one."

Much has been made of the fact that an African-American with the name Barack Hussein Obama could be elected President. But my personal story is not so unique. The dream of opportunity for all people has not come true for everyone in America, but its promise exists for all who come to our shores – that includes nearly seven million American Muslims in our country today who enjoy incomes and education that are higher than average.

Moreover, freedom in America is indivisible from the freedom to practice one's religion. That is why there is a mosque in every state of our union, and over 1,200 mosques within our borders. That is why the U.S. government has gone to court to protect the right of women and girls to wear the hijab, and to punish those who would deny it. So let there be no doubt: Islam is a part of America. And I believe that America holds within her the truth that regardless of race, religion, or station in life, all of us share common aspirations – to live in peace and security; to get an education and to work with dignity; to love our families, our communities, and our God. These things we share. This is the hope of all humanity.

Of course, recognizing our common humanity is only the beginning of our task. Words alone cannot meet the needs of our people. These needs will be met only if we act boldly in the years ahead; and if we understand that the challenges we face are shared, and our failure to meet them will hurt us all.

For we have learned from recent experience that when a financial system weakens in one country, prosperity is hurt everywhere. When a new flu infects one human being, all are at risk. When one nation pursues a nuclear weapon, the risk of nuclear attack rises for all nations. When violent extremists operate in one stretch of mountains, people are endangered across an ocean. And when innocents in Bosnia and Darfur are slaughtered, that is a stain on our collective conscience. That is what it means to share this world in the 21st century. That is the responsibility we have to one another as human beings.

This is a difficult responsibility to embrace. For human history has often been a record of nations and tribes subjugating one another to serve their own interests. Yet in this new age, such attitudes are self-defeating. Given our interdependence, any world order that elevates one nation or group of people over another will inevitably fail. So whatever we think of the past, we must not be prisoners of it. Our problems must be dealt with through partnership; progress must be shared.

That does not mean we should ignore sources of tension. Indeed, it suggests the opposite: we must face these tensions squarely. And so in that spirit, let me speak as clearly and plainly as I can about some specific issues that I believe we must finally confront together.

The first issue that we have to confront is violent extremism in all of its forms. In Ankara, I made clear that America is not – and never will be – at war with Islam. We will, however, relentlessly confront violent extremists who pose a grave threat to our security.

Because we reject the same thing that people of all faiths reject: the killing of innocent men, women, and children. And it is my first duty as President to protect the American people. The situation in Afghanistan demonstrates America's goals, and our need to work together. Over seven years ago, the United States pursued al Qaeda and the Taliban with broad international support. We did not go by choice, we went because of necessity. I am aware that some question or justify the events of 9/11. But let us be clear: al Qaeda killed nearly 3,000 people on that day. The victims were innocent men, women and children from America and many other nations who had done nothing to harm anybody. And yet Al Qaeda chose to ruthlessly murder these people, claimed credit for the attack, and even now states their determination to kill on a massive scale. They have affiliates in many countries and are trying to expand their reach. These are not opinions to be debated; these are facts to be dealt with.

Make no mistake: we do not want to keep our troops in Afghanistan. We seek no military bases there. It is agonizing for America to lose our young men and women. It is costly and politically difficult to continue this conflict. We would gladly bring every single one of our troops home if we could be confident that there were not violent extremists in Afghanistan and Pakistan determined to kill as many Americans as they possibly can. But that is not yet the case.

That's why we're partnering with a coalition of forty-six countries. And despite the costs involved, America's commitment will not weaken. Indeed, none of us should tolerate these extremists. They have killed in many countries. They have killed people of different faiths – more than any other, they have killed Muslims. Their actions are irreconcilable with the rights of human beings, the progress of nations, and with Islam. The Holy Koran teaches that whoever kills an innocent, it is as if he has killed all mankind; and whoever saves a person, it is as if he has saved all mankind. The enduring faith of over a billion people is so much bigger than the narrow hatred of a few. Islam is not part of the problem in combating violent extremism – it is an important part of promoting peace.

We also know that military power alone is not going to solve the problems in Afghanistan and Pakistan. That is why we plan to invest $1.5 billion each year over the next five years to partner with Pakistanis to build schools and hospitals, roads and businesses, and hundreds of millions to help those who have been displaced. And that is why we are providing more than $2.8 billion to help Afghans develop their economy and deliver services that people depend upon.

Let me also address the issue of Iraq. Unlike Afghanistan, Iraq was a war of choice that provoked strong differences in my country and around the world. Although I believe that the Iraqi people are ultimately better off without the tyranny of Saddam Hussein, I also believe that events in Iraq have reminded America of the need to use diplomacy and build international consensus to resolve our problems whenever possible. Indeed, we can recall the words of Thomas Jefferson, who said: „I hope that our wisdom will grow with our power, and teach us that the less we use our power the greater it will be."

Today, America has a dual responsibility: to help Iraq forge a better future – and to leave Iraq to Iraqis. I have made it clear to the Iraqi people that we pursue no bases, and no claim on their territory or resources. Iraq's sovereignty is its own. That is why I ordered the removal of our combat brigades by next August. That is why we will honor our agreement with Iraq's democratically-elected government to remove combat troops from Iraqi cities by July, and to remove all our troops from Iraq by 2012. We will help Iraq train its Security Forces and develop its economy. But we will support a secure and united Iraq as a partner, and never as a patron. And finally, just as America can never tolerate violence by extremists, we must never alter our principles. 9/11 was an enormous trauma to our country. The fear and anger that it provoked was understandable, but in some cases, it led us to act contrary to our ideals. We are taking concrete actions to change course. I have unequivocally prohibited the use of torture by the United States, and I have ordered the prison at Guantanamo Bay closed by early next year.

So America will defend itself respectful of the sovereignty of nations and the rule of law. And we will do so in partnership with Muslim communities which are also threatened. The sooner the extremists are isolated and unwelcome in Muslim communities, the sooner we will all be safer.

The second major source of tension that we need to discuss is the situation between Israelis, Palestinians and the Arab world.

America's strong bonds with Israel are well known. This bond is unbreakable. It is based upon cultural and historical ties, and the recognition that the aspiration for a Jewish homeland is rooted in a tragic history that cannot be denied.

Around the world, the Jewish people were persecuted for centuries, and anti-Semitism in Europe culminated in an unprecedented Holocaust. Tomorrow, I will visit Buchenwald, which was part of a network of camps where Jews were enslaved, tortured, shot and gassed to death by the Third Reich. Six million Jews were killed – more than the entire Jewish population of Israel today. Denying that fact is baseless, ignorant, and hateful. Threatening Israel with destruction – or repeating vile stereotypes about Jews – is deeply wrong, and only serves to evoke in the minds of Israelis this most painful of memories while preventing the peace that the people of this region deserve.

On the other hand, it is also undeniable that the Palestinian people – Muslims and Christians – have suffered in pursuit of a homeland. For more than sixty years they have endured the pain of dislocation. Many wait in refugee camps in the West Bank, Gaza, and neighboring lands for a life of peace and security that they have never been able to lead. They endure the daily humiliations – large and small – that come with occupation. So let there be no doubt: the situation for the Palestinian people is intolerable. America will not turn our backs on the legitimate Palestinian aspiration for dignity, opportunity, and a state of their own.

For decades, there has been a stalemate: two peoples with legitimate aspirations, each with a painful history that makes compromise elusive. It is easy to point fingers – for Palestinians to point to the displacement brought by Israel's founding, and for Israelis to point to the constant hostility and attacks throughout its history from within its borders as well as beyond. But if we see this conflict only from one side or the other, then we will be blind to the truth: the only resolution is for the aspirations of both sides to be met through two states, where Israelis and Palestinians each live in peace and security. That is in Israel's interest, Palestine's interest, America's interest, and the world's interest. That is why I intend to personally pursue this outcome with all the patience that the task requires.

The obligations that the parties have agreed to under the Road Map are clear. For peace to come, it is time for them – and all of us – to live up to our responsibilities. Palestinians must abandon violence. Resistance through violence and killing is wrong and does not succeed. For centuries, black people in America suffered the lash of the whip as slaves and the humiliation of segregation. But it was not violence that won full and equal rights. It was a peaceful and determined insistence upon the ideals at the center of America's founding. This same story can be told by people from South Africa to South Asia; from Eastern Europe to Indonesia. It's a story with a simple truth: that violence is a dead end. It is a sign of neither courage nor power to shoot rockets at sleeping children, or to blow up old women on a bus. That is not how moral authority is claimed; that is how it is surrendered.

Now is the time for Palestinians to focus on what they can build. The Palestinian Authority must develop its capacity to govern, with institutions that serve the needs of its people. Hamas does have support among some Palestinians, but they also have responsibilities. To play a role in fulfilling Palestinian aspirations, and to unify the Palestinian people, Hamas must put an end to violence, recognize past agreements, and recognize Israel's right to exist. At the same time, Israelis must acknowledge that just as Israel's right to exist cannot be denied, neither can Palestine's. The United States does not accept the legitimacy of continued Israeli settlements. This construction violates previous agreements and undermines efforts to achieve peace. It is time for these settlements to stop.

Israel must also live up to its obligations to ensure that Palestinians can live, and work, and develop their society. And just as it devastates Palestinian families, the continuing humanitarian crisis in Gaza does not serve Israel's security; neither does the continuing lack of opportunity in the West Bank. Progress in the daily lives of the Palestinian people must be part of a road to peace, and Israel must take concrete steps to enable such progress.

Finally, the Arab States must recognize that the Arab Peace Initiative was an important beginning, but not the end of their responsibilities. The Arab-Israeli conflict should no longer be used to distract the people of Arab nations from other problems. Instead, it must be a cause for action to help the Palestinian people develop the institutions that will sustain their state; to recognize Israel's legitimacy; and to choose progress over a self-defeating focus on the past.

America will align our policies with those who pursue peace, and say in public what we say in private to Israelis and Palestinians and Arabs. We cannot impose peace. But privately, many Muslims recognize that Israel will not go away. Likewise, many Israelis recognize the need for a Palestinian state. It is time for us to act on what everyone knows to be true. Too many tears have flowed. Too much blood has been shed. All of us have a responsibility to work for the day when the mothers of Israelis and Palestinians can see their children grow up without fear; when the Holy Land of three great faiths is the place of peace that God intended it to be; when Jerusalem is a secure and lasting home for Jews and Christians and Muslims, and a place for all of the children of Abraham to mingle peacefully together as in the story of Isra, when Moses, Jesus, and Mohammed (peace be upon them) joined in prayer.

The third source of tension is our shared interest in the rights and responsibilities of nations on nuclear weapons. This issue has been a source of tension between the United States and the Islamic Republic of Iran. For many years,

Iran has defined itself in part by its opposition to my country, and there is indeed a tumultuous history between us. In the middle of the Cold War, the United States played a role in the overthrow of a democratically- elected Iranian government. Since the Islamic Revolution, Iran has played a role in acts of hostage-taking and violence against U.S. troops and civilians. This history is well known. Rather than remain trapped in the past, I have made it clear to Iran's leaders and people that my country is prepared to move forward. The question, now, is not what Iran is against, but rather what future it wants to build.

It will be hard to overcome decades of mistrust, but we will proceed with courage, rectitude and resolve. There will be many issues to discuss between our two countries, and we are willing to move forward without preconditions on the basis of mutual respect. But it is clear to all concerned that when it comes to nuclear weapons, we have reached a decisive point. This is not simply about America's interests. It is about preventing a nuclear arms race in the Middle East that could lead this region and the world down a hugely dangerous path.

I understand those who protest that some countries have weapons that others do not. No single nation should pick and choose which nations hold nuclear weapons. That is why I strongly reaffirmed America's commitment to seek a world in which no nations hold nuclear weapons.

And any nation – including Iran – should have the right to access peaceful nuclear power if it complies with its responsibilities under the nuclear Non-Proliferation Treaty. That commitment is at the core of the Treaty, and it must be kept for all who fully abide by it. And I am hopeful that all countries in the region can share in this goal.

The fourth issue that I will address is democracy. I know there has been controversy about the promotion of democracy in recent years, and much of this controversy is connected to the war in Iraq. So let me be clear: no system of government can or should be imposed upon one nation by any other. That does not lessen my commitment, however, to governments that reflect the will of the people. Each nation gives life to this principle in its own way, grounded in the traditions of its own people. America does not presume to know what is best for everyone, just as we would not presume to pick the outcome of a peaceful election. But I do have an unyielding belief that all people yearn for certain things: the ability to speak your mind and have a say in how you are governed; confidence in the rule of law and the equal administration of justice; government that is transparent and doesn't steal from the people; the freedom to live as you choose. Those are not just American ideas, they are human rights, and that is why we will support them everywhere.

There is no straight line to realize this promise. But this much is clear: governments that protect these rights are ultimately more stable, successful and secure. Suppressing ideas never succeeds in making them go away. America respects the right of all peaceful and law-abiding voices to be heard around the world, even if we disagree with them. And we will welcome all elected, peaceful governments – provided they govern with respect for all their people.

This last point is important because there are some who advocate for democracy only when they are out of power; once in power, they are ruthless in suppressing the rights of others. No matter where it takes hold, government of the people and by the people sets a single standard for all who hold power: you must maintain your power through consent, not coercion; you must respect the rights of minorities, and participate with a spirit of tolerance and compromise; you must place the interests of your people and the legitimate workings of the political process above your party. Without these ingredients, elections alone do not make true democracy.

The fifth issue that we must address together is religious freedom.

Islam has a proud tradition of tolerance. We see it in the history of Andalusia and Cordoba during the Inquisition. I saw it firsthand as a child in Indonesia, where devout Christians worshiped freely in an overwhelmingly Muslim country. That is the spirit we need today.

People in every country should be free to choose and live their faith based upon the persuasion of the mind, heart, and soul. This tolerance is essential for religion to thrive, but it is being challenged in many different ways.

Among some Muslims, there is a disturbing tendency to measure one's own faith by the rejection of another's. The richness of religious diversity must be upheld – whether it is for Maronites in Lebanon or the Copts in Egypt. And fault lines must be closed among Muslims as well, as the divisions between Sunni and Shia have led to tragic violence, particularly in Iraq.

Freedom of religion is central to the ability of peoples to live together. We must always examine the ways in which we protect it. For instance, in the United States, rules on charitable giving have made it harder for Muslims to fulfill their religious obligation. That is why I am committed to working with American Muslims to ensure that they can fulfill zakat.

Likewise, it is important for Western countries to avoid impeding Muslim citizens from practicing religion as they see fit – for instance, by dictating what clothes a Muslim woman should wear. We cannot disguise hostility towards any religion behind the pretence of liberalism.

Indeed, faith should bring us together. That is why we are forging service projects in America that bring together Christians, Muslims, and Jews. That is why we welcome efforts like Saudi Arabian King Abdullah's Interfaith dialogue and Turkey's leadership in the Alliance of Civilizations. Around the world, we can turn dialogue into Interfaith service, so bridges between peoples lead to action – whether it is combating malaria in Africa, or providing relief after a natural disaster.

The sixth issue that I want to address is women's rights.

I know there is debate about this issue. I reject the view of some in the West that a woman who chooses to cover her hair is somehow less equal, but I do believe that a woman who is denied an education is denied equality. And it is no coincidence that countries where women are well-educated are far more likely to be prosperous.

Now let me be clear: issues of women's equality are by no means simply an issue for Islam. In Turkey, Pakistan, Bangladesh and Indonesia, we have seen Muslim-majority countries elect a woman to lead. Meanwhile, the struggle for women's equality continues in many aspects of American life, and in countries around the world.

Our daughters can contribute just as much to society as our sons, and our common prosperity will be advanced by allowing all humanity – men and women – to reach their full potential. I do not believe that women must make the same choices as men in order to be equal, and I respect those women who choose to live their lives in traditional roles. But it should be their choice. That is why the United States will partner with any Muslim-majority country to support expanded literacy for girls, and to help young women pursue employment through micro-financing that helps people live their dreams.

Finally, I want to discuss economic development and opportunity.

I know that for many, the face of globalization is contradictory. The Internet and television can bring knowledge and information, but also offensive sexuality and mindless violence. Trade can bring new wealth and opportunities, but also huge disruptions and changing communities. In all nations – including my own – this change can bring fear. Fear that because of modernity we will lose of control over our economic choices, our politics, and most importantly our identities – those things we most cherish about our communities, our families, our traditions, and our faith.

But I also know that human progress cannot be denied. There need not be contradiction between development and tradition. Countries like Japan and South Korea grew their economies while maintaining distinct cultures. The same is true for the astonishing progress within Muslim-majority countries from Kuala Lumpur to Dubai. In ancient times and in our times, Muslim communities have been at the forefront of innovation and education.

This is important because no development strategy can be based only upon what comes out of the ground, nor can it be sustained while young people are out of work. Many Gulf States have enjoyed great wealth as a consequence of oil, and some are beginning to focus it on broader development. But all of us must recognize that education and innovation will be the currency of the 21st century, and in too many Muslim communities there remains underinvestment in these areas. I am emphasizing such investments within my country. And while America in the past has focused on oil and gas in this part of the world, we now seek a broader engagement.

On education, we will expand exchange programs, and increase scholarships, like the one that brought my father to America, while encouraging more Americans to study in Muslim communities. And we will match promising Muslim students with internships in America; invest in on-line learning for teachers and children around the world; and create a new online network, so a teenager in Kansas can communicate instantly with a teenager in Cairo.

On economic development, we will create a new corps of business volunteers to partner with counterparts in Muslim-majority countries. And I will host a Summit on Entrepreneurship this year to identify how we can deepen ties between business leaders, foundations and social entrepreneurs in the United States and Muslim communities around the world.

On science and technology, we will launch a new fund to support technological development in Muslim-majority countries, and to help transfer ideas to the marketplace so they can create jobs. We will open centers of scientific excellence in Africa, the Middle East and Southeast Asia, and appoint new Science Envoys to collaborate on programs that develop new sources of energy, create green jobs, digitize records, clean water, and grow new crops. And today I am announcing a new global effort with the Organization of the Islamic Conference to eradicate polio. And we will also expand partnerships with Muslim communities to promote child and maternal health.

All these things must be done in partnership. Americans are ready to join with citizens and governments; community organizations, religious leaders, and businesses in Muslim communities around the world to help our people pursue a better life.

The issues that I have described will not be easy to address. But we have a responsibility to join together on behalf of the world we seek – a world where extremists no longer threaten our people, and American troops have come home; a world where Israelis and Palestinians are each secure in a state of their own, and nuclear energy is used for peaceful purposes; a world where governments serve their citizens, and the rights of all God's children are respected. Those are mutual interests. That is the world we seek. But we can only achieve it together.

I know there are many – Muslim and non-Muslim – who question whether we can forge this new beginning. Some are eager to stoke the flames of division, and to stand in the way of progress. Some suggest that it isn't worth the effort –

that we are fated to disagree, and civilizations are doomed to clash. Many more are simply skeptical that real change can occur.

There is so much fear, so much mistrust. But if we choose to be bound by the past, we will never move forward. And I want to particularly say this to young people of every faith, in every country – you, more than anyone, have the ability to remake this world.

All of us share this world for but a brief moment in time. The question is whether we spend that time focused on what pushes us apart, or whether we commit ourselves to an effort – a sustained effort – to find common ground, to focus on the future we seek for our children, and to respect the dignity of all human beings.

It is easier to start wars than to end them. It is easier to blame others than to look inward; to see what is different about someone than to find the things we share. But we should choose the right path, not just the easy path. There is also one rule that lies at the heart of every religion – that we do unto others as we would have them do unto us. This truth transcends nations and peoples – a belief that isn't new; that isn't black or white or brown; that isn't Christian, or Muslim or Jew. It's a belief that pulsed in the cradle of civilization, and that still beats in the heart of billions. It's a faith in other people, and it's what brought me here today.

We have the power to make the world we seek, but only if we have the courage to make a new beginning, keeping in mind what has been written.

The Holy Koran tells us, „O mankind! We have created you male and a female; and we have made you into nations and tribes so that you may know one another."

The Talmud tells us: „The whole of the Torah is for the purpose of promoting peace."

The Holy Bible tells us, „Blessed are the peacemakers, for they shall be called sons of God."

The people of the world can live together in peace. We know that is God's vision. Now, that must be our work here on Earth. Thank you. And may God's peace be upon you.

Quelle: Washington Post
http://www.washingtonpost.com/wp-dyn/content/article/2009/06/04/AR2009060401117.html

Remarks by the President at the Acceptance of the Nobel Peace Prize
Oslo, December 10, 2009

THE PRESIDENT: Your Majesties, Your Royal Highnesses, distinguished members of the Norwegian Nobel Committee, citizens of America, and citizens of the world.

I receive this honor with deep gratitude and great humility. It is an award that speaks to our highest aspirations – that for all the cruelty and hardship of our world, we are not mere prisoners of fate. Our actions matter, and can bend history in the direction of justice.

And yet I would be remiss if I did not acknowledge the considerable controversy that your generous decision has generated. (Laughter.) In part, this is because I am at the beginning, and not the end, of my labors on the world stage. Compared to some of the giants of history who've received this prize – Schweitzer and King; Marshall and Mandela – my accomplishments are slight. And then there are the men and women around the world who have been jailed and beaten in the pursuit of justice; those who toil in humanitarian organizations to relieve suffering; the unrecognized millions whose quiet acts of courage and compassion inspire even the most hardened cynics. I cannot argue with those who find these men and women – some known, some obscure to all but those they help – to be far more deserving of this honor than I.

But perhaps the most profound issue surrounding my receipt of this prize is the fact that I am the Commander-in-Chief of the military of a nation in the midst of two wars. One of these wars is winding down. The other is a conflict that America did not seek; one in which we are joined by 42 other countries – including Norway – in an effort to defend ourselves and all nations from further attacks.

Still, we are at war, and I'm responsible for the deployment of thousands of young Americans to battle in a distant land. Some will kill, and some will be killed. And so I come here with an acute sense of the costs of armed conflict – filled with difficult questions about the relationship between war and peace, and our effect to replace one with the other.

Now these questions are not new. War, in one form or another, appeared with the first man. At the dawn of history, its morality was not questioned; it was simply a fact, like drought or disease – the manner in which tribes and then civilizations sought power and settled their differences.

And over time, as codes of law sought to control violence within groups, so did philosophers and clerics and statesmen seek to regulate the destructive power of war. The concept of a „just war" emerged, suggesting that war is justified only when cerain conditions were met: if it is waged as a last resort or in self-defense; if the force used is proportional; and if, whenever possible, civilians are spared from violence.

Of course, we know that for most of history, this concept of „just war" was rarely observed. The capacity of human beings to think up new ways to kill one another proved inexhaustible, as did our capacity to exempt from mercy those who look different or pray to a different God. Wars between armies gave way to wars between nations – total wars in which the distinction between combatant and civilian became blurred. In the span of 30 years, such carnage would twice engulf this continent. And while it's hard to conceive of a cause more just than the defeat of the Third Reich and the Axis powers, World War II was a conflict in which the total number of civilians who died exceeded the number of soldiers who perished.

In the wake of such destruction, and with the advent of the nuclear age, it became clear to victor and vanquished alike that the world needed institutions to prevent another world war. And so, a quarter century after the United States Senate rejected the League of Nations – an idea for which Woodrow Wilson received this prize – America led the world in constructing an architecture to keep the peace: a Marshall Plan and a United Nations, mechanisms to govern the waging of war, treaties to protect human rights, prevent genocide, restrict the most dangerous weapons.

In many ways, these efforts succeeded. Yes, terrible wars have been fought, and atrocities committed. But there has been no Third World War. The Cold War ended with jubilant crowds dismantling a wall. Commerce has stitched much of the world together. Billions have been lifted from poverty. The ideals of liberty and self-determination, equality and the rule of law have haltingly advanced. We are the heirs of the fortitude and foresight of generations past, and it is a legacy for which my own country is rightfully proud.

And yet, a decade into a new century, this old architecture is buckling under the weight of new threats. The world may no longer shudder at the prospect of war between two nuclear superpowers, but proliferation may increase the risk of catastrophe. Terrorism has long been a tactic, but modern technology allows a few small men with outsized rage to murder innocents on a horrific scale. Moreover, wars between nations have increasingly given way to wars within nations. The resurgence of ethnic or sectarian conflicts; the growth of secessionist movements, insurgencies, and failed states – all these things have increasingly trapped civilians in unending chaos. In today's wars, many more civilians are killed than soldiers; the seeds of future conflict are sown, economies are wrecked, civil societies torn asunder, refugees amassed, children scarred.

I do not bring with me today a definitive solution to the problems of war. What I do know is that meeting these challenges will require the same vision, hard work, and persistence of those men and women who acted so boldly decades ago. And it will require us to think in new ways about the notions of just war and the imperatives of a just peace.

We must begin by acknowledging the hard truth: We will not eradicate violent conflict in our lifetimes. There will be times when nations – acting individually or in concert – will find the use of force not only necessary but morally justified.

I make this statement mindful of what Martin Luther King Jr. said in this same ceremony years ago: „Violence never brings permanent peace. It solves no social problem: it merely creates new and more complicated ones." As someone who stands here as a direct consequence of Dr. King's life work, I am living testimony to the moral force of non-violence. I know there's nothing weak – nothing passive – nothing naïve – in the creed and lives of Gandhi and King.

But as a head of state sworn to protect and defend my nation, I cannot be guided by their examples alone. I face the world as it is, and cannot stand idle in the face of threats to the American people. For make no mistake: Evil does exist in the world. A non-violent movement could not have halted Hitler's armies. Negotiations cannot convince al Qaeda's leaders to lay down their arms. To say that force may sometimes be necessary is not a call to cynicism – it is a recognition of history; the imperfections of man and the limits of reason.

I raise this point, I begin with this point because in many countries there is a deep ambivalence about military action today, no matter what the cause. And at times, this is joined by a reflexive suspicion of America, the world's sole military superpower.

But the world must remember that it was not simply international institutions – not just treaties and declarations – that brought stability to a post-World War II world. Whatever mistakes we have made, the plain fact is this: The United States of America has helped underwrite global security for more than six decades with the blood of our citizens and the strength of our arms. The service and sacrifice of our men and women in uniform has promoted peace and prosperity from Germany to Korea, and enabled democracy to take hold in places like the Balkans. We have borne this burden not because we seek to impose our will. We have done so out of enlightened self-interest – because we seek a better future for our children and grandchildren, and we believe that their lives will be better if others' children and grandchildren can live in freedom and prosperity.

So yes, the instruments of war do have a role to play in preserving the peace. And yet this truth must coexist with another – that no matter how justified, war promises human tragedy. The soldier's courage and sacrifice is full of glory, expressing devotion to country, to cause, to comrades in arms. But war itself is never glorious, and we must never trumpet it as such.

So part of our challenge is reconciling these two seemingly inreconcilable truths – that war is sometimes necessary, and war at some level is an expression of human folly. Concretely, we must direct our effort to the task that President Kennedy called for long ago. „Let us focus," he said, „on a more practical, more attainable peace, based not on a sudden revolution in human nature but on a gradual evolution in human institutions." A gradual evolution of human institutions.

What might this evolution look like? What might these practical steps be?

To begin with, I believe that all nations – strong and weak alike – must adhere to standards that govern the use of force. I – like any head of state – reserve the right to act unilaterally if necessary to defend my nation. Nevertheless, I am convinced that adhering to standards, international standards, strengthens those who do, and isolates and weakens those who don't.

The world rallied around America after the 9/11 attacks, and continues to support our efforts in Afghanistan, because of the horror of those senseless attacks and the recognized principle of self-defense. Likewise, the world recognized the need to confront Saddam Hussein when he invaded Kuwait – a consensus that sent a clear message to all about the cost of aggression.

Furthermore, America – in fact, no nation – can insist that others follow the rules of the road if we refuse to follow them ourselves. For when we don't, our actions appear arbitrary and undercut the legitimacy of future interventions, no matter how justified.

And this becomes particularly important when the purpose of military action extends beyond self-defense or the defense of one nation against an aggressor. More and more, we all confront difficult questions about how to prevent the slaughter of civilians by their own government, or to stop a civil war whose violence and suffering can engulf an entire region.

I believe that force can be justified on humanitarian grounds, as it was in the Balkans, or in other places that have been scarred by war. Inaction tears at our conscience and can lead to more costly intervention later. That's why all responsible nations must embrace the role that militaries with a clear mandate can play to keep the peace.

America's commitment to global security will never waver. But in a world in which threats are more diffuse, and missions more complex, America cannot act alone. America alone cannot secure the peace. This is true in Afghanistan. This is true in failed states like Somalia, where terrorism and piracy is joined by famine and human suffering. And sadly, it will continue to be true in unstable regions for years to come.

The leaders and soldiers of NATO countries, and other friends and allies, demonstrate this truth through the capacity and courage they've shown in Afghanistan. But in many countries, there is a disconnect between the efforts of those who serve and the ambivalence of the broader public. I understand why war is not popular, but I also know this: The belief that peace is desirable is rarely enough to achieve it. Peace requires responsibility. Peace entails sacrifice. That's why NATO continues to be indispensable. That's why we must strengthen U.N. and regional peacekeeping, and not leave the task to a few countries. That's why we honor those who return home from peacekeeping and training abroad to Oslo and Rome; to Ottawa and Sydney; to Dhaka and Kigali – we honor them not as makers of war, but of wagers – but as wagers of peace.

Let me make one final point about the use of force. Even as we make difficult decisions about going to war, we must also think clearly about how we fight it. The Nobel Committee recognized this truth in awarding its first prize for peace to Henry Dunant – the founder of the Red Cross, and a driving force behind the Geneva Conventions.

Where force is necessary, we have a moral and strategic interest in binding ourselves to certain rules of conduct. And even as we confront a vicious adversary that abides by no rules, I believe the United States of America must remain a standard bearer in the conduct of war. That is what makes us different from those whom we fight. That is a source of our strength. That is why I prohibited torture. That is why I ordered the prison at Guantanamo Bay closed. And that is why I have reaffirmed America's commitment to abide by the Geneva Conventions. We lose ourselves when we compromise the very ideals that we fight to defend. (Applause.) And we honor – we honor those ideals by upholding them not when it's easy, but when it is hard.

I have spoken at some length to the question that must weigh on our minds and our hearts as we choose to wage war. But let me now turn to our effort to avoid such tragic choices, and speak of three ways that we can build a just and lasting peace.

First, in dealing with those nations that break rules and laws, I believe that we must develop alternatives to violence that are tough enough to actually change behavior – for if we want a lasting peace, then the words of the international community must mean something. Those regimes that break the rules must be held accountable. Sanctions must exact a real price. Intransigence must be met with increased pressure – and such pressure exists only when the world stands together as one.

One urgent example is the effort to prevent the spread of nuclear weapons, and to seek a world without them. In the middle of the last century, nations agreed to be bound by a treaty whose bargain is clear: All will have access to peaceful nuclear power; those without nuclear weapons will forsake them; and those with nuclear weapons will work towards disarmament. I am committed to upholding this treaty. It is a centerpiece of my foreign policy. And I'm working with President Medvedev to reduce America and Russia's nuclear stockpiles.

But it is also incumbent upon all of us to insist that nations like Iran and North Korea do not game the system. Those who claim to respect international law cannot avert their eyes when those laws are flouted. Those who care for their own security cannot ignore the danger of an arms race in the Middle East or East Asia. Those who seek peace cannot stand idly by as nations arm themselves for nuclear war.

The same principle applies to those who violate international laws by brutalizing their own people. When there is genocide in Darfur, systematic rape in Congo, repression in Burma – there must be consequences. Yes, there will be engagement; yes, there will be diplomacy – but there must be consequences when those things fail. And the closer we stand together, the less likely we will be faced with the choice between armed intervention and complicity in oppression.

This brings me to a second point – the nature of the peace that we seek. For peace is not merely the absence of visible conflict. Only a just peace based on the inherent rights and dignity of every individual can truly be lasting.

It was this insight that drove drafters of the Universal Declaration of Human Rights after the Second World War. In the wake of devastation, they recognized that if human rights are not protected, peace is a hollow promise.

And yet too often, these words are ignored. For some countries, the failure to uphold human rights is excused by the false suggestion that these are somehow Western principles, foreign to local cultures or stages of a nation's development. And within America, there has long been a tension between those who describe themselves as realists or idealists – a tension that suggests a stark choice between the narrow pursuit of interests or an endless campaign to impose our values around the world.

I reject these choices. I believe that peace is unstable where citizens are denied the right to speak freely or worship as they please; choose their own leaders or assemble without fear. Pent-up grievances fester, and the suppression of tribal and religious identity can lead to violence. We also know that the opposite is true. Only when Europe became free did it finally find peace. America has never fought a war against a democracy, and our closest friends are governments that protect the rights of their citizens. No matter how callously defined, neither America's interests – nor the world's – are served by the denial of human aspirations.

So even as we respect the unique culture and traditions of different countries, America will always be a voice for those aspirations that are universal. We will bear witness to the quiet dignity of reformers like Aung Sang Suu Kyi; to the bravery of Zimbabweans who cast their ballots in the face of beatings; to the hundreds of thousands who have marched silently through the streets of Iran. It is telling that the leaders of these governments fear the aspirations of their own people more than the power of any other nation. And it is the responsibility of all free people and free nations to make clear that these movements – these movements of hope and history – they have us on their side.

Let me also say this: The promotion of human rights cannot be about exhortation alone. At times, it must be coupled with painstaking diplomacy. I know that engagement with repressive regimes lacks the satisfying purity of indignation. But I also know that sanctions without outreach – condemnation without discussion – can carry forward only a crippling status quo. No repressive regime can move down a new path unless it has the choice of an open door.

In light of the Cultural Revolution's horrors, Nixon's meeting with Mao appeared inexcusable – and yet it surely helped set China on a path where millions of its citizens have been lifted from poverty and connected to open societies. Pope John Paul's engagement with Poland created space not just for the Catholic Church, but for labor leaders like Lech Walesa. Ronald Reagan's efforts on arms control and embrace of perestroika not only improved relations with the Soviet Union, but empowered dissidents throughout Eastern Europe. There's no simple formula here. But we must try as best we can to balance isolation and engagement, pressure and incentives, so that human rights and dignity are advanced over time.

Third, a just peace includes not only civil and political rights – it must encompass economic security and opportunity. For true peace is not just freedom from fear, but freedom from want.

It is undoubtedly true that development rarely takes root without security; it is also true that security does not exist where human beings do not have access to enough food, or clean water, or the medicine and shelter they need to survive. It does not exist where children can't aspire to a decent education or a job that supports a family. The absence of hope can rot a society from within.

And that's why helping farmers feed their own people – or nations educate their children and care for the sick – is not mere charity. It's also why the world must come together to confront climate change. There is little scientific dispute that if we do nothing, we will face more drought, more famine, more mass displacement – all of which will fuel more conflict for decades. For this reason, it is not merely scientists and environmental activists who call for swift and forceful action – it's military leaders in my own country and others who understand our common security hangs in the balance.

Agreements among nations. Strong institutions. Support for human rights. Investments in development. All these are vital ingredients in bringing about the evolution that President Kennedy spoke about. And yet, I do not believe that we will have the will, the determination, the staying power, to complete this work without something more – and that's the continued expansion of our moral imagination; an insistence that there's something irreducible that we all share.

As the world grows smaller, you might think it would be easier for human beings to recognize how similar we are; to understand that we're all basically seeking the same things; that we all hope for the chance to live out our lives with some measure of happiness and fulfillment for ourselves and our families.

And yet somehow, given the dizzying pace of globalization, the cultural leveling of modernity, it perhaps comes as no surprise that people fear the loss of what they cherish in their particular identities – their race, their tribe, and perhaps most powerfully their religion. In some places, this fear has led to conflict. At times, it even feels like we're moving backwards. We see it in the Middle East, as the conflict between Arabs and Jews seems to harden. We see it in nations that are torn asunder by tribal lines.

And most dangerously, we see it in the way that religion is used to justify the murder of innocents by those who have distorted and defiled the great religion of Islam, and who attacked my country from Afghanistan. These extremists are not the first to kill in the name of God; the cruelties of the Crusades are amply recorded. But they remind us that no Holy War can ever be a just war. For if you truly believe that you are carrying out divine will, then there is no need for restraint – no need to spare the pregnant mother, or the medic, or the Red Cross worker, or even a person of one's own faith. Such a warped view of religion is not just incompatible with the concept of peace, but I believe it's incompatible with the very purpose of faith – for the one rule that lies at the heart of every major religion is that we do unto others as we would have them do unto us.

Adhering to this law of love has always been the core struggle of human nature. For we are fallible. We make mistakes, and fall victim to the temptations of pride, and power, and sometimes evil. Even those of us with the best of intentions will at times fail to right the wrongs before us.

But we do not have to think that human nature is perfect for us to still believe that the human condition can be perfected. We do not have to live in an idealized world to still reach for those ideals that will make it a better place. The non-violence practiced by men like Gandhi and King may not have been practical or possible in every circumstance, but the love that they preached – their fundamental faith in human progress – that must always be the North Star that guides us on our journey.

For if we lose that faith – if we dismiss it as silly or naïve; if we divorce it from the decisions that we make on issues of war and peace – then we lose what's best about humanity. We lose our sense of possibility. We lose our moral compass.

Like generations have before us, we must reject that future. As Dr. King said at this occasion so many years ago, „I refuse to accept despair as the final response to the ambiguities of history. I refuse to accept the idea that the 'isness' of man's present condition makes him morally incapable of reaching up for the eternal 'oughtness' that forever confronts him."

Let us reach for the world that ought to be – that spark of the divine that still stirs within each of our souls. (Applause.)

Somewhere today, in the here and now, in the world as it is, a soldier sees he's outgunned, but stands firm to keep the peace. Somewhere today, in this world, a young protestor awaits the brutality of her government, but has the courage to march on. Somewhere today, a mother facing punishing poverty still takes the time to teach her child, scrapes together what few coins she has to send that child to school – because she believes that a cruel world still has a place for that child's dreams.

Let us live by their example. We can acknowledge that oppression will always be with us, and still strive for justice. We can admit the intractability of depravation, and still strive for dignity. Clear-eyed, we can understand that there will be war, and still strive for peace. We can do that – for that is the story of human progress; that's the hope of all the world; and at this moment of challenge, that must be our work here on Earth.

Thank you very much. (Applause.)

http://www.whitehouse.gov/the-press-office/remarks-president-acceptance-nobel-peace-prize

Literatur

Benhabib, Seyla (2004): The Rights of Others. Aliens, Residents, and Citizens, Cambridge: Cambridge University Press

Bernstein, Carl (2007): A Woman in Charge. The Life of Hillary Rodham Clinton, New York: Vintage

Berg, Manfred (2008): We shall overcome: Die lange Geschichte der afro-amerikanischen Emanzipation – von Lincoln bis Barack Obama, in: Die Zeit, 19. Juni 2008, S. 82. http://www.zeit.de/2008/26/A-Schwarze-Emanzipation

Burnham, Walter Dean (1970): Critical Elections and the Mainsprings of American Politics, New York: Norton

Burns, Nancy (2002): Gender: Public Opinion and Political Action, in: Political Science. The State of the Discipline, hrsg. von Ira Katznelson und Helen V. Milner, New York: W.W. Norton, S. 462-487

Change we can believe in: Barack Obama's plan to renew America's promise (includes 7 key speeches from the 2008 campaign), Vorwort von Barack Obama, York : Three Rivers Press, 2008

Conover, Pamela Johnston (1988): Feminists and the Gender Gap: in: Journal of American Politics 50, S. 985-1010

Crawford, Beverly (2007): Power and German Foreign Policy, New Perspectives on German Studies, Palgrave Macmillan

Fraser, Nancy/Honneth, Axel (2003): Umverteilung oder Anerkennung? Eine politisch-philosophische Kontroverse, Frankfurt a. M.

Gärtner, Heinz (2008): Weltmacht was nun? Außenpolitische Perspektiven, Münster: LIT Verlag

Green, John C. (2007): The Faith Factor: How Religion Influences American Elections, Georgetown University Press

Green, Mark, Hg. (2009): Change for America. A progressive blueprint for the 44th president, New York: Basic Books.

Hacke, Christian (2009): Im Spannungsfeld von Kontinuität und Wandel : Herausforderungen an Präsident Barack Obama, in: Die politische Meinung : Monatsschrift zu Fragen der Zeit. H. 54 (2009), S. 10 – 16

Hacker, Andrew (2003): Two Nations. Black and White, Separate, Hostile, Unequal, 5. Aufl., New York: Touchstone

Hall, Peter/David Soskice (2001): Varieties of Capitalism. The Institutional Foundations of Comparative Advantage, Oxford: Oxford University Press

Haltern, Ulrich (2009): Obamas Politischer Körper, Berlin: Berlin University Press

Jarausch, Konrad H. (2006): „Cultural Dimensions of the Transatlantic Estrangement", in: Kurthen, Hermann/Antonio V. Menéndez-Alarcón/ Stefan Immerfall (Hg.): Safeguarding German-American Relations in the New Century. Understanding and Accepting Mutual Differences, Lanham et. al.: Rowman and Littlefield, S. 17-32

Kalberg, Stephen (2000): Strukturierte Missverständnisse. Unterschiede der politischen Kultur in Amerika und Deutschland. In: Europa oder Amerika? Die Zukunft des Westens, Sonderheft Merkur, 54. Jg., S. 948-957

Kalberg, Stephen (2009): American Civic Sphere. Its Origins, Expansion, and Oscillations, in: Journal of Classic Sociology, Vol. 9 (1), S. 117-141.

Kinzig, Silke (2007): Auf dem Weg zur Macht? Zur Unterrepräsentation von Frauen im deutschen und U.S.-amerikanischen Regierungssystem, Wiesbaden: VS Verlag

Krugman, Paul (2004): The Great Unraveling. Loosing our Way in the New Century, New York.

Lemke, Christiane (2005): Amerikabilder: US-Politik zwischen Moralisierung und Macht, Münster: LIT Verlag

Lemke, Christiane (2008): Internationale Beziehungen. Grundkonzepte, Theorien und Problemfelder, Reihe Lehr- und Handbücher, hrsg. v. Arno Mohr, 2. Aufl., Oldenbourg Verlag: München und Wien

Lemke, Christiane (2008): Gender Gap – Repräsentation von Frauen und Gender-Themen in den US-Präsidentschaftswahlen 2008, in: Femina Politica, H. 2, S. 65-78

Lipset, Martin S./Gary Marks (2000): It Did Not Happen Here. Why Socialism Failed in the United States, New York: Norton

Lösche, Peter (Hg.) (2008): Länderbericht USA, Bonn: Bundeszentrale für Politische Bildung

Marschall, Christoph von (2009): Barack Obama: Der Schwarze Kennedy, aktualisierte Neuausgabe, Zürich: Orell Füssli

Maier, Charles S. (2006): Among Empires. American Ascendancy and Its Predecessors, Cambridge: Harvard University Press

Murswieck, Axel (2008): Gesellschaft, in: Lösche, Peter (Hg.): Länderbericht USA, Bonn: Bundeszentrale für Politische Bildung, S. 580-711

Nelson, Barbara J./Kathryn A. Carver (1994): Many Voices But Few Vehicles.The Consequences for Women of Weak Political Infrastructure in the United States, in: Barbara J. Nelson/Najma Chowdhury Hg.): Women and Politics World Wide, New Haven: Yale University Press, S. 737-757

Nye, Joseph (2008): Powers to Lead: Soft, Hard, Smart, Oxford: Oxford University Press.

Obama, Barack (2004): Dreams from My Father. A Story of Race and Inheritance, New York: Crown Publishers (1. Aufl. 1995)

Obama, Barack (2006): Audacity of Hope. Thoughts on Reclaiming the American Dream. New York: Crown Publishing (dt.: Hoffnung wagen: Gedanken zur Rückbesinnung auf den American Dream, München: Riemann 2007)

Pierson, Paul/Theda Skocpol (2007): The Transformation of American Politics. Activist Government and the Rise of Conservatism, Princeton University Press

Remnick, David (2010): The Bridge. The Life and Rise of Barack Obama, New York: Alfred A. Knopf

Renshon, Stanley A. (2008): Psychological Reflections on Barack Obama and John McCain: Assessing the Contours of a New Presidential Administration, in: Political Science Quarterly, Vol. 123, No. 3, S. 391-433.

Rudolf, Peter (2010): Das `neue` Amerika. Außenpolitik unter Barack Obama, Frankfurt a. M.

Russ, Sabine (2007): Neue soziale Bewegungen, in: Jäger, Wolfgang/Haas, Christoph M./Welz, Wolfgang (Hrsg.): Regierungssystem der USA, 3. überarb. Auflage, München: Oldenbourg Verlag, S. 163-171

Schultz, Bart (2009) „Obama's Political Philosophy: Pragmatism, Politics, and the University of Chicago", in: Philosophy of the Social Sciences 39/2009 (online Veröffentlichung unter http://pos.sagepub.com/cgi/content/abstract/39/2/127).

Schneider-Sliwa, Rita (2007): Sozialstruktur, in: Jäger Wolfgang/Haas Christoph M./Welz, Wolfgang (Hg.): Regierungssystem der USA, 3. überarb. Auflage, München: Oldenbourg Verlag 2007, S. 1-24

Slaughter, Anne-Marie (2009): „America's Edge. Power in the Networked Century", in: Foreign Affairs, January/ February 2009, Vol. 88, No. 1, S. 94-113.

de Tocqueville, Alexis (1987): Über die Demokratie in Amerika, Zürich: Manesse

Weir, Margret/Orloff, Ann Shola/Skocpol, Theda (Hg.) (1988): The Politics of Social Policy in the United States, Princeton NJ: Princeton University Press

Wolfe, Alan (2009): The Future of Liberalism, New York: Alfred Knopf.

Zakaria, Fareed (2008): The Post-American World, Norton and Company.

Internet-Quellen

A New Era of Responsibility. Renewing America´s Promise, (Budget), Washington
26.02.2009,
http://online.wsj.com/public/resources/documents/budgetblueprint 02262009.pdf
Blueprint for Change. Obama and Biden´s Plan for America,
http://www. barackobama.com/pdf/ObamaBlueprintForChange.pdf
Center for American Women and Politics http://www.cawp.rutgers.edu
German Marshall Fund of the US: „Transatlantic Trends. Key findings 2009"
http://www.gmfus.org/trends/2009/docs/2009_English_Key.pdf
Obama Speech on Race http://www.npr.org/templates/story/story.php?storyId=88478467
Policies http://www.whitehouse.gov/agenda/education/
Remade in America. The Newest Immigrants and their Impact, nytimes.com/immigration
Presidential Elections of 2008 http://topics.nytimes.com/top/reference/timestopics/ sub-
jects/ p/presidential_election_of_2008/index.html

Neu im Programm Politikwissenschaft

Andreas Kost /
Hans-Georg Wehling (Hrsg.)

**Kommunalpolitik in den
deutschen Ländern**

Eine Einführung
2., akt. u. überarb. Aufl. 2010. 413 S. Br.
EUR 34,95
ISBN 978-3-531-17007-7

Dieser Band behandelt systematisch die
Kommunalpolitik und -verfassung in allen
deutschen Bundesländern. Neben den
Einzeldarstellungen zu den Ländern werden auch allgemeine Aspekte wie kom-
munale Finanzen in Deutschland, Formen
direkter Demokratie und die Kommunalpolitik im politischen System der Bundes-
republik Deutschland behandelt. Damit ist
der Band ein unentbehrliches Hilfsmittel
für Studium, Beruf und politische Bildung.

Hans-Joachim Lauth (Hrsg.)

Vergleichende Regierungslehre

Eine Einführung
3., akt. u. erw. Aufl. 2010. 437 S. Br.
EUR 29,95
ISBN 978-3-531-17309-2

Dieser Band gibt einen umfassenden
Überblick über die methodischen und
theoretischen Grundlagen der Subdiszi-
plin und erläutert die zentralen Begriffe
und Konzepte. In 16 Beiträgen werden
hierbei nicht nur die klassischen Ansätze
behandelt, sondern gleichfalls neuere

innovative Konzeptionen vorgestellt, die
den aktuellen Forschungsstand repräsentieren. Darüber hinaus informiert der
Band über gegenwärtige Diskussionen,
Probleme und Kontroversen und skizziert
Perspektiven der politikwissenschaftli-
chen Komparatistik.

Wolfgang Schroeder /
Bernhard Weßels (Hrsg.)

**Handbuch Arbeitgeber-
und Wirtschaftsverbände
in Deutschland**

2010. 552 S. Geb. EUR 59,95
ISBN 978-3-531-14195-4

Arbeitgeber- und Wirtschaftsverbände
organisieren kollektives Handeln von wirtschaftlichen Konkurrenten, indem sie ver-
suchen, gemeinsame Interessen gegenüber dem Staat, den Gewerkschaften und
der Wirtschaft selbst zu artikulieren, zu
repräsentieren und durchzusetzen.
Dieses Handbuch stellt Geschichte, Funktionen, Strukturen und Perspektiven der
Arbeitgeber- und Wirtschaftsverbände in
den Mittelpunkt. Hierbei werden die
Reaktionen dieser Verbände auf die ver-
änderten Umweltbedingungen aufgezeigt
sowie der Frage nachgegangen, inwieweit
zu konstatierende Veränderungsprozesse
bei den Arbeitgeber- und Wirtschaftsver-
bänden zu einer weitgehenden Transformation des deutschen Modells insgesamt
beitragen.

Erhältlich im Buchhandel oder beim Verlag.
Änderungen vorbehalten. Stand: Juli 2010.

www.vs-verlag.de

VS VERLAG

Abraham-Lincoln-Straße 46
65189 Wiesbaden
Tel. 0611.7878 - 722
Fax 0611.7878 - 400

Elemente der Politik

Hrsg. von Bernhard Frevel / Klaus Schubert / Suzanne S. Schüttemeyer / Hans-Georg Ehrhart

Erhältlich im Buchhandel oder beim Verlag.
Änderungen vorbehalten. Stand: Juli 2010.

www.vs-verlag.de

VS VERLAG

Abraham-Lincoln-Straße 46
65189 Wiesbaden
Tel. 0611.7878 - 722
Fax 0611.7878 - 400

MIX
Papier aus verantwortungsvollen Quellen
Paper from responsible sources
FSC® C105338

If you have any concerns about our products,
you can contact us on
ProductSafety@springernature.com

In case Publisher is established outside the EU,
the EU authorized representative is:
Springer Nature Customer Service Center GmbH
Europaplatz 3, 69115 Heidelberg, Germany

Printed by Libri Plureos GmbH
in Hamburg, Germany